老庄与现代技术批判

LAOZHUANG
YUXIANDAIJISHUPIPAN

邓联合 ◎ 著

中央编译出版社
Central Compilation & Translation Press

目录

绪 论

第一章 技术·技术批判 …………………………………………… 3
第二章 技术批判与技术范导：道家思想的当代使命承担 ………… 19

第一部分

引　言　老子的史官身份及其技术思想的两个路向 …………… 41
第三章 宗天法地，啬俭不害
　　——老子："天人之际"视域中的技术 ……………………… 46
　　第一节 天道绵存，知止不殆 ……………………………… 46
　　第二节 天道恒利，辅而不为 ……………………………… 63
第四章 执古御今，抱道为式
　　——老子："古今之变"视域中的技术 ……………………… 78
　　第一节 正邪并生，避祸趋福 ……………………………… 78
　　第二节 以道莅治，天下自定 ……………………………… 96
第五章 上善若水，慈弱为用
　　——老子：双向度的技术理念 ……………………………… 119

第二部分

引　言　独异的个体视域与庄子技术思想的基本精神 …………… 131

第六章　万物平等，逍遥共处
　　——庄子：人与万物的理想关系 ………………………… 136
　第一节　人的限制与万物平等 ………………………………… 136
　第二节　天人合一与万物逍遥 ………………………………… 151

第七章　拒斥机械，涵道于技
　　——庄子：技术与人性的关系 …………………………… 168
　第一节　技术活动中的精神超越 ……………………………… 168
　第二节　机械性技术中的人性危境 …………………………… 185

第八章　自然自正，无为而治
　　——庄子：个体存在与社会治理的关系 ………………… 199
　第一节　个体样式的常态与非常态 …………………………… 199
　第二节　有为或无为的社会技术 ……………………………… 216

参考文献 ……………………………………………………………… 235
后　记 ………………………………………………………………… 242

绪 论

第一章

技术·技术批判

人类正前所未有地生活在技术及其所催生的各种物品无处不在的围裹之中。这一历史现实是怎样发生的？其前景将会怎样？

英国哲学家柯林伍德认为，高度技术化的人类生存方式就近可以回溯到16世纪发生的工业革命，因为从那时起，"印刷机和风车、杠杆、水泵和滑轮，钟表与独轮车，以及矿工和工程师大量使用的机械，构成了每日生活的特征，每一个人都懂得机械的本质，创造和使用这类东西的经验已经开始成为欧洲人一般意识中的一部分"。① 如果循着技术演进的轨迹向前追溯到人类历史的起点，那么我们就会看到，作为技术的物化形态，工具——而非天然存在物——的制造和使用乃是人之开始成为人的标志，正如本杰明·富兰克林所说："人是会制造工具的一种动物。"② 科学家曾做过这样一个实验：把一串香蕉放入一个精心设计的玻璃箱中，若要取食香蕉，必须借助于箱中放置的木棒，虽然只需拿起木棒轻轻一拨即可取到香蕉，但是，被吸引而来的猴子围着玻璃箱转了好多圈，它们所能做的却只是竭力伸进自己的长臂去探抓香蕉，而始终没有意识到要使用那根木棒，——正是这个具有象征意义的简单动作，在人与其他动物之间划出了巨大的鸿沟：人类不仅拥有动物皆有的各种欲望并能够发现这些欲望的外在对应物，而且还能以工具为中介去获取外

---

① （英）R·G·柯林伍德《自然的观念》，华夏出版社1990年，第9页。
② 邹珊刚主编《技术与技术哲学》，知识出版社1987年，第26页。

物以满足自己的欲望。法国哲学家布鲁诺·雅科米说:"人类的技术史随着人类本身开始。'唯一与生命有关不可辩驳的人类标准是工具的出现。'动物和人之间的区别,一方面是人站立起来,手从移动中解放出来,另一方面是使用人造工具。""最初的琢石工具的出现是我们的技术文明的诞生,比我们那历时不久的文明早得多。"① 可以说,至少从原始人用笨拙的双手打造出第一件粗陋的石器或棍棒之时起,人类就已经进入了技术时代。按照一般的观点,技术是人的本质力量的外化,技术活动即人的活动,从这个意义上说,人类历史也就是技术演进和技术活动的历史。

技术的最初用途是实现个体或群体的生存需要。为达此目的,技术用以施诸其上的对象既包括树上的野果、地上的走兽、天空的飞禽、水中的游鱼,还包括与技术施用者属于同一个族类的其他个体或群体。技术施诸前者,是为了从自然界直接获取生活资料;施诸后者,则多是为争夺物质资料而与其他个体或人群展开生存搏斗。美国电影大师斯坦利·库布里克的影片《2001漫游宇宙》开头便呈现了一个生存斗争的远古场景:荒芜干旱的沙漠中只有一池水,几群"猿猴"(人)为实现对水的独享展开了残酷的厮杀,起先他们的武器只是手爪和牙齿这些身体器官,武器的雷同造成了争斗结果的均势;后来,一只"猿猴"把沙漠中死去动物的骸骨敲打成了可手适用的武器,挥舞着这根骨棒,这群"猿猴"很快就把其他竞争者打得四散逃去。这个具有寓言性质的历史场景似乎告诉人们:一件简单的工具,一旦被用于同类间的厮杀,那么它带给胜利者的将是种群的生存安全和生活福祉,而带给失败者的却是匮乏、恐惧、流离失所乃至死亡。

或许,正是技术施诸人类自身而不是施诸自然物之上所产生的严重后果,促使人类最初萌生了对技术的警惕、忧患甚至恐惧。不管人类是否愿意,事实上以人类自身为对象的技术的确也在历史的发展中突飞猛进,其结果也愈加具有破坏力和震撼力,而其中表现最为触目惊心的就

---

① (法)布鲁诺·雅科米《技术史》,北京大学出版社2000年,第12页。

是战争技术。早在十八世纪的理性启蒙时代，法国思想家孟德斯鸠就已经表达了对技术进步的深重担忧："我听说，仅仅炸弹的发明，已令全欧人民丧失自由；""自从发明了火药，就没有不可攻取的要塞；这就是说……地球上从此无处藏身，无处躲避强暴与不义。"他甚至先知般地预言："我觉得不寒而栗，生怕到了最后，有人发现某种秘密，而能用更简捷的方法，置众人于死地，整个地摧毁一切民族，和一切国家。"[1]可悲的是，历史发展的事实不幸被孟德斯鸠言中：20世纪的两次世界大战，人类就尽其所能地展示了飞机、坦克、毒气室、原子弹等这些可以进行大规模杀戮的高效精致的战争技术。而在今天，无需接近敌人，也不会看见尸体和鲜血，只需轻松优雅地揿一下按钮，便会有数以万计的血肉之躯在瞬间灰飞烟灭。1973年诺贝尔生理医学奖得主、动物行为学的开山祖师劳伦兹指出，在自然界动物之间的搏斗中，一般动物只会使用它们天赋的身体器官，而且不以杀死敌方为目的，"只有一种动物，他的武器并不长在身上，而是出于他自己的工作计划。……这种生物就是人。因为没有节制，他的武器在几十年之内不知道增加了多少倍，变得多么可怕。……不知道我们将来做哪一桩事更容易一些：继续发展武器呢，还是培养与发展武器一起的自制力和责任感？没有这种禁忌，人类一定会用自己创造的东西毁灭自己。"[2] 确实，如果不从过去的惨剧中汲取教训，不对技术的发展保持足够的警醒，不给现代技术套上必要的"枷锁"，谁能保证这匹本性不羁的野马不会在未来战争中不能把人类送回到野蛮洪荒的原始时代甚至自我灭绝的冷寂荒原呢？

即使在和平时期，技术带给人类的也并非只有富裕、自由和安宁。无数的历史现实一再表明，贫困、奴役和苦难总是技术进步的伴生物。[3]与资本主义相伴而生并推动资本主义发展的，是高歌猛进的现代技术。

---

[1] （法）孟德斯鸠《波斯人信札》，人民文学出版社2000年，第178—179页。
[2] （奥）劳伦兹《所罗门王的指环：与鸟兽虫鱼的亲密对话》，中国和平出版社1998年，第353—354页。
[3] 孟德斯鸠早就发现："罗盘针的发明，和许多民族的发现，除了给我们带来疾病，并没有带来财富，这对于我们有什么用处呢？"（《波斯人信札》，人民文学出版社2000年，第179页）

对此，马克思和恩格斯在《共产党宣言》中曾饱蘸笔墨地写道：

> 资本主义在它的不到一百年的阶级统治中所创造的生产力，比过去一切世代创造的全部生产力还要多，还要大。自然力的征服，机器的采用，化学在工业和农业中的应用，轮船的行驶，铁路的通行，电报的使用，整个整个大陆的开垦，河川的通航，仿佛用法术从地下呼唤出来的大量人口，——过去哪一个世纪料想到在社会劳动里蕴藏有这样的生产力呢？①

凭借着无所不能的神异力量，现代技术似乎向人类承诺了一幅幸福光明的未来历史图景。然而，这仅仅只是现实的一个方面，因为，在这副美妙幻象背后存在的，还有伴随着技术进步而产生的沉重阴暗的历史真相。马克思敏锐地意识到了技术发展在人类社会中产生的荒诞的"悖论"现象：

> 在我们这个时代，每一种事物好像都包含有自己的反面。我们看到，机器具有减少人类劳动和使劳动更有成效的神奇力量，然而却引起了饥饿和过度的疲劳。新发现的财富源泉，由于某种奇怪的、不可思议的魔力而变成贫困的根源。技术的胜利，似乎是以道德的败坏为代价换来的。随着人类愈益控制自然，个人却似乎愈益成为别人的奴隶或自身的卑劣行为的奴隶。甚至科学的纯洁光辉仿佛也只能在愚昧无知的黑暗背景上闪耀。我们的一切发现和进步，似乎结果是使物质力量具有理智生命，而人的生命则化为愚钝的物质力量。现代工业、科学与现代贫困、衰颓之间的这种对抗，我们时代的生产力与社会关系之间的这种对抗，是显而易见的、不可避免的和毋庸争辩的事实。②

---

① 《马克思恩格斯选集》（第一卷），人民出版社1995年，第277页。
② 《马克思恩格斯选集》（第二卷），人民出版社1972年，第79页。

操控着诡异的现代技术，或者说在现代技术的操控下，我们的明天将会怎样？人类将走向何方？

众所周知，机器在现代大工业生产中得到了普遍应用，从而人的劳动主要变成为操作机器的活动。这也就是说，离开机器，人的生产活动几乎无法开展。机器的复杂结构和较高效能是简单的手工工具无法相比的，但是，与技术的进步相背离，同时与生产效率的大幅度提高相伴而生的，却是人的地位的下降和神圣尊严的被剥夺。

马克思在《1844年经济学—哲学手稿》中写道："机器的简单化，劳动的单纯化，被利用来把还完全未发育成熟的、正在成长的人即儿童变成劳动者，正像劳动者变成被遗弃的儿童一样。机器适应着人的软弱性，以便把软弱的人变成机器。"①

在马克思那里，所谓机器生产中的"人的软弱性"包括两个方面：（1）劳动者原本多样化的需要被"归结为维持最起码、最可怜的物质生活"，而劳动者原本内容丰富的活动形式则被"归结为最抽象的机械运动"，即人被机器化了；（2）劳动者的"尽可能贫乏的生活"被资本家即机器生产的幕后控制者当作其发财致富活动的普遍的"计算的尺度"，即人被工具化了。合而言之，在现代社会中，由于机器和机器的最终控制者的合谋夹击，从事机器生产活动的劳动者被化约成了机器一样的"没有七情六欲的和没有需要的存在物"，而劳动者作为完整、真正的人的活动则被简化为"撇开一切活动的纯粹抽象"的机器活动。② 其结果就是"劳动用机器代替了手工劳动，同时却把一部分劳动者抛回到野蛮的劳动，而使另一部分劳动者变成机器。"

存在于机器生产活动中的劳动者和机器（工具）之间这种异化的背反关系，同样也愈来愈触目惊心地表现在劳动者与其产品的关系之间。马克思一针见血地指出："劳动者生产得越多，他能够消费的就越少；他越是创造价值，他自己越是贬低价值、失去价值；他的产品越是完美，他自己越是畸形；他所创造的物品越是文明，他自己越是野蛮；劳

---

① 马克思《1844年经济学—哲学手稿》，人民出版社1979年，第87页。
② 同上，第87—88页。

动越是有力，劳动者越是无力；劳动越是机智，劳动者越是愚钝，并且越是成为自然界的奴隶"，"劳动生产了智慧，却注定了劳动者的愚钝、痴呆"。① 除此之外，异化还表现为劳动过程的异化、人与人之间关系的异化等诸多形式。②

本来，机器是人的创造物，是人的能力进步到较高水平的外在表征，但是，在现代社会的大工业生产中，人和机器之间的应然关系却被颠倒过来了：人不能支配机器，而是机器支配人、排挤人；人的技术活动由此变成了"被迫的强制劳动"和"自我牺牲、自我折磨的劳动"；③ 人不但不能占有自己的产品，而且，人的产品成了某种异己的东西反过来压制人、奴役人。结果，人运用工具而开展的技术活动就不再是人的本质的实现过程，而是对人的本质的否定过程，同时，人的技术活动的最终效应也不再是使自己的生活需要得以实现和丰富，而是遭到压抑、削减甚至扼杀。

更为严重的是，现代技术对人的压制不仅表现在生产、消费等物质生活领域，而且渗透到了人的整个社会生活的所有方面。以"发达工业社会意识形态研究"为副标题，马尔库塞在《单向度的人》一书中深刻批判了以技术合理性为运行方式和统治法则的现代极权社会。

马克思认为，意识形态作为一种虚假意识，是上层建筑的组成部分。而在马尔库塞看来，与马克思所处的早期资本主义不同，发达工业社会的意识形态已经溢出了上层建筑，渗透并笼罩在社会生活的各个领域中。简言之，现代资本主义社会及其意识形态已经完全"一体化"了。"一体化"的结果是新型的意识形态和新型的极权社会。马尔库塞指出，"这个社会正在采取把可爱的超越性形象纳入到无所不在的日常现实的办法来使其失去合法性"，④ 它成功压制了其中各种试图颠覆现存秩序的反对意见和反对力量，彻底消解了大众内心中批判现实、超越现

---

① 马克思《1844年经济学—哲学手稿》，人民出版社1979年，第46页。
② 同上，第51—52页。
③ 同上，第47页。
④ （美）赫伯特·马尔库塞《单向度的人：发达工业社会意识形态研究》，上海译文出版社1989年，第65页。

实的否定向度，以致整个社会似乎成了铁板一块的单向度社会，个人成了认同并维护现实的单向度个人。马尔库塞认为，造成这种局面的罪魁祸首，正是高度发达的现代技术及其内在法则。

单向度的总体特征表现在日常生活领域，是不同阶级生活方式的同化：工人与老板欣赏同样的电视节目、漫游同样的游乐胜地，打字员和她雇主的女儿打扮得一样漂亮，向来处于社会边缘的黑人也拥有了高级轿车……阶级虽并未消失，但在现存制度下，分属不同阶级、地位悬殊的人们却同样都在"分享着用以维持这种制度的需要和满足"。①

在文化领域，当下社会"通过消除高层文化中对立的、异己的和超越性的因素——它们借助高层文化而构成现实的另一种向度——来消除文化和社会现实之间的对立"。② 这使得具有理想向度的高层文化失去了合法性，"艺术远离社会、冒犯社会、指控社会的特征已被消除"。③ 大众传媒借助现代技术手段把一切文化样式都转换成了可流通的商品，文化生活成了物质享受和商品消费，而具有造反精神的各种反叛形象也从各种文化形式中消失了。文化的俗化趋势和现实使人们相信："现实的就是合理的，已确立的制度不管如何终会不负人们所望。"④

在哲学领域，流行的实证主义、行为主义无批判地接受全部既定事实，"排斥和贬低那些超越流行合法性原则的思想和言语成分"，以保护"正常话语领域"免受"不良思想"的影响。⑤ 以技术的精确性和可操作性为范则，通过治疗式的分析，流行哲学竭力把具有多种向度和可能性的思想还原为显见、可控的现实行为，而把那些具有"模糊性甚至矛盾性"的成分全部过滤掉。结果，"哲学思想变成肯定性的思想；哲学批判则只是在社会结构的范围之内进行，并把非实证的观念攻击为单纯

---

① （美）赫伯特·马尔库塞《单向度的人：发达工业社会意识形态研究》，上海译文出版社1989年，第9页。
② 同上，第53页。
③ 同上，第60页。
④ 同上，第73页。
⑤ 同上，第166页。

的玄思、幻想或奇谈怪论。"①而试图开启一个新世界的形而上学则成了神志不清的病态幽灵。

"在政治领域内，这种趋势通过对立派别明显的一致或趋同而清楚地显现出来"。②而在现代社会的各种反对派中，尤其是被马克思称为资本主义制度"掘墓人"的无产阶级，也因为正在享受着福利国家提供的舒适生活，完全丧失了暴力革命的冲动，并与自己的敌人携起手来维护虚幻、普遍的国家利益。当无产阶级这个最危险的敌人都被收编以后，整个资本主义社会就彻底变成了一个没有反对派因而似乎可以永久太平下去的理想社会。难道这就是近代以来理性主义视域中的"上帝之城"，或者说是人类历史的"终结"？

马尔库塞认为，无产阶级革命冲动的丧失，症结在于发达的现代技术。具体地说，这可以从四个方面进行分析：(1)"机械化不断地降低着在劳动中所耗费的体力的数量和强度"。工人从事的不再是"痛苦和不幸"的非人劳动。③(2)"'蓝领'工作队伍朝着与'白领'成分有关的方向转化；非生产性工人的数量增加"。(3)"在工作中形成机械共同体的技术组织，同样地也使工人与工厂形成更为紧密的依存关系"。工人不仅不再对抗资本主义企业，反而渴望参与企业管理。(4)资产阶级统治社会和管理企业的水平的进步，使"显而易见的剥削根源，消失在客观合理性的外表背后"，从而使工人阶级"仇恨和挫伤对方的意图被剥夺了特定的目标"。④

不仅如此，整个社会单向度的根源都可以归结为现代技术。马尔库塞说："资本主义进步的法则寓于这样一个等式：技术进步＝社会财富的增长（国民生产总值的增长）＝奴役的扩展"。⑤详而言之，在生活领域，技术进步带来的巨大社会财富不仅满足了各阶层人们现有的各种

---

① （美）赫伯特·马尔库塞《单向度的人：发达工业社会意识形态研究》，上海译文出版社1989年，第155页。
② 同上，第19页。
③ 同上，第24页。
④ 同上，第27—31页。
⑤ 转引自赵建军《追问技术悲观主义》，东北大学出版社2001年，第84页。

需要，而且还以各种手段、用更加新奇的商品，召唤、刺激、制造着人们未曾有过的新欲望和新需要；在文化领域，"单向度的技术合理性"使人们的精神世界中泛滥着虚假的幸福意识，大众传媒的巨大力量则把人们变"成了改造他们思想的文化机器的零件"。① 在哲学领域，精确分析、可操作、可控制、排除"意外"等铁的思想律则，实质上都是工业生产活动的技术规范。总之，"技术的进步扩展到整个统治和协调制度，创造出种种生活（和权力）形式"，以调和、拒斥反对这一制度的各种抗议。② 由此，技术成了法力无边的统治术，技术合理性维护着统治的合理性，并掩盖着统治的实质的不合理性。颇为吊诡的是，身处其中的人们不仅不觉压抑，反而感到舒适自在。

综上所述，通过全面审查发达工业社会的意识形态，马尔库塞最终揪出的"幕后黑手"是现代技术。他认为，现代技术之所以能在社会各领域肆意妄为，关键在于，人性中本有的否定的思想和行为向度被技术合理性压抑了，人变成了只有肯定向度的单向度的人。

单向度是双向度的异化或简化。人性原本或原应是辩证的，完整的人性兼有肯定和否定两种对立向度。因此，人性的哲学也应当具有"矛盾的、双向度的思想模式"。③ 在真与假、自由与压制的矛盾运动中，人类具有创造某种符合人性的生活形式的能力，但同时人类又否定他的这种能力以及人性的要求可以在当下社会中获得终极实现。换言之，如果当下社会被认为在某种程度上是不符合人性的，那么人类理性的否定向度就会促使人们超越现实，在现实之外构想或创造一套更符合人性要求的新的生活形式。所以，若欲打破发达的技术社会中人的舒舒服服的奴隶状态，惟有解放人性中已被压抑的否定向度。

---

① （美）赫伯特·马尔库塞《单向度的人：发达工业社会意识形态研究》，上海译文出版社1989年，第60页。中国也有学者认为，大众传媒"是实施政治社会化和塑造舆论的重要手段，因此成为社会控制的武器"。（何子建《西方的大众媒介：社会控制的武器》，《读书》1990年第1期）

② （美）赫伯特·马尔库塞《单向度的人：发达工业社会意识形态研究》，上海译文出版社1989年，第4页。

③ 同上，第119页。

然而，放眼整个社会，马尔库塞对解放前景却感到十分悲观，——连工人阶级都被资本主义意识形态征服了，还有什么人能充当社会解放的主力军？无奈，马尔库塞选择了流浪汉、局外人、少数民族、失业者等边缘群体，在他看来，这些人从现存社会中受益最少、对社会最感到无法容忍，因而也最具有反抗精神。但是反抗的前景却不容乐观。马尔库塞说：

> 没有什么东西表明，这将是一个好的结局。已确立的社会的经济和技术力量大得足以考虑调解和迁就失败者，而其武装力量也训练和装备得足以照顾各种紧急情况。①

可见，即使是憧憬社会解放的马尔库塞本人，其骨子里也清楚这种反抗是无望的。

事实上，早在马尔库塞批判单向度社会之前，英国作家乔治·奥威尔在小说《一九八四》中已经发挥其天才的想象力，逼真地刻画了一个高度极权的社会——"大洋国"。在这个国家中，举凡政治组织、经济生产、社会生活、舆论工具、艺术创作、历史编纂乃至人们内心的所思所感、性、婚姻等个人隐私，无一不处于政治强权的控制之下。书中一个权力实施者曾露骨地说：

> 我们是权力的祭师。……所谓权力乃是对人的权力，是对身体，尤其是对思想的权力，对物质——你们所说的外部现实——的权力并不重要。我们对物质的控制现在已经做到了绝对的程度。……我们所以能够控制物质，是因为我们控制了思想。
>
> 真正的权力，我们日日夜夜为之奋斗的权力，不是控制事物的权力，而是控制人的权力。②

---

① （美）赫伯特·马尔库塞《单向度的人：发达工业社会意识形态研究》，上海译文出版社1989年，第231页。
② （英）乔治·奥威尔《一九八四》，辽宁教育出版社1998年，第238、240页。

这两段话可以看作是各种形式的现代极权政治的圣律。为确保对于社会成员的全面严密的"无缝"控制，"大洋国"的统治者运用了各种有形、无形的技术手段，这些技术手段既包括无所不在的用来监视人的电幕①、用来虐待"罪犯"并改造其思想的可以显示精确的痛苦指数的施刑机等工具性技术（控制人的身体），也包括各种大大小小的社会活动、捏造新闻、篡改史实、可以用来批量生产绝对符合"政治正确性"原则的艺术作品的小说创作器等社会性技术和精神性技术（控制人的心灵）。

或许与乔治·奥威尔曾经的新闻记者的工作经历有关，他所描写的"大洋国"绝非纯粹的艺术虚构。这不仅是因为《一九八四》在此前的现代史中有作者取材自其中的政治形态之原型，而且更是因为此后"大洋国"的确在东西方的历史进程中变成了现实。在很大程度上，现代技术促成了"大洋国"从文学形象到现实形态的转化。可以设想：如果没有奥威尔描写的那些配套齐整、精准高效的权力技术，"大洋国"所代表的那种超越了历史上任何一个专制暴君最丰富的想象力的极权社会形态是不可能建立并运转起来的。

由此，我们不得不思考的一个问题便是：技术和权力（尤其是专制权力）的关系究竟是怎样的？进而，现代技术带给我们的是解放，还是使我们愈加陷入奴役之中？

若借用福柯的话说，无论是马尔库塞批判的单向度社会还是奥威尔描绘的"大洋国"，其国家机器和各种机构所运用的都是一种"权力的微观物理学"。福柯认为，作为政治战略，微观权力物理学的支配效应本质上可以"被归因于调度、计谋、策略、技术、运作"。② 而通过周密

---

① 这种电幕被安装在各种公共场合以及私人处所中，它不仅可以不间断地监视人的在场与缺场，监视人的各种身体动作和细微的面部表情，而且还可以随时播放各种官方消息、政府指令以及官方选定的音乐作品。人们最多只能把电幕的声音调小，却无法也根本不敢关闭它。用福柯的话说，这是"一种持久的、洞察一切的、无所不在的监视手段"（〈法〉米歇尔·福柯《规训与惩罚：监狱的诞生》，三联书店1999年，第240页）。

② （法）米歇尔·福柯《规训与惩罚：监狱的诞生》，三联书店1999年，第28页。

的计谋和调度、可控的运作以实现对于事物的支配效应，恰恰是现代技术的工具理性品格。马克斯·韦伯说："独特的现代西方资本主义显然受到技术能力发展的影响。今天，这种资本主义的合理性，基本上取决于最重要的技术因素的可计算性；""每个工作的行动都可以准确地测量，每个人都变成机器上的一个齿轮了。……显然我们正面临一种演变，各方面类似埃及王国的演变，除了基础不同——在技术上更完善，更合理，因而更机械的基础上。"① 工具理性在社会各个领域普遍弥散的结果是催生了崭新的权力和支配手段，韦伯称之为非人化的"科层制"。推而言之，科学技术成了权力技术，技术理性成了权力意志，而现代极权社会的诞生即是以精确计算和严密控制为律则的现代技术理性极度膨胀的恶果。福柯在一次谈话中指出：

> ……它（权力问题）不仅是一个理论问题，而且是我们经验的一部分。我只想提两个'病态形式'——两种'权力病'——法西斯主义和斯大林主义。它们令我们最迷惑不解的众多原因之一是，尽管它们在历史上是独特的，但它们并不是完全独创的。它们利用和扩展了其它大多数社会中已经存在的机制。不仅如此，尽管它们具有自身的疯狂性，但它们在很大程度上利用了我们的政治理性的观念和手段。……理性化与过分的政治权力的关系是显而易见的。②

这就是说，现代政治与现代技术的工具理性品格是一致的，技术进步本来就包含着用以监视、规训和惩罚人的"精心计算的方法以及技术与'科学'等等的形成"。福柯认为：

> 所有这一切都是为了制造出受规训的个人。这种处于中心位置的并被统一起来的人性是复杂的权力关系的效果和工具，是受制于多种"监禁"机制的肉体和力量，是本身就包含这种战略的诸种因

---

① 转引自刘北成编著《福柯思想肖像》，北京师范大学出版社1995年，第247—248页。
② 刘北成编著《福柯思想肖像》，北京师范大学出版社1995年，第247页。

素的话语的对象。在这种人性中，我们应该能听到隐约传来的战斗厮杀声。①

因此，甚至可以说，在现代社会中，就个体所受到的监视和控制的全面性而言，我们不是比以前更自由了，而是更不自由了；"现代化给人类预备的是一个'铁笼'"，并且，它的非人化性质不会因为权力掌控者的更替而改变。②

现代技术理性从人身上剥蚀掉的不仅有人的全面的能力、人的自由、人的尊严，还有人的美善的道德品质、人的率真天性、人的快乐生活。

正当科学理性的地位日益上升的启蒙时代，卢梭在其名文《论科学与艺术的复兴是否有助于敦风化俗》中即已断然宣称，伴随着科学技术进步的必然是人类道德的沦丧和灵魂的"越发腐败"："我们可以看到，随着科学与艺术的光芒在我们的地平线上升起，德行也就消逝了；并且这一现象是在各个时代和各个地方都可以观察到的。"③ 在他看来，理性启蒙运动必将摧毁每个人独特的个性，使得"我们的社会和思想被低级的、不诚实的千篇一律所左右。所有的头脑仿佛是用一个模子刻出来的"。确如卢梭所言，近代启蒙理性的理想范式具有精确而可量化、有效控制而无意外、标准化或匀质化的特征（数学是其典范的知识形态），它总是追求普遍、统一的规格，排斥不同个体天然的复杂差异。"卢梭的批判性论点是，在这种平均主义及修饰过分的关系中，人类所有原初的天然的东西消失殆尽，这是启蒙运动的最大的失误。"④ 所谓理性的

---

① （法）米歇尔·福柯《规训与惩罚：监狱的诞生》，三联书店1999年，第354页。
② 刘北成编著《福柯思想肖像》，北京师范大学出版社1995年，第248页。被西方学者视为"法兰克福学派第三代传人"的德国思想家霍奈特（Axel Honneth）指出了当下资本主义社会中的矛盾现象："一方面，社会获得了巨大进步，社会给个体提供了越来越多的自由空间；另一方面，生活在社会中的个体却越来越难通达这个空间。"（《法兰克福学派的现代转型：王才勇先生访谈》，《社会科学报》2009年1月1日，第5版）
③ 卢梭《论科学与艺术》，商务印书馆1963年，第11页。
④ （德）威廉·魏施德《后楼梯：大哲学家的生活与思考》，华夏出版社2000年，第158页。

"文明人"并非理想、自然的人,他们的工作不是充满快乐的自我表现和自我完成,而是一种乏味的谋生手段,① 因此,他们的生活也不是按照自己喜好行事的"真正的人的生活"。

如果说卢梭的颇受伏尔泰非难的对启蒙理性之潜在危险的批判的立足点是人的个体直觉或天然情感,那么,德国哲学家阿诺德·盖伦则从社会心理学的角度出发,细致分析了机器生产时代人的责任感的逐渐丧失:

> 如果一个个人感到自己只不过是一部大机器里的一个可以更换的而又有点磨损了的齿轮;如果他(有足够理由)认定这部机器没有他也可以运转,而他和他的行为后果发生接触只是靠着统计数字、图表或他的工资单的形式——那么他的责任感当然就随着他的无依无靠之感的增加而以同样的速度在减少。②

如同马克思已经指出的那样,规模化的现代大机器生产客观上强制人把自身降低为物,人不仅要把自身变成一部机器、一个齿轮之类的生产要素,而且要以物与物的方式与机器、他人乃至整个社会生活发生关系;在这个过程中,人(而非物)所具有的道德品质、自然情感等由于意味着不可预测的某种可能性,不仅不是必需的,反而是应当予以排除的。从这个角度说,工业时代人的孤独无依作为人的必然宿命是社会生活机械化的结果,因为围裹于四周的尽是机器和机器化的人群,而包括责任感在内的人性的丧失,实际上是个体对机器生产和整个社会体制在根本上排斥人的非人化的运作方式的近乎本能的必然反应。

存在主义哲学家雅斯贝斯从整体上探讨了技术对人类历史的深刻影响以及对人类生活的严峻挑战。他认为,与轴心时代相比,人类目前所

---

① 参阅张石《〈庄子〉与现代主义:古今文化比较》,河北人民出版社1989年,第39页。

② (德)阿诺德·盖伦《技术时代的人类心灵:工业社会的社会心理问题》,上海科技教育出版社2003年,第51页。

处的时代"只有一点仍可与以前的一切相比美,那就是科学和技术的产生"。现代技术所表现出来的强大力量"似乎将人类过去几千年中的工作方法、生活方式、思想和信仰方式方面的一切一扫而空",不仅"精神本身被技术过程吞噬了。甚至科学也得服从技术,代代相传的结果加强了这一趋势。"此外,技术的强大支配力量还导致了人类的自我迷失或自我误解,"或者把自己在技术上的能力看作举世无双的救世造物主,或者以为自己陷入了前所未有的精神困窘"。① 因此,在雅斯贝斯眼中,技术所塑造的现代生活画面是无比阴晦沉重的:

> 技术已给人类环境中的日常生活存在造成了根本的改变,它迫使人类的工作方式和人类社会走上全新的道路,即大生产的道路,把人类的全部存在变质为技术完美的机器中的一部分,整个地球变成了一个大工厂。在此过程中,人类已经并正在丧失一切根基。人类成为地球上无家可归的人。他正在丧失传统的连续性。精神已被贬低到只是为实用功能而认识事实和进行训练。
> 这一变质的时代的最初作用是灾难性的。今天我们的生存已不可能发现合理的生活形式。现在在人的自我意识中支撑他的真实可靠的东西,几乎没有什么来自于现代世界。②

还有什么比这更让人感到沮丧无望的吗?

在德国思想史上,费希特、黑格尔等人在基督教轴心理论的基础上,曾经把当今时代看作是"历史最深刻的转折点",是人类历史发展的顶峰和完美阶段,而雅斯贝斯则嘲讽这种极端乐观的说法是"极其鲁莽自负的精神自我欺骗"。他尖锐指出,当今时代不仅算不上人类历史的完美顶峰,反而是"精神贫乏、人性沦丧,爱与创造力衰退的下降时期"。雅斯贝斯虽然也承认技术时代是"历史的转折点",③ 但是,这个

---

① (德)卡尔·雅斯贝斯《历史的起源与目标》,华夏出版社1989年,第112—113页。
② 同上,第114页。
③ 同上,第112页。

时代却"发生了历史的中断,发生了对过去的破坏或淹没,其规模是几千年历史中无法比拟的",而"技术也许是理解我们当前处境的主题"。①

雅斯贝斯提醒我们,人类今天发现原子能就像远古时代发现火一样,"既是巨大的机会,又是巨大的危险。"所以,"不能低估现代技术的入侵及其对全部生活问题造成的后果的重要性"。这就是说,人类应当对于技术及其造成的复杂后果保持足够的警惕,并力求达致全面、清醒的洞见。今天,人类正像当初发现火一样,也正在"从起点出发",不是走向新生,"就是在洪水猛兽般的破坏同时,把自己打入无意识的坟墓。"

卓别林的电影《大独裁者》最后有一段激情四射的演讲,其中说道:

> 我们发展了速度,可我们彼此更不了解。机器生产财富,而我们缺衣少食。知识使我们乖僻,我们的才智冰冷无情。我们想的多,而同情少。我们要机器,可是我们更要爱。是要有才智,可是我们更要有仁慈。没有这些品质,生活是凶残的,一切都将失去。飞机和无线电使我们更为接近,这些发明本来就是为了唤起人的善性,唤起所有人团结起来的兄弟般情谊。

为此,人类必须在祛除技术覆障和技术崇拜,廓清技术的人文属性以及它在人性和人性化的整体生活世界中的应有位置之同时,重新找回自己的真实个性、自尊以及存在的稳固根基,以避免在混乱中"走向绝望"。②

---

① (德)卡尔·雅斯贝斯《历史的起源与目标》,华夏出版社1989年,第115页。
② 同上,第115页。

第二章
技术批判与技术范导：道家思想的当代使命承担

上章主要着眼社会和人性效应考察了现代西方的技术批判思潮，现在让我们再把思路拉回到问题的逻辑起点：技术的本质。厘清这个问题，将有助于说明道家思想和现代技术批判之间的内在关联，以及道家思想何以能够承担技术批判和技术范导的当代使命。

现代技术哲学诞生的标志性人物恩斯特·卡普在1877年出版的《技术哲学纲要》一书中提出了技术的"人体器官投影说"：技术的本原和基础是人体器官（特别是手），因为人体的外形和功能是人类最切近、最容易理解的客观存在，所以被人类当作创造技术的尺度，投射到外部环境。这是从工程学的视角界定技术的本质。[①] 与卡普的内在理路相似，由德国学者弗塞尔主编的《德国彩色弗塞尔大百科词典》给出的技术定义是："用科学的语言讲，技术就是各种工具的发展、制造及其有意识的运用；用专门的语言来讲，技术就是根据自然规律及其内在联系的认识并有意识地运用它来设计和使用各种复杂工具（机器）和器械。"[②] 而目前被国内不少学者采用的说法则是："技术的本质就是人类在利用自然、改造自然的劳动过程中所掌握的各种活动方式、手段和方法的总

---

① 参阅文成伟《欧洲技术哲学前史研究》，东北大学出版社2004年，第9页；陈昌曙《陈昌曙技术哲学文集》，东北大学出版社2002年，第82页。
② 邹珊刚主编《技术与技术哲学》，知识出版社1987年，第22页。

和"。① 以上观点可以反映相当一部分人视野中的技术：技术最重要的存在形态是工具或器物，技术的施加对象是自然物或人造物，而动态的技术活动就是运用工具以改造、利用外物的过程。

从根本上说，上述技术定义皆折射出了明显的大工业生产时代的历史特征。事实上，技术绝不仅仅只有器物性的工具这一种存在方式，其施加对象不仅只有外物，而人类的技术活动也不仅只是表现为与天然自然或人工自然打交道的物质生产过程。

回溯历史，在西方的思想语境中，今天人们使用的技术（technology）一词来源于古希腊语，其原初的意思是技能、技艺及知识。亚里士多德最早考察了技术的定义，他把技术称为"制作的智慧"，即人类为改变"质料"对象的现状，配合着一定的智慧（知识）和身体行为而开展的实践活动。值得注意的是，亚里士多德以及此前的柏拉图、苏格拉底在"技艺是支配或改变对象的技能或活动"的意义上使用"技艺"一词时，其所指涉的对象既包括"物"，也包括"人"。② 其中，施加于物的技艺是制作或生产的实践智慧，施加于人的技艺则是管理或统治的手段或策略，二者都追求某种确定的目标效应——使对象发生符合技艺主体需要的改变。这种技术观念实质上已经蕴涵着"目标→手段→效果"的活动方式或运思方式。

与此相符，狄德罗在《百科全书》中给技术的定义是"为完成某种特定目标而协调动作的方法、手段和规则的完整体系"。③ 埃吕尔在《技术社会》中则认为技术是"在一切人类活动领域中通过理性得到的、具有绝对有效性的各种方法的总体"。④ 马克斯·韦伯也正是在这种较为一般的意义上阐释技术之本质的：

---

① 黄顺基等主编《科学技术哲学引论：科技革命时代的自然辩证法》，中国人民大学出版社1991年，第257页。
② 参阅文成伟《欧洲技术哲学前史研究》，东北大学出版社2004年，第31—33页。
③ 转引自黄顺基等主编《科学技术哲学的前沿与进展》，人民出版社1991年，第291页。
④ 同上，第293页。

某项活动的技术是我们头脑中对该项活动进行实施的必要手段的总和，与该项活动最终所确定的（具体地讲）方向的指向或目标相比，合理的技术对于我们来说就是有意识、有条理地实施已经明确了方向的手段，并依据经验、思考将这一合理性推向其最高阶段——科学认识的阶段。[①]

基于其宽泛的思想视域，韦伯认为，技术存在于各种活动中，他所提到的有祈祷技术、禁欲技术、思考技术、教学技术、政治技术、战争技术、音乐技术，等等。受到韦伯的影响，F. 冯特尔—奥特利连菲尔德根据对象的不同把技术划分为四类：（1）以个体之心理和躯体为对象的个体技术，如体育运动技术和心理放松技术等；（2）以个体之间关系为对象的社会技术，如教学技术、政治技术等；（3）以知识范畴为对象的知识或智慧技术，如心算技术、论述技术等；（4）以自然界客体为对象的现实技术，如电力技术、种植技术等。无论哪种形式的技术都具有行为的合目的性，即手段取决于并服务于目的，而在现代科学背景下，技术又表现出精于计算的鲜明特点。[②]

综合以上分析，笔者认为，一个完整的、动态的技术操作过程包含了如下要素：目标及效应、手段或工具、操作方法、操作主体。其中，操作方法是指主体为实现目标、基于对操作对象的认识而运用某种手段去实施操作的程序和步骤。如果撇开技术结构要素的两端——技术主体和技术施加的对象，作为中介性手段的纯粹技术存在就是有形的工具和无形的方法两种样式。工具和方法直接决定技术效应的最终实现程度，因此也最能表征技术力量的大小。17世纪以来，在与现代生产和现代科学的相得其益的互动过程中，借助于发达的机器生产工艺和缜密的现代科学知识，无论是技术工具还是技术方法的水平都得到了前所未有的提

---

① 转引自（法）让—伊夫·戈菲《技术哲学》，商务印书馆2000年，第22页。
② 参见（法）让—伊夫·戈菲《技术哲学》，商务印书馆2000年，第23—24页。当然，这里被区分开来的四类技术之间可能存在着交叉关系，某种具体技术可以具有不止一类技术的特征。

高。其直接的结果是技术力量的极大飞跃。拥有巨大力量的现代技术，一方面因其带来了丰厚的福祉而使得人类把它当作新的上帝顶礼膜拜，另一方面又因其造成了深重的焦虑和苦难而使得人类如同面对撒旦一样对技术产生了空前的忧惧。

卢梭对人类道德堕落和个性丧失的批判，奥威尔对"大洋国"极权政治形态的超现实主义想象，福柯在现代社会权力关系网络和"全景敞视监狱"之间所做的比照，实质上都反映了人类对方法或策略意义上的技术的绝对控制和笼罩力量的忧患。捷克作家恰佩克的戏剧《万能机器人》则表现了人类对工具意义上的技术的内心恐惧：某工厂为追求高额利润，制造出了灵活万能却没有人的情感的机器人；有一天，机器人杀死了所有的人并统治了世界；① 但是，由于机器人不知道再生产自己的方法，最后也面临着行将灭亡的命运。库布里克的影片《2001 漫游宇宙》也有一个与此相似的情境：当宇航员驾驶着飞船在太空遨游时，关键时刻，飞船上安装的电脑突然不再像原先那样俯首帖耳地服从宇航员的操纵了，电脑不仅产生了自我意志，而且竟然按照其意志反过来向宇航员发出了指令。通过描写人与机器之间的依赖和争斗，恰佩克和库布里克的作品都表现出了人类对现代技术的高度警觉：过度追求和依赖拥有巨大效能的技术工具的人类，是否极有可能在将来不得不面对被工具控制甚至毁灭的危险？

现代技术造成的危险和祸患当然是多方面的。J. D. 贝尔纳在《科学的社会功能》一书中说：

> 科学所带来的新生产方法引起失业和生产过剩，丝毫不能帮助解决贫困。同时，把科学应用于实际所创造出来的武器使战争变得更为迫近而可怕，使个人的安全几乎降低到毫无保障的程度。……

---

① 无独有偶，美国著名作家亨利·米勒在批判西方现代文明的非人性化时也曾经说过："在惠特曼的诗中，整幅美国景象有了生命力——她的过去和未来、她的诞生和死亡。美国有价值的一切惠特曼都已说到，没有更多的话可说了。未来是属于机器、属于机器人的。惠特曼，他是灵与肉的诗人，是第一个，也是最后一个诗人"（〈美〉亨利·米勒《北回归线》，中国人民大学出版社 2004 年，第 194 页）。

假如不是由于科学，这些祸患就不致像现在这个样子。①

实质上，贝尔纳所控诉的科学的祸患应当被归到技术的头上。高亮华把现代技术的负面效应归纳为四点：（1）对外部自然界的破坏和对人的内在自然的限制（指人的某些生理机能的被压抑）；（2）人的丰富个性以及事物存在多样性的丧失；（3）效率观念和功利追求至上，人的情感生活和精神价值却相应没落；（4）以数学和经验科学的方式处理人生问题，以知识的建构取代意义的追问。②

事实上，根据其施加对象的不同，技术造成的消极后果在总体上可以分为两个大的方面：自然的危机和人的危机。赵建军把自然的危机称为"生态危机"，并把人的危机细分为"社会危机"和"（个）人的危机"。③ 自然危机包括环境污染、生态失衡、资源耗竭等，——这方面的问题人们已经谈论得足够频繁了，所以笔者无需在此添加更多的笔墨。社会危机表现为由于社会控制技术的严密而导致的人的自由空间的大幅压缩、所谓"专家（或技术官僚）治国"导致的民众的政治权利的削弱、经济利益至上而导致的社会伦理生活和文化生活的异化、技术理性和经济理性扩张而带来的不同民族的生活样式和发展道路的趋同、可以把人类毁灭若干次的战争危险，等等。人的危机表现为人的美善品质的丧失、与人的存在形态相表里的人的心灵生活的物化、庸众面孔的千篇一律、人的高贵价值和天赋尊严的被剥夺、人对于纯粹知识和形上意义之追求的放弃，等等。

极其令人忧心的是，正如海德格尔所指出的那样，技术的最大危险在于它已经成为现代人类理解和活动的唯一框架（Gestell，又译座架、集置等④）——在这种框架中，不仅自然之物，而且人自身——他人及自我——都被处理为可以利用的原料、可以控制的对象、可以开发的能

---

① 转引自黄山文化书院编《庄子与中国文化》，安徽人民出版社1990年，第349页。
② 高亮华《人文主义视野中的技术》，中国社会科学出版社1996年，第164—165页。
③ 赵建军《追问技术悲观主义》，东北大学出版社2001年，第177页。
④ 参阅吴国盛《海德格尔的技术之思》，《求是学刊》2004年第6期。

量与力量的源泉;① 自然的危机、社会的危机和人的危机，盖根于此。更为糟糕的是，虽然技术已经并将继续给人类造成严重的整体危机，人类在现代条件下却愈来愈离不开技术。其中一个重要表现便是，对于技术造成的诸多严重问题，人们把解决的希望寄托于未来的另外一些新技术，而全然不去思考那些新技术又将会产生哪些未知的更加难以解决的新问题。人类当前所处的这种极为吊诡的技术生存困境，不是很像"饮鸩止渴"吗？

面对人类技术生存困境中这些剪不断、理还乱的问题纠缠，道家思想何为？而进一步的追问则是：古老的道家思想与技术何干？与现代技术批判何干？与当代人类的技术生存困境又有何干？经过创造性的阐释转换，道家思想乃至中国传统思想能为人类克服这种困境提供某些启示性的价值和意义吗？

笔者一直认为，在历史的剧变中一度失去了现实话语能力的中国传统文化，其话语能力的重新获得，除了需要我们在学理上对其进行深刻的反思、批判和重构之外，另一个不可或缺的途径就是要尝试着让传统重新对现实"说话"。② 也就是说，虽然我们面对并身处其中的是一个已经天翻地覆了的现实世界，但是，对于这个现实中出现的新事物、新问题，我们仍然可以而且需要立足于当下，调动传统文化中的某些知识和思想资源尝试着去解释、把握、解决它们，即使我们说起话来可能会很"费劲"，甚至显得有些"笨嘴拙舌"，即使以"古"说"新"的结果可能会显得不妥帖、不严谨、不合时宜，然而让传统对现实说话也总是必需的。因为，不如此，我们就不知道传统文化的毛病是什么，不清楚它现在失语"失声"的原因何在，我们也更不能用新的生活经验去冲刷淘洗掉传统文化中的沉渣积弊，从而使之获得新的生命形态。而且，如果传统总是停留在书本上、理论中，在新的社会生活中它总是不在场、不

---

① （美）帕特里夏·奥坦伯德·约翰逊《海德格尔》，中华书局2002年，第104—105页。

② 某种文化在现实世界中是否具有话语能力，关键取决于它对于现实是否具有信实的解释能力、批判能力以及预测能力。完全失去这些，这种文化就会从现实中隐退，成为僵死的"化石"。

出声，那么传统文化就很有可能离我们越来越远，以至最终湮没在历史的尘灰中。所以，即使有可能说错，传统文化也仍然有必要不断地坚持对现实说话。只有不断尝试着说，我们才能逐渐学会怎样去说，并最终说得聪明一些、正确一些。另外，正如李泽厚先生所体贴到的那样，中国传统文化的关键特质是"实践理性"，它在根底上乃是一种与具体的现实生活经验息息相关的智慧。从这个意义上说，离开现实生活经验，仅在抽象王国里寻找中国传统文化的创新之路，必定也总是"坐而论道"，即使能"空谈"出一套套的理论体系来，也已在根本精神上背离了中国文化的初衷和旨趣。

包括道家在内，中国传统思想酿生于中国历史的轴心时代。雅斯贝斯认为，轴心时代"产生了直至今天仍是我们思考范围的基本范畴"，并且"人类一直靠轴心期所产生、思考和创造的一切而生存。每一次新的飞跃都回顾这一时期，并被它重燃火焰。……轴心期潜力的苏醒和对轴心期潜力的回忆，或曰复兴，总是提供了精神动力。"[①] 这种情况同样适用于中国历史。依此，当现代人类陷入空前的技术生存困境之时，我们完全可以通过"回顾"轴心时代的思想资源，以期为人类生存发掘新的"精神动力"，就像历史上曾经发生过的那样。

而谈到中国传统思想的现代价值和当代意义，往往人们首先想到的是传播和弘扬儒家思想。目前，中国在世界上许多国家都开设了"孔子学院"，孔子作为儒家圣人俨然成为不言自明的中国文化精神的象征符号。在一些学者眼中，儒家的人性修养学说和道德伦理观念似乎也很可以向这个欲望肆虐、苦难动荡的世界射出一束充满生机和希望的强光，甚至于在某些人看来，中国文化就等于儒家文化，而发扬中国文化的优秀成分也就是发扬儒家文化精神。笔者不否认儒家思想在中国文化中的重要地位以及在现代语境中的积极意义，但是，对中国文化之全体貌况稍知一二的人都明白，上述看法毕竟是狭隘的。概括地说，中国传统思想的基本结构特征是儒道共存而互补。著名学者陈鼓应先生有一个颇受

---

① （德）卡尔·雅斯贝斯《历史的起源与目标》，华夏出版社1989年，第9、14页。

批评的观点，即：道家思想是中国哲学的主干。① 我们可以不同意陈先生的见解，甚至不必非得在儒道两家之中确立一个主干或主流，但是，涉及到中国传统文化的现代价值和当代使命问题，我们却绝不能忽略甚至遗忘了道家思想的历史承担，否则便是文化上的"自残"。因为，"外儒内道"也好，"阳儒阴道"也罢，无论如何道家都是中国传统思想的重要组成部分，更何况今天人们所说的儒家事实上并不是"纯儒"，其骨子里早已吸纳了道家思想的成分。

基于上文对人类在现代社会中的技术生存困境的回顾和分析，笔者以为，道家思想的当代使命承担之一就是技术批判和技术范导，即：基于更为本初的生存和问题视域，道家思想通过获致深度诠释，可以揭显人类技术生存困境的深层根由，为人类不得不处于其中的技术生存境遇提供具有启示性的思想资源、意义规范和价值引导。

道家思想之所以能承担这项历史使命，是因为与儒家相比，道家与技术问题原本有着更多也更深刻的内在关联。笼统地说，儒道两家思考的中心问题都是人。其中，儒家思考的逻辑起点是社会关系格局中的人的道德属性，在把这一后天获得的属性当作人的先天本质的基础上，儒家希望通过德性个体的养成，以最终达致道德宇宙（自然）及社会伦理秩序的建构，因为在儒家看来，个体、自然和社会在道德本质的层面上原是一体相通的；与此相应，儒家不仅不抗拒反而积极提倡出于道德目的对人的雕造、约束和管制。相比之下，道家的思考则更具本根性：其逻辑起点是伦理和政治之先的社会生活和个体存在的自然本质，已然存在的社会秩序，以及被孟子当作人兽之别的标志的人的道德属性（父子关系）和政治属性（君臣关系），在道家看来都是社会生活和本真人性扭曲的结果。这就是说，道家从其思想起点上就不认同已然存在的社会建制以及为维护此种建制而实施的对人的规训和处置的合法性，它把个

---

① 关于这个问题，陈鼓应先生的相关著述有：《论道家在中国哲学史上的主干地位：兼论道、儒、墨、法多元互补》，《哲学研究》1992年第1期；《道家在先秦哲学史上的主干地位》（上、下篇），《中国哲学史》1995年第2、3期；《论道与物关系问题：中国哲学史上的一条主线》（上、下），《哲学动态》2005年第7、8期。

体放在了人类历史进程中产生的所谓"文明"成果的对立面上。以"自然"、"无为"为基本原则,道家所追求的个体生命理想是人的"自然"本性的葆持和张扬,其社会理想是建立一种如同和谐完美的自然界那样的所有个体生命都可以得到自由伸展、自主生长的政治秩序。为捍卫个体的"自然"天性、自由本性和自足个性,道家强烈反对一切来自外部和后天的可能会压制、戕害人的"自然"本性、压缩人的自由空间的东西,无论这些东西是某种知识、某个器物或物质利益,抑或是某条道德规范、某项政治举措抑或一整套社会生活体制。道家之所以在后世被批评者加以反社会、反文明、反历史的罪名,或者被欣赏者认为有生态主义、素朴主义、自由主义的精神,[①] 个中缘由,盖在于此。所以,从技术哲学的角度说,道家在很大程度上的确表现出了批判技术——包括工具技术、社会技术以及个体技术——的基本思想取向。

而在揭显道家的技术哲学视域及其技术批判思想方面,学术界已经做出了初步的探索。例如,针对人类当前的技术生存困境,近年来出现了构建"当代新道家"的呼声。较有影响者,董光璧先生用"'当代新道家'指称以李约瑟为代表的这样一批学者,他们揭示出正在兴起的新科学观向道家思想复归的某些特征,并且倡导东西方文化的融合以建造一个科学文化和人文文化平衡的新的世界文化模式。"[②] 其中所体现出的兼容科学和人文的文化创新意识,与 C. P. 斯诺《两种文化》的思想追求正相一致。[③] 董著《当代新道家》所列的代表人物对道家思想的理解和阐发,有的是基于现代自然科学的视角,例如李约瑟、汤川秀树等人;有的则实质上是基于对人类技术生存困境的忧虑,例如卡普拉对道家思想所蕴含的生态智慧的强调。在他看来,当今"世界已处于深刻而

[①] 关于道家与自由主义的关联,可参阅当代学者的下列论著:刘军宁《天道与自由:申述天道自由主义》,《中国文化》第 22 期(2006 年 5 月);刘笑敢《老子之人文自然论纲》,《哲学研究》2004 年第 12 期;刘笑敢《两种自由的追求:庄子与萨特》,台湾正中书局 1994 年;盛洪《为万世开太平:一个经济学家对文明问题的思考》,北京大学出版社 1999 年,第 142 页。事实上,更早在十九世纪末和二十世纪初,严复、梁启超、章太炎、吴虞等人早就注意到了道家思想和自由主义之间的内在关联。

[②] 董光璧《当代新道家》,华夏出版社 1991 年,第 1—2 页。

[③] (英)C. P. 斯诺《两种文化》,三联书店 1994 年。

又广泛的危急之中。这种危机几乎涉及我们生活的各个方面：健康和生计，环境质量和社会关系，经济、技术和政治"。为此，卡普拉为世界文化的未来发展勾画了一个生态化的新框架，其指导思想便是道家哲学的基本观念（例如道、无为等）。① 卡普拉说："在诸伟大传统中，据我看来，道家提供了最深刻并且最完善的生态智慧，它强调在自然的循环过程中，个人与社会的一致现象和潜在两者的基本一致。"②

近乎此，许抗生先生指出，道家思想可为我们提供的精神资源可以概括为"三回归"，即："回归自然"，倡导人与自然的和谐；"回归朴实"，倡导自然朴实的人性，反对人性的扭曲；"回归和谐"，倡导自然、社会和人的精神的和谐。而建立以"三回归"为宗旨的"当代新道家"，则是针对工业文明所造成的天人之各自内部及其间尽失和谐的全面异化现象，这些现象已经直接威胁到了人类的生存和发展。③ 同样着眼于此，胡孚琛先生更是断言："人类终究会认识到，全人类的各种异质文化本来是从同一原点起跑的，道学（指'道家之学'——笔者注）的生态文化是人类最初的文明，也必将是人类最后的文明。"④

为使我们对道家与技术以及现代技术批判之间的思想关联看得更清楚，此处不妨简要述说一下老子和庄子思想中的相关内容。

春秋时期，社会改革勃兴，国家之间战争频繁，以致造成了民生凋敝、社会动荡的惨痛局面。老子创立道家思想，所针对的就是这种历史现实。在老子看来，此种局面之形成，实是由于统治者私欲膨胀、以己意强加于天下而以至于举措不当或举措太众的结果。他批评君主的政治作为说：

　　……是故甚爱必大费，多藏必厚亡。（《老子》44章，下引该书仅注章数）

---

① 董光璧《当代新道家》，华夏出版社1991年，第71—72页。
② 转引自董光璧《当代新道家》，华夏出版社1991年，第63页。
③ 许抗生《当代新道家之我见》，《安徽大学学报》2005年第3期。
④ 胡孚琛《全球化浪潮下的民族文化：再论21世纪的新道学文化战略》，见官哲兵主编《当代道家与道教》，湖北人民出版社2005年，第23页。

> 天下多忌讳而民弥贫……法令滋彰，盗贼多有。（57章）
> 民之饥，以其上食税之多，是以饥。民之难治，以其上有为，是以难治。民之轻死，以其上求生之厚，是以轻死。（75章）

关于战争，老子的批评更为沉痛：

> 师之所处，荆棘生焉，大军之后，必有凶年。（30章）
> 夫唯兵者不祥之器，物或恶之，故有道者不处。……兵者不祥之器，非君子之器。（31章）

老子也明确反对当时的某些救弊主张，在他看来，这些主张本来就是乱世的征象，所谓"大道废，有仁义；慧智出，有大伪；六亲不和，有孝慈；国家昏乱，有忠臣"（18章），它们不仅不能解决问题，反而会更添祸殃："以智治国，国之贼"（65章）；"不知常，妄作，凶"（16章）。若欲从根本上一劳永逸地摆脱苦境，主政者必须祛除一切违背事物本性和百姓愿望的肆意作为，以最终重建人类原本不应受到干扰和控制的生活状态的和谐安宁：

> 绝圣弃智，民利百倍；绝仁弃义，民复孝慈；绝巧弃利，盗贼无有。（19章）
> 小国寡民。使有什伯人之器而不用，使民重死而不远徙；虽有舟舆，无所乘之；虽有甲兵，无所陈之。使人复结绳而用之。（80章）

如果说老子思想的重点是社会秩序的重建，那么庄子关注的焦点则是个体生命理想的实现。庄子认为，如同"马，蹄可以践霜雪，毛可以御风寒，龁草饮水，翘足而陆"一样（《庄子·马蹄》，下引该书仅注篇名），人的本真之性也是自足的。个体生命存在的终极依据直接来自于本体之道和至上之"天"："道与之貌，天与之形，恶得不谓之人"

(《德充符》）？而如同骈拇枝指、附赘悬疣一样，儒家倡言的人性内涵实是后天附加的多余之物："多方乎仁义而用之者，列于五藏哉！而非道德之正也"（《骈拇》）。在庄子看来，所谓仁义道德等等实质上都是人们借以攫取私利的工具或手段："德荡乎名，知出乎争。……二者凶器，非所以尽行也"（《人间世》）。庄子的生命理想是"芒然彷徨乎尘垢之外，逍遥乎无为之业"（《大宗师》），"独与天地精神往来"（《天下》）。为此，他不仅主张个体应当彻底脱离政治控制，拒绝把自我工具化，从而在压迫性的社会体制之外建构自由独立的生存形态——例如他对楚王之聘的拒绝（参见《秋水》），而且更进一步认为，个体应当通过釜底抽薪式的"坐忘"（《大宗师》），把仁义礼法等一切工具性观念从自我心灵中驱逐出去，以持守恬愉自由的精神境界。

当然，庄子也有其社会批判思想，在这方面他的声音甚至比老子还要振聋发聩。他深刻洞察到，如同"盗亦有道"一样，当时的各种政治主张实质上皆是工具性的手段，它们并不必然带来善的价值效果，却很可能被盗贼用为方便，从而助长其恶：

> 将为胠箧探囊发匮之盗而为守备，则必摄缄縢，固扃鐍，此世俗之所谓知也。然而巨盗至，则负匮揭箧担囊而趋，唯恐缄縢扃鐍之不固也。然则乡之所谓知者，不乃为大盗积者也？……所谓圣者，有不为大盗守者乎？……圣人不死，大盗不止。虽重圣人而治天下，则是重利盗跖也。……为之仁义以矫之，则并与仁义而窃之。何以知其然邪？彼窃钩者诛，窃国者为诸侯，诸侯之门而仁义存焉，则是非窃仁义圣知邪？（《胠箧》）

基于此，庄子提出的社会理想是：

> 至德之世，不尚贤，不使能；上如标枝，民如野鹿；端正而不知以为义，相爱而不知以为仁，实而不知以为忠，当而不知以为信，蠢动而相使，不以为赐。（《天地》）

在"至德之世"中，没有圣人的规训和挑动，没有君主的控制和驱使，忘却了忠信仁义和机巧之心，人们只需从其自然率真的天性出发，即可生活于安乐美善的理想境地中。

在老、庄眼中，若欲消除人间世的机巧倾轧，人类应当放弃其盲目作为，转而效仿自然界的"无为"律则："人法地，地法天，天法道，道法自然"（25章）。这里所说的"自然"并不是指自然界（nature）。但是，显而易见，自然界要比充满动荡纷争的人间社会更为和谐安宁，所以，作为社会事务的掌控者、治理者，当政者虽然在根本上应当效仿道的作为，但是，若退而求其次，当政者最切近的效仿对象却是自然界。而且，道本来无形无状、恍惚精微而难知——甚至不可知，相反，自然万物却触目皆是、样态活泼、生机盎然，因此当政者径直可以通过仿效自然事物存在和活动的律则来践履"无为"之道。这一点，通过分析《老子》中多处出现"是以圣人"四字的语句的结构和上下文语境，即可明白。以下略举几例：

> 长短相形，高下相倾，音声相和，前后相随。是以圣人处无为之事，行不言之教。（2章）
>
> 天地不仁，以万物为刍狗；（是以）圣人不仁，以百姓为刍狗。（5章）
>
> 故物或行或随，或歔或吹，或强或羸，或挫或隳。是以圣人去甚，去奢，去泰。（29章）
>
> 合抱之木，生于毫末；九层之台，起于累土；……是以圣人无为，故无败；无执，故无失。（64章）

这些结构类同的文句表达的政治主张是：因为自然界的存在和活动状况是"怎样怎样"的，所以当政者在理国治世时，也应当仿效自然界存在和活动的规律性方式，采取"怎样怎样"的举措。惟有如此，当政者掌控治理下的国家社会，才能像"无为"的自然界那样呈现出一派和谐安宁之态。

与这种观点非常相似,孟德斯鸠也认为:"理智界远不如自然界治理得那样好。"因为,造物主以客观公正的自然法对自然界进行统治,而自然法是"由万物的本性派生出来的必然关系"。人作为自然实体,受自然法的支配,但是由于人也是理智实体,他的有限知识和脆弱感情会不可避免地阻碍或改变自然法。因此,人所制定的成文法应当以自然法为基础,自然法的适用范围也应当包括人类的社会生活。而且,孟德斯鸠还认为,一国的自然状况(包括气候、土地、海洋等)应当是其订立成文法的基本依据。① 而在老、庄这里,效仿自然界的"无为",不仅意味着当政者应当克服己意、放弃私利,而且应当消泯"手段——效用"的工具性思维,放松直至解除违背民众意愿的政治管制,还民众以宽松自由的生活空间,庶几人间世终于可以永恒回归自然界那样的生机盎然、和谐安宁。

除了社会批判理论中所包含的社会技术批判之外,老、庄对于技术的批判还表现在他们的知识批判理论之中,并且,其知识批判理论也相对更接近于直接的技术批判——按照现代观念,知识是技术的基础和解释,技术是知识的物化形态和推动力量。在老、庄的被后世认为具有"反智主义"倾向的知识批判理论中所包含的技术批判思想,主要表现为他们对于知识的本质、价值属性及其人性效应、社会功用的强烈质疑。

老子认为,人们津津乐道的所谓知识并非真知:"知者不言,言者不知"(56章);"知者不博,博者不知"(81章)。庄子则一针见血指出,"名也者,相轧也;知也者,争之器也"(《人间世》)。圣人实质上也只是"明乎礼义而陋于知人心"(《田子方》)。这就是说,在现实的世事纷争中,知识或智慧实质上发挥着人们追逐名利之工具的功能。依此而行,只会使人愈加趋利就务、迷失本性。而在社会生活中推行或运用这种工具性知识的结果就是:"慧智出,有大伪"(18章),"上诚好智而无道,则天下大乱矣"(《胠箧》)。所以老、庄提出,必须废止那

---

① 参阅赵敦华《西方哲学简史》,北京大学出版社2001年,第239—240页。

些出于私意、为求私利的所谓知识：

涤除玄览，能无疵乎？爱民治国，能无知乎？（10章）
绝圣弃智，民利百倍。（19章）
绝学无忧。（20章）
不以智治国，国之福。（65章）
绝圣弃智，大盗乃止。（《胠箧》）

因此之故，除了社会批判理论，老、庄的知识批判理论也将是我们的重点解读对象。

应当说，包含在老、庄的社会批判理论和知识批判理论中的技术批判只是他们基于其思想的一般性原则和立场，对技术展开的外部批判。除此之外，在他们的思想文本中还有许多对于技术的直接批判。例如，老子说：

民多利器，国家滋昏；人多伎巧，奇物滋起。（57章）
小国寡民。使有什伯人之器而不用……使人复结绳而用之。甘其食，美其服，安其居，乐其俗……。（80章）

后一段话常被人们解读为老子希望人类抛舍一切文明成果而退回到原始状态中去。实质上，老子并不主张放弃技术，例如，受到器具的制作及其结构特征的启发，老子还提出了颇为独特的技术思想：

三十辐共一毂，当其无，有车之用。埏埴以为器，当其无，有器之用。凿户牖以为室，当其无，有室之用。故有之以为利，无之以为用。（11章）

老子的本意是要限定或规范技术的社会运用——在他那里，技术不是绝对的"无"，而是"有而不用"。具体地说就是，技术的运用应当不搅扰或应当服从、服务于人们安宁和美的日常生活，否则就极有可能产生消极的社会效果。笔者以为，老子这里拈出了一个至今仍值得思考的问题：既然技术已成为事实存在，那么，我们在社会生活中应当如何处置它？更深层的问题是：我们能否以及怎样在技术构成的危险现实中生存、得救？

虽然庄子对待技术的基本立场受到了老子的深刻影响，但是庄子技术思想所具有的丰富涵义绝不是老子思想的视域能够包融得下的，而且它所抵达的高度和深度也更是老子无法企及的。首先，《庄子》书中有一些可以被看作是直接探讨技术问题的言论，例如：

> 臣之所好者，道也，进乎技矣。（《养生主》）
> 是于圣人也，胥易技系，劳形怵心者也。（《应帝王》）
> 通于天地者，德也；行于万物者，道也；上治人者，事也；能有所艺者，技也。技兼于事，事兼于义，义兼于德，德兼于道，道兼于天。（《天地》）
> 骐骥骅骝，一日而驰千里，捕鼠不如狸狌，言殊技也。（《秋水》）
> 譬如耳目鼻口，皆有所明，不能相通。犹百家众技也，皆有所长，时有所用。（《天下》）

其次，《庄子》中还有许多意趣盎然的技术寓言，在这些寓言中，庄子细致入微地描画了众多匠人巧者的操作活动，例如：庖丁解牛、轮扁斫轮、痀者拒扡、伛偻承蜩、津人操舟、丈夫游水、梓庆为鐻、东野驾车、工倕旋矩、呆若木鸡、丈人钓鱼、无人施射、宋史真画、匠人捶钩、匠石斫垩，等等。以今人眼光看，上述两方面的资料既有对不同类别的技术过程（生产制作、身体活动、艺术创作）之开展的生动描述，又涉及到技术的主客观效应、技术传承、技术解释、技术心理等深层问题。通过这些言论和寓言，庄子关于技术的基本观念是：强调主体保持自身能力的必要性，贬抑精巧高效的机械装置；坚守本真自由的人性，反对技术对人性的"机械化"塑造（机心）；推重技术活动的终极价值和审美意蕴，反对功利化或工具化的技术理性。

笔者以为，从现代技术哲学的角度说，庄子给我们留下了丰富而深刻的思想遗产，值得今人仔细开掘、吸收。例如，关于上文所引的"通于天地者，……道兼于天"这段话，吴国盛评论说："技与道可以相通，这对于今天陷于技术与人文对立之泥坑的现代技术而言，是一个得救的福音。为了达成技术与人文之间的沟通，我们需要回溯技术的技艺的层面，打破现代社会所赋与技术的狭义化和低级化局面。"[①] 遗憾的是，虽然已有少数学者注意到了这一点，但是关于庄子技术思想的周全而深入的研究成果，目前仍然稀见。笔者希望本书的讨论能尝试着把这方面的研究向前推进一步。

从总体上看，老庄技术批判的思想立场是自然主义、自由主义和人本主义。[②] 或许我们可以很容易地指出这种批判的理论缺陷，但是存在着理论缺陷绝不意味着其中没有思想价值和实践意义。事实上，自然主义、自由主义和人本主义对于人类的健康生存具有永恒的价值和意义，尤其是今天当人类与自然的亲缘正日益被技术斩断、其自由空间正日益遭到技术的挤压、其本真人性正日益被技术扭曲的危险时刻。在这个意义上，现代技术面临的困境不是技术本身如何向所谓更加"高精尖"的方向进一步提升的困境，而是以自然、自由和人本的丧失为表现的技术所造成的人类生存的困境，是人和技术关系的困境，归根结底是人的困境。而上文分析表明，古老的老庄智慧包含着可以提供给我们用来克服当前技术生存困境的丰厚而独特的思想资源。

所以，本书试图通过从技术哲学的角度深度解读老庄思想，从而借助于老庄的思想视域展开对现代技术的批判，在揭示人类技术生存困境之真相的同时，尝试着为解决现代技术所带来的一系列问题，提供某些启示性的方向或答案。当然，我们不能过度夸大老庄思想在解决技术问题方面的现代意义，更不能将其看作是解决这些问题唯一的灵丹妙药。

---

① 吴国盛《技术与人文》，《北京社会科学》2001年第2期。
② 参阅邓联合《人本主义技术批判的困境与超越》，《自然辩证法研究》2007年第1期。

本书只是期望借助老庄思想的视域，廓清人类的技术生存困境，并由此找到某些解决问题的启示和方向，如此足矣。

概括地说，现代西方的技术批判思潮主要有三个路向：从自然的角度批判现代技术对大自然的破坏，从个体生命的角度批判现代技术造成的人的异化或物化，从社会生活的角度批判技术治理和技术控制对人性化的生活方式和生活秩序的畸形塑造。其中所彰显的自然主义、自由主义和人本主义的价值取向原本也是道家思想的根本立场。所以，本书也将直接或间接地以这三个方面为着眼点，融通老庄思想与现代西方的技术批判思潮，并希望在其间建立起跨越古今中西的对话关系。

需要说明的是，老庄所属的"道家"是一个内涵复杂、动态发展的历史范畴。该词最早见于司马谈《论六家要旨》："道家使人精神专一，动合无形……。"此中所谓"道家"已非先秦以老庄之学为代表的思想流派，而实际是指兼采儒、墨、名、法、阴阳诸家之长的汉初黄老之学。在现代学术界，熊铁基称秦汉之际的黄老学为"秦汉新道家"，[①] 而冯友兰先生早在1940年代的《中国哲学简史》中则把魏晋玄学称为"新道家"。[②] 又，李申提出，在古人的语汇中，黄老学、道家也就是道教。[③] 考虑到"道家"一词的动态性、复杂性，黄海德将其区分为"狭义的道家"和"广义的道家"：前者指"自先秦老、庄之学、秦汉黄老之学至魏晋玄学的道家学术流派"，后者指"既包括原来先秦至魏晋的'道家'学术流派，也包括东汉以后创立的中国本土宗教'道教'"。[④] 另外，如前文已及，董光璧又把李约瑟、汤川秀树、卡普拉等以自然科学家为主体的国外学者视为"当代新道家"的代表人物。如是诸说，颇有分歧。

在大致同意对"道家"的狭义和广义之分的前提下，本书之所以用"道家思想与现代技术批判"为标题，但又仅仅讨论老子和庄子思想的

---

① 熊铁基《秦汉新道家》，上海人民出版社2001年，第一、五、六、七章。
② 冯友兰《中国哲学简史》，北京大学出版社1996年，第十九、二十章。
③ 李申《道教本论（黄老、道家即道教论）》，上海文化出版社2001年，"绪论"部分。
④ 黄海德《从道家文化的历史诸形态看当代新道家》，见宫哲兵主编《当代道家与道教》，湖北人民出版社2005年，第64页。

相关方面，并不是要以偏概全，而是出于如下理由：其一，老庄在被视为一个独立学派的道家思想中最具典型性和原创性，二人也因此成为道家的代表人物，以致无论国内还是海外学界，凡所言道家者，实质上大多指的是老庄思想；其二，严格说来，秦汉黄老之学、魏晋玄学以及道教，其思想意旨已大异于老庄（尤其是在技术问题上），因此能在思想史上各自可独立为一宗而不必称为"道家"，① 退一步说，即使不称它们为"道家"，也完全不会引发歧义，故本书对其与现代技术之关系的问题不做讨论；其三，道家思想的基本观念，例如"道"、"德"、"自然"、"无为"等，老、庄已经提出且为后世沿用，而这些观念与技术问题的关联也最为密切；其四，由于以上原因，单独拎出老庄思想来讨论，不仅可以避免在"道家"之所指问题上的不必要争议，而且也足以展开对技术以及人类技术生存困境的分析、讨论。

---

① 事实上，某些学者之所以把秦汉黄老之学、魏晋玄学以及道教纳入"道家"范畴，其理论意图是为了构建一个战国之后仍然绵延不绝的"道家学脉"或"道家学统"，以解决道家思想在老庄之后的历史存在形态问题。

第一部分

引　言
老子的史官身份及其技术思想的两个路向

如前文所述，与现代技术的高度发达以致似乎无所不能之飞跃式发展趋势相伴而生的，是大盛于当代世界的技术批判思想。但是，正如技术并非出现于今日而是人类形成的最初标志一样，对于技术的沉思和批判实亦是古已有之。这是因为任何技术自其诞生之日起就已天然包蕴着某种负面效应，而且只要技术被付诸实践，其负面效应必然由未知或已知的潜在状态转化为对人或对物的实际伤损，而无论这种技术处于粗陋原始或所谓"高精尖"的层级上，也无论它施诸其上的对象是自然物、人类社群或个体生命。作为力倡自然、无为之主张的老子，反思和批判以人为、有为为本质特征的技术所带来的负面效应，理所当然是其思想固有的重要组成部分和理论取向之一，虽则他所处的春秋时期的技术水平还相当低下。

老子是道家思想的创宗者，当代有学者认为他是早于孔子的中国思想史上的第一个哲学家，1990年代湖北郭店出土的道家文献印证了这种看法。照一般而言，探讨老子的技术思想，应从其道论哲学的基本观念出发。这种研究策略无疑是正确的，但还不够深入。笔者认为，若要真切理解老子之道论的根本旨趣，而这种旨趣也正是老子审视技术现象的理论基点，必须首先把握其身份背景以及由此构成的其道论哲学的渊源所自和思想特质。

虽然老子思想不仅在中国历史上影响深远，而且远播海外，但今存文献中关于其生平事迹的记载,却可谓简而又简、扑朔迷离。目前众所公认的是,老子原为"周守藏室之史","修道德,其学以自隐无名为务。居周久之,见周之衰,乃遂去";在出关之前,"老子乃著书上下篇,言道德之意五千余言而去,莫知其所终"(《史记·老子韩非列传》)。由此可见,老子先是史官,后为隐者,而后来又被称为《道德经》的《老子》一书则写于他弃官而隐之际。换言之,老子的哲学思想在他做史官的时期已经形成。《汉书·艺文志》云:"道家者流,盖出于史官,历记成败存亡祸福古今之道,然后知秉要执本,清虚以自守,卑弱以自持,此君人南面之术也。"此即诸子出于王官之说。事实上,此处所谓"君人南面之术"只是汉人对老子思想的定位,或实际是指汉代的黄老之学。严格说来,道家思想绝不等于"君人南面之术",道家人物及其思想渊源更并非全部"出于史官"。但如果说老子出身史官,并且其思想又与他的史官身份有着不可分割的关系,[1] 则确属事实。

据王博先生考证,老子的"藏室史"或"征藏史"之官称不见于《周礼》、《礼记》等先秦文献,但其所执掌之事却不能脱出太史和内史的范围,故郑玄认为老子是太史的说法有一定道理。[2] 而根据赖长扬、刘翔先生的归纳,太史的执掌范围大致包括如下几方面:(1)掌阴阳天时礼法,参与各种仪式;(2)掌文字;(3)箴王阙,备顾问;(4)为王使;(5)时或与内史共同参与处理田邑交换之事;(6)掌族谱氏族资料;(7)掌书史、保存文献档案。[3] 另外,王博先生又依《周礼》之记载,把太史的执掌范围简要概括为五点:(1)天文历法[4];(2)礼制;(3)记录历史并藏书;(4)卜筮;(5)祭祀、军事活动[5]。

综合上述说法,身为太史的老子,其执掌者所涉范围大致有四:

---

[1] 萧萐父先生说:"单就道家,论其起源,似可概括地表述为出于史官的文化背景而基于隐者的社会实践,前者指其思想理论渊源,后者指其依存的社会基础。"(《道家、隐者、思想异端》,《江西社会科学》1990年第1期)

[2] 参阅王博《老子思想的史官特色》,台湾文津出版社1993年,第20页。

[3] 王博《老子思想的史官特色》,台湾文津出版社1993年,第19页。

[4] 可为佐证者,《国语·周语》:"吾非瞽、史,焉知天道?"

[5] 王博《老子思想的史官特色》,台湾文津出版社1993年,第32页。

天、史、书、礼。就这些事务对老子的影响而言，掌礼，这使处于庙堂之中的老子通过参与现实的政治军事等活动，得以熟悉其内在的运作方式及吉凶得失之门道；藏书，因此老子知识丰富。由此两点，故孔子在礼崩乐坏的情形下可以向他请教礼的问题。相比之下，四项之中，尤其值得注意的是老子所执掌之"天"和"史"，这两项对其思想之影响极为深刻。

太史之掌"天"，具体是指通过星占等天文观测活动，以把握神秘玄远的"天意"，指导现实的政治、祭祀、军事等活动，或制定历法，指导农业生产。此即所谓推天道以演人事。其中包蕴的基本信念或观念预设是，① 包括人在内的宇宙间万事万物之存在和变化具有共同的规律，而"天"则是其中的至上主宰者，天象运行的规律不仅与人事活动的应然法则相对应，而且从根本上决定着人事活动的方式。因此，人事活动能否取得成功，便取决于人们是否能够准确察知、切实遵循"天意"。每当有稀见的奇异天象（例如彗星、日食、流星以及暴雨、大旱等气象事件）发生之时，② 人们之所以感到惶惑、恐惧，就是因为这些现象常被认为是对人们违背"天意"之举的警告、谴罚，它们往往预示着人事活动的失败结局或某种人间灾殃的即将发生。而为了避祸远凶，人们接下来又会以戒惕之心，主动反思、调整其所施所行，以作为对天之谴告的回应。

毫无疑问，在自然科学和生产力尚不发达的历史条件下，对于"天意"的主观揣测和简单服从是古老宗教观念的一种表现形式，它所体现的是蒙昧主义和神秘主义的人类精神特征。然而，其间也并非全无是处，至少有两点是世界祛魅化之后的现代人类已感陌生因而需要认真汲取的，即：人与天地万物一体而相通的深邃观念，以及对于宇宙自然的真诚的敬畏意识。

太史之掌"史"，一方面是指他们对当下人事活动的历史书写，这

---

① 有学者认为，"天人合一"是中国古代天学思想的核心。（江晓原、钮卫星《中国天学史》，上海人民出版社2005年，第228页）
② 在中国哲学中，"天"不仅指莽苍的天空，而是指整个自然界。

种书写常被置于某种亘贯古今的历史经验或价值范式之下，另一方面则是指他们掌管既有的史籍，并通过对过往历史事件或经验教训的援引和解释，以评价、谏议、指导现实的社会活动。此即所谓以古鉴今、继往开来。无论哪一方面，其间都包含着这样一些文化观念，例如，人们将永远被笼罩在古往历史的光亮或晦暗之中，现实的实践主体并不拥有对其行为进行评价的终极价值尺度，当下的人事活动只有被放到古往今来的历史长河中才能显现出其是非得失，曾经存在过的生活世界是值得崇拜的，曾经发生过的人事活动值得今人效仿，人类当下所处的生活世界也许并非历史演进的最后最完美的"黄金时代"，相反却很可能是天地开辟以来最糟糕的一个阶段。而为了呈现出当下世界中的那些不能令人感到满意的事实，作为批判现实之最高价值尺度的载体，一个社会生活各方面皆完美无缺的"黄金时代"又往往被建构在已经永远消逝而人类也永远无法回归甚至无法企及的古远之世。

依今人之眼光，这种以"向后看"为思想取向的史官观念，无疑是典型的"厚古薄今"，是开历史之倒车的复古主义，是迂腐不化的循环论，其中缺乏质变式发展等历史进步观念。对于早已习惯了历史进化论并安然沉浸在关于未来的乐观主义想象之中的现代人类而言，如果说这种史官观念还有其积极价值的话，那便是它对历史经验的高度重视，对当下社会生活之历史合理性的深度质疑，以及建立在此基础上的现实批判意识和未来忧患意识。这些都可以促使我们从根本上反思：什么是衡量历史进步与否的尺度？进而，究竟在何种意义上"今胜于古"？难道果真"今胜于古"？难道我们果真有理由"厚今薄古"？那些已然塑造着现代生活世界的强大力量是否果真能够给予我们一个值得信仰和憧憬的未来？

据《汉书》，司马迁"欲以究天人之际，通古今之变"。这句话明显体现出了史官的身份背景，可以说是对史官之思维方式的最好概括，而司马迁与老子二人恰好都是史官。"究天人之际"是指史官对人事的思考，不是就人事论人事，而是把人事放在天之中，从天人一体相通的视域来审鉴人事的是非得失。"通古今之变"则是指史官试图从人事之沧桑变更中把握某种近乎宿命的恒常的历史经验，并以谦恭之心态对待古往世界、以忧患之意识对待未来，进而以警惕审慎之方式生存于当下。概括而言，史官身份使老子形成了由天而人、由古而今的运思路数，他不是局限于渺小之人和短暂之今，妄下判断，而是常常把现实人事放在宏阔的宇宙和历史背景下考察，注重揭示涵括于天人之中的共通法则和贯穿于古今世界的历史经验。事实上，老子对于道的所谓本体论的述说，归根结底来自于他对"天人之际"和"古今之变"的领悟，而《道德经》中的一些言论之所以显得玄远、神秘，即与老子不囿于一事一物、一时一地的史官思维方式有很大关系。这种脱出现实时（史）空（天）的思维方式所具有的超越性、形上性，是汲汲于道德人性之教化和宗法秩序之构建的儒家所无法比拟的。正如陈鼓应先生所说，中国哲学对人生和政治问题的讨论"常常落到伦理道德的圈子里，这样一来，思想范围常常被框在某些格式上。老子哲学的特异处，就在于扩大了这一个局限"，他能"从宏观出发"，着眼于"整个宇宙"来审视问题。①

在老子的视域中，当下世界出现的某种物象，其性质和意义惟有放在"天人之际"和"古今之变"的角度下方能真正得到澄明的显现。其中自然也包括技术。

应当看到，由于老子思想视域的玄远性、形上性，加之《道德经》亦并非一部技术哲学专著，而实质上是以君主侯王为言说对象，以现实政治关切为中心，所以老子的技术哲学思想便相应表现出了外部性、抽象性和批判性的特征。也就是说，老子大多不是从技术存在本身出发，而是把技术看作一种有违天道自然法则的"有为"的社会历史现象，对其进行讨论。我们从中可以领会并需要加以深度诠释的，则是老子考量技术现象的一般原则和批判态度。在讨论现代人类的技术生存困境时，老子思想的这些方面既是我们可以直接援用的具体话语资源，同时也可以只是为我们提供一个简明的思考起点和思考方向，而我们要做的，就是在新的生活世界中，循着老子的进路，试着把他对技术问题的思考向前推进一步。

---

① 陈鼓应《老子今注今译》，商务印书馆2003年，第22页。

第三章

宗天法地，啬俭不害
——老子："天人之际"视域中的技术

第一节 天道绵存，知止不殆

在人类文明的早期阶段，由于科学、技术的不发达，宇宙万物的存在和更易生灭对于人类而言充满着神秘色彩，人类也对宇宙万物怀有着深切的敬畏意识。这种古老观念在老子思想中同样存在。而要了解这一点，必须从老子思想的核心范畴——道——的由来说起。

《说文》："道，所行道也。从辵，从首。"其实，道路、路径作为名词，只是道的引申意。最初出现于金文的道是会意字，从行（街道）、从又（手）、从首，会手在头前于路上引导前行之意。石鼓文将手变为从寸（也是手）。篆文省去手和半条街而加上一只脚，也突出在头前引导之意。可见，道最初是一个动词，其本意为引导。① 除了道路外，道的引申意还有方法、指导、疏导等。

作为哲学范畴，老子之道的涵义，陈鼓应先生将其归纳为三个方面：（1）作为形而上的实存者，道无形、无限，是天地万物得以创生的根源；（2）道是万物存在和运动变化的普遍规律，因此"可作为我们人类行为的效准"；（3）形而上之道向下落实到社会生活的层面，可以

---

① 参阅谷衍奎编《汉字源流字典》，华夏出版社2003年，第723—724页。

"作为人间行为的指标,而成为人类的生活方式与处世的方法"。① 历史地看,道的这些涵义在老子之前实际上已经有所萌端。例如,《尚书·汤诰》:"天道福善祸淫";《左传》僖公十三年:"天灾流行,国家代有,救灾恤邻,道也。行道有福";《国语·晋语》:"天道无亲,唯德是授"。综之,这些说法中的道是指支配着包括人类社会生活在内的宇宙万物的最高法则,但这种含义大多仍与人格化的主宰之"天"掺混在一起,或者说被遮蔽在天之中,是天之意志的体现,因此多少仍带有神秘色彩。而老子则把道从天之中"萃取"出来,使之成为无意志、独立自存的思想范畴。这种道的观念的出现,可以说是中国历史文化之轴心时代"哲学突破"的重要标志。

从思想发生的角度说,作为理性化的哲学范畴,老子的道之所以被视为具有普遍支配作用的最高规律,并对人间行为具有根本的指导意义,很大程度上与他以史官之身份所执掌之天以及道与天的纠葛有密切关系。王博先生具体指出,老子"突破占星术的传统框架,对旧天道观点进行改造","其具体表现就是在天道观念的基础上提出了道的概念,剔除掉了传统天道观中的神意内容,发展出了天道自然的思想,进而在天道和人道之间建立了一种完全不同于占星术的关系。"②

作为史官,老子的职责之一是观测天象变化,察知"天文"或"天意"以指导人事行为,而天与道二字连用之"天道",其本初的直接意思便是天体运行的轨迹、法则及天象变化的规律。前引《尚书》、《国语》中的"天道"虽已较为抽象,但也没有完全脱出此一范畴。相对而言,下述文献提及的"天道"更能反映其本初之意:

  ……天事必象,十有二年,必获此土。二三子志之。岁在寿星及鹑尾,其有此土乎!天以命矣,复于寿星,必获诸侯。天之道也,由是始之。(《国语·晋语》)
  臣闻古之善用兵者,赢缩以为常,四时以为纪,无过天极,究

---

① 陈鼓应《老子今注今译》,商务印书馆2004年,第23—34页。
② 王博《老子思想的史官特色》,文津出版社1993年,第52页。

数而止。天道皇皇，日月以为常，明者以为法，微者则是行。阳至而阴，阴至而阳；日困而还，月盈而匡。(《国语·越语》)

秋七月壬午朔，日有食之。公问于梓慎曰："是何物也，祸福何为？"对曰："二至、二分，日有食之，不为灾。日月之行也，分，同道也；至，相过也。"(《左传》昭公二十一年)

为了开展人事活动，史官观测天象之目的在于察变知常。因为，与人间社会充满了无常的治乱祸福相比，天体的运行总是显得十分稳定，天象的变化似乎也有着恒常的法则，例如"日困而还，月盈而匡"等。在古人看来，这种法则不仅支配着天体运行和天象变化，而且决定着人间的治乱祸福。由此，如何能够通过观察天体的运行和天象的变化，准确把握其背后恒常不变的规律，并在实际中循之践之，便显得至为关键。

当天体运行出现有违常则的差失，或者说当天象发生某种不同往常的变化时，人间君主之所以战战兢兢、惶恐不安，是因为这些差失和异变并不被认为是由上天自身的某种原因导致的，而被认为是由人间社会的不当行事引起的，天之异象的出现往往预示着某些人间祸殃的必然到来，这就叫"天事必象"。作为对天之遣告的领会和积极回应，人们尤其是君主必须主动反省，改正其既有行事方式的失当之处。无疑，其中蕴含的是天人相通相感的古老观念。

以君主对奇异天象的心理和实践反应为典型表现，古人对于天道充满了深切的敬畏之情。这一方面是由于在他们看来，至上之"天"是一个无所不能的有意志的主宰者，是政治权力之合法性的终极赋予者，①人间社会的治乱存亡、吉凶祸福无不处于其操控之下，因此人们尤其是统治阶层的所作所为便不能有丝毫差失，以免触犯"天意"；另一方面，古人的敬畏之情也与天象变化之规律即天之"道"的玄远神秘、难以揣

---

① 有学者指出："在古人心目中，'天'是许多重要知识和权力——特别是关于统治的知识和权力的来源；这些知识和权力的体现，就是占星学。中国古代的占星学，这方面的特色又特别强烈。"(江晓原、钮卫星《中国天学史》，上海人民出版社2005年，第80页)

测甚至不可测知有关，姑借用春秋时期郑国子产的话说："天道远，人道迩，非所及也，何以知之？灶焉知天道？"（《左传》昭公十八年）在此情形下，古人在强调修养己德、力行人事的同时，又主张"无过天极，究数而止"，即务必尊重、顺应天道，保持谨慎和自我收敛，反对无所顾忌地肆意妄为。例如，《尚书·仲虺之诰》云："钦崇天道，永保天命。"越国范蠡云，"天道盈而不溢，盛而不骄，劳而不矜其功。夫圣人随时以行，是谓守时"；"古之善用兵者，因天地之常，与之俱行……必顺天道，周旋无究"（《国语·越语》）。否则，若自以为是、自作聪明而枉顾"天意"，一味胡作非为，则必然"自绝于天"（《尚书·泰誓》），遭致天谴、天罚、天弃、天杀，最终陷己于凶险穷危之地。

作为至上的存在本体、价值本体以及知识本体，[①] 老子之道虽然已是一个理性化的抽象的思想范畴，但其中未尝不仍然携带着类似于神秘之天的诸多玄远性状，而老子对于道的述说更明显体现出了他对于宇宙大生命和支配万物之永恒法则的敬畏尊崇之情。在今天看来，这不仅不影响老子思想的哲学而非宗教神学之性质，反倒使其充满了迷人的理论魅力，是值得我们深度解读的特异之处。

今本《道德经》首句为："道，可道，非常道。"意思是道不可言说，可以言说的并非真正的恒常之道。这似乎一下子就把道推进了一个幽冥渺远的不可知之境，而把人抛入了与道完全隔绝的无知之地。我们知道，除了技术，语言是人之为人的另一重要标志，我们的一切知识和思想都要用语言表达出来，但老子却说："知者不言，言者不知"（56章）；"信言不美，美言不信"（81章）。从老子对语言的高度质疑中，只能得到一个结论：天之道不可能被人之言所承载。

问题是，如果连语言这一人类认知、理解外在世界和内在自我不可或缺的工具都被否定掉了，那么我们将何以"知道"、"说道"、"传道"？对此，老子的回答可谓釜底抽薪：道本不可知、本不可言。故四十八章又云："为学日益，为道日损。"冯友兰先生解释说："'为学'

[①] 金岳霖先生说，"道是哲学中最上的概念或最高的境界"。（《论道》，商务印书馆1987年，第19页）

就是求对于外物的知识。知识要积累,越多越好,所以要'日益'。'为道'是求对于道的体会。道是不可言说,不可名的,所以对于道的体会是要减少知识。"① 一般而论,为求得真知,人们必须而且也只有就近地从那些现象性的外物着手,所谓由近知远、由显知隐,"透过现象看本质"。但依老子的思路,我们获得的关于外在物象的越来越多的知识不仅不能使我们不断逼近并最终把握道,反而会使道愈加被掩蔽在其中,就像它总是被掩蔽在言语之中那样,而我们也必将因多辞繁说和所谓知识的累积而越来越远离道,借老子的话说:"知者不博,博者不知"(81章);"其出弥远,其知弥少。"(47章)

在强调道不可言、不可学、不可知的同时,老子却又主张"同于道"(23)、"得一"(39)、②"以道莅天下"(60章)、"坐进此道"(62章)、"为道"(65章),等等,这无疑是说道可以被人们掌握、授受、践行,——其间岂不矛盾?笔者认为,老子之所以"有意"制造这种矛盾,个中因由有二:首先,所谓"得一"、"为道"是其理想主张,而道不可言、不可知、不可学则是一种现实性,推言之,人们当下对于道的所知所言所行,距离真正的"知道"、"体道"、"践道"还相差万里,因此不应自以为已经"知道"、"得道"而妄自尊大;其次,通过强调道的不可言、不可知,老子确立了道的至上性,并相应凸显了人类知识和实践的有限性。后文我们将会看到,庄子承继了老子的这个思想并甚有发挥。

为了确立道的至上性,以为人类有限的知识和实践树立一个形而上的指标、规范,老子除了从人的角度强调道不可言、不可知以外,还在道的性状之描述上用了不少笔墨。例如:

---

① 冯友兰《中国哲学史新编》(上册),人民出版社1998年,第340页。
② "得一",林希逸注:"'一'者,道也。"严灵峰说:"一者,道之数。'得一',犹言得道也。"(陈鼓应《老子今注今译》,商务印书馆2003年,第221页)

此两者同出而异名。① 同谓之玄，玄而又玄，众妙之门。（1章）

（道）渊兮，似万物之宗。挫其锐，解其纷，和其光，同其尘，湛兮，似或存。吾不知谁之子，象帝之先。（4章）

谷神不死，是谓玄牝。玄牝之门，是谓天地根。绵绵若存，用之不勤。（6章）

视之不见，名曰夷；听之不闻，名曰希；搏之不得，名曰微。此三者，不可致诘。故混而为一。其上不皦，其下不昧，繩繩不可名，复归于无物。是谓无状之状，无物之象，是谓惚恍。迎之不见其首，随之不见其后。（14章）

道之为物，惟恍惟惚。惚兮恍兮，其中有象；恍兮惚兮，其中有物；窈兮冥兮，其中有精。其精甚真，其中有信。（21章）

有物混成，先天地生。寂兮寥兮，独立不改，周行而不殆。可以为天下母。吾不知其名，字之曰道，强为之名曰大。（25章）

道之出口，淡乎其无味，视之不足见，听之不足闻，用之不足既。（35章）

这些文本的大意是，道无形无状，无首无尾，若有若无，若隐若现，恍惚窈冥，渊深幽玄，所以人们"视之不见"、"听之不闻"、"搏之不得"；它虽然不是天，但却像天那样神秘叵测，在绵绵恒存、周行不息中，创造、推动、主宰着万物。李约瑟认为，"道家所说的道，不是人类社会所依循的人道，而是宇宙运行的天道；换言之，即自然的法则"，它"生长万物，主宰万物一切的活动"。②

值得注意的是，老子在描述道时用到了"帝之先"、"谷神"、"玄牝"、"天地根"、"天下母"这样一些带有宗教色彩的神格化称谓，似

---

① "此两者"，陈鼓应释为"无"和"有"，并说"'无''有'是用来指称道的，是用来表明道由无形质落实向有形质的一个活动过程"。（陈鼓应《老子今注今译》，商务印书馆2003年，第78页）

② （英）李约瑟《中国古代科学思想史》，江西人民出版社1999年，第42—43页。

乎道是有生命的，它是天地万物甚至上帝的母亲，天地万物是道这一生命本体的弥散和流布，道和万物之间的关系正如母与子之间的生养护佑关系。王弼注《老子》三十五章云："大象，天象之母也，不炎不寒，不温不凉，故能包统万物，无所犯伤。""天象"，或解为日月星辰以及阴阳四时等，或解为天下、天地；"大象"则是指无形之象，即孕包万物而不伤的道。① 面对这样的道和道所创生并且内在于其中的宇宙大生命，我们焉能不油然而生赞叹、尊崇、敬畏之情，而人类关于道和宇宙的知识又贫乏得何其可怜！基于这种知识，相对于道生化万物而"无所犯伤"之神功，人类的所作所为更幼稚得多么可笑！

一切狂妄自大和肆意妄为，皆由于无知，更可怕的是由于对自身无知的无知。

相较于现代科学和技术背景下人类对世界的看法，呈现在老子眼中的宇宙及其生命流转法则显然透露着神秘的灵魅气息——虽然老子并不是有神论或万物有灵论者，存在于其中的人类因此对它充满了深深的敬畏，并深切感到自身的渺小和无知。在西方观念中，康德那句脍炙人口的名言也包含着这种敬畏意识："有两样东西，我们越是持久和深沉地思考着，就越有新奇和强烈的赞叹与敬畏充溢我们的心灵：这就是我们头顶的星空和我们内心的道德律。"可以说，敬畏自然宇宙及其法则，古希腊和古代中国皆然。

但是，自从文艺复兴以来，自然宇宙在欧洲文化中不再被认为是具有内在生命的有机体，而是被看作一架毫无神秘性可言的机器，"一架按其字面本来意义上的机器"。柯林伍德指出，这种机械自然观的出现，首先"基于基督教的创世和全能上帝的观念，其次，它基于人类设计和构造机械的经验"，这是因为与古希腊罗马时期不同，机械在工业革命之后不仅大量占据着人们的日常生活空间，而且开始进入、统治人们内在的思维世界，"因而导向如下命题就是容易的一步：上帝之于自然，就如同钟表匠或水车设计者之于钟表或水车"。② 由此可以看出，近代人

---

① 楼宇烈《王弼集校释》（上册），中华书局1980年，第88页。
② （英）R·G·柯林伍德《自然的观念》，华夏出版社1990年，第5、9页。

类不仅用机械的设计、制造模式和结构原理来理解自然宇宙图景,并且以此重构了上帝和自然的关系——新的关系模式不是来自于人类以敬畏为本心的对自然宇宙的纯思,而只是人类之于机械之关系的移置。杠杆、齿轮、螺栓、螺母以及制造这些部件的钢铁,世界如同机器一样,一切都是明明白白、实实在在的,哪里有什么神秘性和生命气息可言?正如霍尔顿所说,"天上的机械不是一种神圣、有生命的东西,而是一种钟表那样的机械","几乎所有的多重运动都是由一个简单的、磁力的和物质的动力造成的"。[①] 吴国盛先生指出:"自然被看作一部数学的机器,看作一部可以计算、可以量化的机器,这成为近代科学的另外一个形而上学基础。"[②] 如果说把宇宙视为机器还是出于简单、外在的类比,那么经典物理学和数学、化学等近代科学则似乎引领人类进入宇宙的内部,最终精确破解了万物存在的奥秘。在此意义上,人类无疑可以"得道者"自视自高。

作为技术的物化或工具形式,从近代人类对自然所做的"机械化"的类比和想象中,其实我们已经可以看到后来海德格尔所说的"座架"的雏形。因为从这时起,技术开始逐渐上升为人类理解世界的统治性方式,而在这种理解方式中,甚至人自身也不过是一部结构精致、功能齐备的肉体机器。用庄子的话说,这种"机械化"的理解方式就是"机心"。

十九世纪末,一种充满喜悦的声音宣称:物理学的大厦已基本竣工,后人要做的只是零碎的修修补补,把实验数据弄得再精密些罢了。随后又有数学家断言:数学绝对严密化的目标如今已经实现了!当此之时,宇宙俨然呈现——实质上是被简化——为数学符号的聚合体,数学原理即万物间的实质关系和宇宙的构成法则,宇宙的运动是由万物作为部件的一部巨大机器的运转,而其中的规律则是物理学家在实验室或思想实验中推导出的那几条经典原理。

作为宇宙的普遍法则,与老子之道不同,无论经典物理学原理还是

[①] 转引自储昭华《大地的涌现》,中国社会科学出版社2003年,第67页。
[②] 吴国盛《反思科学》,新世界出版社2004年,第14页。

数学原理，它们不仅没有丝毫的生命气息和神秘性可言，而且可以被人们完整知晓、精确言说，并且据认为这种知晓和言说已经达到绝对精确、绝对完备乃至无可复加的地步。虽然后来由于量子力学、相对论等一系列新的科学发现，早先人类宣称已经完全破解宇宙奥秘的断言显得过于乐观甚至天真可笑，但二十世纪直至今天的那些新的科学发现也并不能改变的一个历史现实是：人类发自心灵深处的对宇宙的敬畏意识似乎已经永远地一去不复返了。

在老子那里，人与万物是相通的，因为他们拥有共同的生命本源：道。老子说：

> 天得一以清，地得一以宁，神得一以灵，谷得一以盈，万物得一以生。（39章）
> 道生之，德畜之，物形之，势成之。是以万物莫不尊道而贵德。（51章）

"一"者，道也；"德"者，得也，它是道向形而下事物的具体落实，是事物得自于道的某种具体性质。陈鼓应说，"'道'是具有超越性的"，"从它的生长、覆育、畜养万物来看，'道'又是内在于万物的"。[①] 由于道的纵向贯通，天之于人是生养护佑的母子关系，人处在宇宙或天地间可有依归之感；由于道的横向贯通，人对于自然万物具有亲切的生命融通感，所谓万物皆吾同胞。而在数学、经典物理学以及机械主义的宇宙构型中，人与万物的生命相亲之感却完全不存在，所有的关系都是外在的符号关系或物与物、力与力之间的作用关系，[②] 即使人与万物被归为一类，其间也只是抽除掉了所有活泼温热的生命属性的冷冰冰的陌生关系，因为所有存在者——大概除了上帝，无论有生命的还是

---

① 陈鼓应《老子今注今译》，商务印书馆2003年，第27页。
② 吴国盛说，近代以来，"自然被看作是由自在的自然物组成的一个物的集合，除了物质以及支配物质运动的外在的力，并无其他任何内在的神秘的东西……就像黑格尔表述的那样，自然是纯粹的外在性，自然甚至就是外在性本身。"（《现代化之忧思》，三联书店1999年，第2—3页）

无生命的，都被化约成了广延和运动，它们的存在如同无数的各自孤立的原子或封闭的单子。

与对自然宇宙的敬畏感和生命亲近感的丧失恰成对反的，是人的地位快速崛起。科学的不断进步和飞速发展的技术成就最终使人类确信，他是世界的立法者、主宰者、享用者，万物皆为他因他而存在。对此，德国哲学家卡西尔说："人总是倾向于把他生活的小圈子看作是世界的中心，并且把他的特殊的个人生活作为宇宙的标准。"卡西尔把不知天高地厚的人类中心主义尖刻嘲讽为"虚幻的托词"以及"小心眼儿的、乡下佬式的思考方式和判断方式"。① 在海德格尔看来，"从根源上说人不是地球的主人，而应该是存在的持守者、看护者"。② 值得庆幸的是，即使在人文主义思潮高涨的文艺复兴时期，我们也仍可看到蒙田对人类自以为高于其他存在物的无知傲慢和巨大优越感的批判，他说："谁又能使他相信——那苍穹令人赞叹的无穷运动，那高高在他头上循环运行着的日月星辰之永恒的光芒，那辽阔无边的海洋的令人惊骇恐惧的起伏——都应该是为了他的利益和他的方便而设立的，都是为了他而千百年生生不息的呢？这个不仅不能掌握自己，而且遭受万物摆弄的可怜而渺小的尤物自称是宇宙的主人和至尊，难道能想象出比这更可笑的事情吗？其实，人类连宇宙的分毫也不能认识，更谈不上指挥和控制宇宙了。"③

以十九世纪末科学家对经典物理学和数学的成就的凯旋式欢呼为表现，如果说这还只是一种自以为是，是人类对其所知的自信自负，那么，由这种自以为是所推动的人类之所为则堪称肆意妄为。因为，"科学革命中诞生的自然概念，成了近代文明的观念基础。"正是在经典物理学和数学所塑造的自然观的预设和保证之下，"人类才大胆而肆无忌惮地开发这个无神秘可言的、作为人类征服和算计对象的、只是作为无

---

① 转引自雷毅《深层生态学思想研究》，清华大学出版社2001年，第64页。
② 那薇《道家与海德格尔相互诠释：在心物一体中人成其人物成其物》，商务印书馆2004年，第303—304页。
③ 雷毅《深层生态学思想研究》，清华大学出版社2001年，第64页。

限的能源和物资仓库的自然界。"① 一方面，当自然宇宙被科学剥夺了神秘性、自然物被视为没有生命属性的纯粹的"物"之后，人类尽可以对自然和自然"物"进行随意处置，而完全不会在心中存留对神圣者的敬畏感和因伤害另一种生命存在样式而产生的负罪感；另一方面，由于科学和技术的相互助益，在现代技术对人类实践的高度武装之下，人类就可以对自然和自然"物"进行精确处置。进而，由于随意处置、精确处置自然宇宙使人类获得了一个接一个的成功效验，他原先渴望中的各种福祉越来越多地成为唾手可得的现实，于是，自然的主宰者、世界的唯一主人等彰显绝对主体意识的观念开始出现，并不断被强化。似乎，人类只要得到一根杠杆，就可以撬动地球；只要找到那个按钮，他就能开动、操控整个宇宙这部机器。在这种并非不合乎科学和技术逻辑的疯狂想象中，人类正扮演着上帝的角色。

人类果真是上帝？宇宙自然果真可以被随意、精确地知解、处置吗？老子说：

道大、天大、地大，人亦大。域中有四大，而人居其一焉。人法地，地法天，天法道，道法自然。（25章）

再明白不过了："四大"之中，人只居其一，并且相对于创造万物、周行绵存的道以及包蕴人类于其怀抱中的天地，人只是最末的一"大"。如若他不明此理，自视为天地中的最"大"或唯一的"大"，进而试图平山填海、改天换地，结果会怎样？老子警告我们：

不知常，妄作，凶。（16章）

这句话是说，如若不知晓事物变化的普遍、恒定的法则（"常"），肆意妄为，必遭凶祸。此外，《老子》中还有两句话，虽然谈的都是政

---

① 吴国盛《现代化之忧思》，三联书店1999年，第6页。

治问题，但稍作引申，即可供我们借以自省：

> 以道佐人主者，不以兵强天下，其事好还。（30章）
> 夫代大匠斫，希有不伤其手者矣。（74章）

前一句话是说，凡喜欢穷兵黩武者，必遭报应，——事实证明，人类在以进攻性的方式蛮横处置自然的历史过程中，他自身不是已经并正在遭到自然的加倍报应吗？而且即使人类就此罢手，自然对人类的报应可能还要持续很久。老子的后一句话意思是，凡是替代木匠砍木头的，几乎没有哪一个不最后砍伤他自己的手，——自然宇宙中也有"攻掠杀伐"之事，但其施行者却是自然及其规律本身（用老子的话说就是道）而不是人类，人类若妄自尊大，以洞悉世界奥秘的无所不知者和以呼风唤雨的无所不能者自许，"越俎代庖"，那么结果必然自伤其身。例如，卡逊在《寂静的春天》中提到，"现代，人们在制定控制昆虫的计划时忽视了两个重要事实"：其一，"对昆虫真正有效的控制是由自然界完成的，而不是人类"；其二，如果由于人类使用农药等原因而使自然"环境的防御作用被削弱了，某些昆虫的真正具有爆炸性的繁殖能力就会复生"，而这可能意味着某种灾难性的后果。[①]

在后现代世界，相应于技术所造之恶的日益突出，人类中心主义的神话已经轰然崩溃，主体叙事也正在退场，如何重构人与自然的关系成了思想文化界面对的迫急问题。回顾历史，古代人类之所以能与自然友善相处，除了是由于其科技水平较低之外，[②] 另一重要原因是人类把宇宙万物视为有灵的"附魅"存在，故敬畏之下，他们不敢对自然"轻举妄动"，生怕因冒犯了冥冥之中的那些神明而遭致报应。但近代以来，科学技术发展所产生的"祛魅"效应，在使人类的知识和能力取得巨大

[①] 参阅（美）蕾切尔·卡逊《寂静的春天》，吉林人民出版社1997年，第215—216页。
[②] 那薇认为，"道家生活的时代，世界还没有成为彻底与人脱离的东西，自然万物还没有与人心彻底分裂而对立"，"对人与万物的关系的认识还未发展为主体和客体对立的形而上学体系"。（《道家与海德格尔相互诠释：在心物一体中人成其人物成其物》，商务印书馆2004年，第303、305页）

进步的同时，又使其自以为已经撩开了宇宙万物最后的神秘面纱，随之而来的便是人类的无所畏惧和自然的无所不受其害。于是，作为摆脱人类生存困境的对策，当代思想界有一种声音主张：应使自然"返魅"，从而在我们心中恢复对自然的敬畏意识。问题是，在今天宇宙的奥秘似乎正被人类越来越多地破解的情形下，人类也正在安然享用着科学和技术所带来的越来越丰厚的福祉，而"世界末日"却仍未最后降临，重新唤醒我们心中的敬畏意识，这可能吗？何以可能？

对此问题，笔者持积极态度。这倒不是说要再次赋予宇宙万物以神秘的灵魅——神秘主义的自然信仰自科学昌明以来已经变得不合时宜，也永不再可能，而是希望以理性的方式，在现代科技的背景下，思考如何在我们心中生发出与古远之世的人类所不同的另一种敬畏意识。在这方面，老子思想正可给我们以启发。

在老子看来，一方面，形而上的恒常天道，根本是不可能被人们完全知晓、践行的，人之所知所行终归有限；因此另一方面，人们就应当对其所知的有限性保持明智审慎的自觉，从而主动在实践中有所收敛并采取某种自我限制。他说：

道常无名。……名亦既有，夫亦将知止。知止可以不殆。（32章）

自知者，明。（33章）

知止不殆，可以长久。（44章）

知不知，尚矣；① 不知知，病也。（71章）

这些话是说，相对于"无名"之道，"有名"之万物皆有其限制，故而我们应当对自身的限度保持清醒的自知，能如此者即可谓明智，这样他在实践中就能有所克制，不敢随意妄为，所以他才可以长久安存，不至于因为自以为是而陷自身于危殆之地。末句引文，《淮南子·道应

---

① 王弼本作"知上"，马王堆甲本作"知不知，尚矣"，当从后者。

训》引作:"知而不知,尚矣;不知而知,病也。"意思是说,知道自己有所不知,最好;相反,如果不知道却自以为知道,就是缺点、就是病。这与老子本义并无不同。

  盛洪先生认为,老子的上述思想反映了中国古代先哲对"人类理性有限"的洞明,并且这种对人的理性能力的审慎态度"决不是由于当时技术水平落后而产生的认识上的自卑心理,而是对宇宙、对人类自己的社会的基本态度"。而近代以来日渐泛滥的所谓"理性万能主义"则显然过分夸大了人类的知识能力以及建立在此基础上的实践能力。与此相对照,老子的"知止不殆"思想所包涵的现代意蕴是,"既然人的认识有局限,人的行动就更不可能是完全正确的了,往往会适得其反,而不正确的行动比不行动还要糟"。盛洪先生指出,"有限理性不仅意味着个人在技术上无法获得整个社会的信息,而且意味着由于人与人之间存在着利害冲突、由于人与人之间的理性是相当的,他即使有着技术上的无限可能性,在理论上也不可能完全消除交往对手所带来的不确定性。"① 这是从经济学的角度对人类理性限度的有力说明。而在持理性批判主义立场的科学哲学家卡尔·波普尔看来,无论什么时候,人类提出的"一切定律和理论本质上都是试探性、猜测性和假说性的",② "即使是那些得到充分证实的科学理论总归还是一种假说、一种猜测",③ 它们本质上都是可以而且必然要被证伪的。那些被宣称是最后真理、绝对真理的东西都只能属于神学或形而上学的范畴,人类知识探索迈出的每一步都是一种"试错"。虽然存在着绝对真理,但人类却永远不可能一劳永逸地完全掌握它,正像世界奥秘的最后一所殿堂永远不可能被人类抵达那样。所以,波普尔同样坚决反对"理性万能主义",无论在社会科学还是在自然科学领域中,也无论它表现为人类的知识活动还是改造自然或所谓改造社会的历史实践活动。

---

  ① 参阅盛洪《为万世开太平:一个经济学家对文明问题的思考》,北京大学出版社1999年,第127—129、144页。
  ② 纪树立编译《科学知识进化论:波普尔科学哲学选集》,三联书店1987年,第81页。
  ③ 同上,第49页。

从老子饱含深重忧患意识的告诫中,我们可以领会的是,自觉有所无知,方能有所畏;有所畏,方能有所不敢为;有所不敢为,庶几能免除那将来可能降临的劫难。老子强调的是人对于天道的无知和敬畏,那么今天,我们无知什么?又敬畏什么?

不得不承认,在科学进步促成知识爆炸的同时,另一个与此相反的事实也正确定无疑地摆在人类面前:我们越是向宏阔的宇宙以及微观之物伸出探索的触角,我们越会发现有更多的世界奥秘围裹着我们。换言之,知识增长的结果之一是使人类发现其自身越来越多的无知。例如,暗物质的存在便最好地证明了人类的渺小及其知识的限度。现代科学发现,即使借助最先进的天文仪器,人类目前所能"看"到的物质也不过只占宇宙物质总量的5%左右,而另外的95%则是暗物质和暗能量,虽然它们的存在已是一个不争的事实,但由于无法被直接观察、捕捉到,所以人类目前对其仍然知之极少。这一事实说明了两点:首先,宇宙的形成和演化,乃至人类的命运,在根本上取决于暗物质和暗能量,而非此前人类发现的那个物质世界及其规律,因此,如果再谈什么人是宇宙的中心和主人便显得极其荒唐可笑了;其次,人类已有的知识只是对占宇宙物质总量约5%的物质世界的认识,甚至连这个微小的局部世界之奥秘我们还都远远没有搞清楚,在此情形下,人类若试图用其得自有限经验世界的知识去解释广大的整个宇宙,那就真是不知天高地厚了。李约瑟指出:"一般说来,道家不作宇宙开创论的发挥,因为他们很聪明,深知道天地创成的作用是永远无法洞悉的。"① 正如老子之天道一样,②

---

① (英)李约瑟《中国古代科学思想史》,江西人民出版社1999年,第90页。
② 有趣的是,国内确实有学者从现代物理学的角度去解释老子的道。例如,徐鸿儒认为,老子道论所揭示的万物相反相成的普遍规律,恰好暗合于正物质与反物质(即暗物质)同时存在的客观事实,而老子之道也就是产生宇宙万物的所谓零物质,即质量相等、性质相反物质的中间物质(《论老庄哲学中"道"的物理意义:献给2005世界物理年》,《中国文化》第22期,2006年5月)。此外,董光璧把老子提出的"道生一,一生二,二生三,三生万物"等思想,与现代物理学的粒子转化理论、宇宙爆胀理论相对照,认为其中存在着相通之处(《当代新道家》,华夏出版社1991年,第90—99页)。从学术严谨性的角度说,笔者并不赞同把老子思想与现代自然科学理论进行比附,因为这种比附不仅极其简单、表面、粗率、生硬,而且在相当程度上是一种"古已有之"的中国旧式想象,完全无助于开掘老子思想的当代意义。

暗物质的难以确知却决定着宇宙的命运，乃至整个自然宇宙的无比神奇以及它向人类敞开的无边的未知之域，难道不值得人类赞叹、敬畏吗？

从人类知识的有限性可以顺理成章引出的结论是，我们的技术也必然是有限的，世界上永远不会有绝对完备、没有任何弊端的技术。即使全知全能的上帝也不能创造出绝对完美的世界，何况我们这些上帝的子民？姑且不考虑技术操控主体的因素，仅就技术本身而言，其有限性的重要表现是它不仅不可能最终解决我们希望解决的一切问题，反倒必然蕴涵着某种人类无法预料的负面效应。并且，越是被人类视为尖端、强大的技术，越有可能造成严重的灾难性后果。例如，我们把各种化石能源从地下开掘出来，但燃烧煤炭和石油却造成了全球气候变暖；化肥、农药的广泛运用使农作物产量大幅度提高，然而生命赖以存在、繁育的土壤和河流却遭到污染；花样翻新、不断升级的抗生素使许多疾病得到快速有效的治疗，其代价却是人类自身抵抗疾病能力的退化；化学洗涤剂在使厨房餐具光亮洁净的同时，也使男性的生育能力下降……。今天，当人类正利用基因技术去改造农作物，甚至去制造某些新的生命样式时，即使不是对被施以基因改造的大豆、山羊等动植物，而仅仅对人类自身而言，谁又能预测这种似乎可以盗得自然生命之"天机"的技术又将意味着福还是祸？归根结底，知识进而技术的有限性决定了技术必然蕴涵着"恶"，并且这种"恶"常常不能为人类所知。[①] 联想到老子所说的妄作必凶，难道我们对此还不感到"畏"吗？

除了基于人类知识的有限性，我们对宇宙之"魅"的"敬"和对技术难测之"恶"的"畏"，事实上还有另外一种敬畏可以限制人类的所作所为，从而善待自然。当代西方兴起的生态伦理主义指出，宇宙间的任何一种存在物，哪怕在我们看来是没有生命属性的土地、阳光、河水、空气等，都有其存在的合理性和仅仅属于其自身的内在价值，这赋予了它们以自在存在的天然权利，它们和人类之间是平等共生的关系。

---

① 曹孟勤说："人的知识不完备，理性有限，他根本不可能确切地知道，一个物种的毁灭或一个特定生态系统的破坏究竟会产生哪些长远的影响。"（《人类与自然：生态伦理哲学基础反思》，南京师范大学出版社2004年，第24页）

例如，大地伦理学的提出者利奥波德提出，组成地球的各个部分都是有生命的存在物——虽然土壤、河流等的生命特征不同于人类，所以人类作为"这个共同体中平等的一员和公民"的身份，"暗含着对每个成员的尊敬，也包括对这个共同体本身的尊敬"。① 反对者认为，生态伦理主义的主张过于天真、理想，不具有现实的可行性，甚至有人指责它虚伪，因为如若践行这种思想，人类惟有放弃全部文明成果，返回形同野兽的原始状态中去，而实质上生态伦理主义者自身也在享用着人类文明的成果。究极而言，二者的冲突实质上是人类中心主义和生态中心主义（非人类中心主义）的视域对峙。

事实上，生态伦理主义对人类中心主义的颠覆在老子那里同样存在。除前引所谓"四大"之说外，《老子》五章："天地不仁，以万物为刍狗。"由此可推，既然天地无所偏爱，万物皆由道所生，"莫不尊道而贵德"（51章），那么"四大"之一的人类就没有什么优先的"特权"，也决不能借"人道"的理由随意侵害、剥夺自然之物的存在，而应欣赏、尊重、敬畏它们，如同人类对待自身那样。或许正是在此意义上，一些西方学者对老子开创的道家思想大加赞赏，认为它体现了"一种生态学的取向，其中蕴涵着深层的生态意识"，甚至有人将道家思想称为"传统的东亚深层生态学"。② 老子思想中深蕴的万物平等观念是否能够得到实质性的落实以及怎样落实，或需进一步讨论，但不可否认的是，这种思想如果被我们信仰的话，的确可以使人类主动限制其以自然为对象的技术活动，尤其是那些肆无忌惮、毫无恻隐之心的活动。

当然，另有一种境况可使我们重新打量并油然敬畏已被人类技术"改造"、"控制"了数百年的自然宇宙，那就是被它重重地"击倒"。只是我们无法预知，到那时人类是否还能从地上爬起来。

---

① 曹孟勤《人类与自然：生态伦理哲学基础反思》，南京师范大学出版社2004年，第36—37页。
② 参阅雷毅《深层生态学思想研究》，清华大学出版社2001年，第76—77页。

第二节　天道恒利，辅而不为

秉持对宇宙大生命的敬畏意识，人类在其生存实践中应当怎样对待他繁衍生息于其中的自然界？《老子》中有两句话值得我们重视：

天之道，利而不害。（81章）
辅万物之自然而不敢为。（64章）

前一句是说，正如慈母对她的孩子那样，天道运行的规律总是有利于万物的存在和成长，而不是相反；后一句则强调，人事活动应当辅助万物，使其能够按照自身的特质存在和成长，而不是违背它们固有的本性，强行加以干预，正如刘笑敢先生所说，"'辅'就是从旁辅助、扶助或帮助，而不是直接干预，更不能控制、操纵"，"辅"之目的在于给万物"自己、自然、自发的成长和发展"提供适当的条件。① 笔者认为，老子的这两句话表达了相辅相成的两层意思：前者通过言天道，指明了人类活动应当服从的方向和价值原则，其具体落实即构成所谓"人之道"；后者重在言人道，提出了人类对待自然万物的方式和具体要求。在今天，老子的这些思想可以为我们提供用来指导和规范人类针对自然界的技术活动的深刻的生态智慧。

然而，现实又是怎样的呢？且看如下两个例子。

日本学者富田彻男在《技术转移与社会文化》一书中提到，1960年代亚马逊河流域发现了储量巨大的裸露铁矿，应巴西政府之邀，日本国际协力事业集团在1985年制订了大规模的综合开发计划，随后便按此计划从该地区的热带雨林砍伐树木，烧制木炭，开始炼铁。这一开发对森林的破坏极其惊人，仅其中某一个年产16万吨生铁的炼铁厂每年就要消耗12万吨木炭，相当于要毁掉6600公顷的森林。开发者事前在

---

① 刘笑敢《道家式责任感与人际和谐》，《文史哲》2008年第6期。

进行调查时，所考虑的也只有产品市场、经济效益以及生产效率等因素，而几乎没有考虑到环境问题。这项开发计划结果以失败告终。痛心之余，富田彻男认为："如果现在的技术体系把环境破坏殆尽，那么，我们就必须迅速修改，以便建立新的技术体系。"①

此类看法虽有一定道理，但仍是在现代技术的思维框架内寻求问题的解决。而更为根本的问题是，从老子的角度说，如果人类活动之最终目标仅为求得其自身之利，自然物只是被视为此类活动所必需的资源或工具，那么，即便新的生产技术体系兼顾到了环境因素或所谓"环境成本"，难道它就不会以事先人们未知的另一种方式破坏自然，从而最终越发恶化环境吗？现代生态运动的重要思想家、美国学者路易斯·芒福德说得好："在技术的领域里来寻求技术所引起的所有问题的答案，这将是一个十足的错误。"② 另一位日本学者岸前纯之助则认为，"新技术得到发展的同时，必然会引起公害或肉眼看不到的危害"，③ 这种危害不在此一领域就会在另一领域、不在当前就会在未来的某时显现出来，因为从来都不存在没有负面效应的技术。

从历史上看，人类技术能力的提高和技术活动范围的扩张，在使人类变得越来越强大、越来越具有进攻性的同时，似乎也使自然愈加处于弱小被动、任由宰割的状态。在某种意义上，人类技术的进步史也就是一部自然的受虐史和退化史。

美国学者艾尔弗雷德·W. 克罗斯比发现，"在更新世行将结束的一千年里，世界上绝种的大型陆地生物比过去几百万年以来相同时期内绝种的要多，而没有一个地区的损失有美洲和澳大利亚这么大。几千年以后，这一绝种的浪潮波及即将有人居住的新西兰和马达加斯加等岛屿，而相对于它们的生物系而言，它们的损失同样巨大甚至更为惨重"。有研究表明，这种现象是人类猎手大量捕杀大型猎物的结果，尤其是在技

---

① 参阅（日）富田彻男《技术转移与社会文化》，商务印书馆2003年，第243—245页。
② 转引自吴国盛《芒福德的技术哲学》，《北京大学学报》2007年第6期。
③ 转引自张成岗《现代技术问题研究：技术、现代性与人类未来》，清华大学出版社2005年，第67页。

术能力发达的欧洲人通过航海活动进入新的大洲之后。克罗斯比说："即使只装备着火把以及石制武器和被火烧焦的木棍，人类也是世上最危险和冷酷的肉食动物。"① 换言之，人类之所以对于动物来说极其危险、冷酷，就在于他是能够制造和使用工具的动物，他的杀伤武器主要不是大自然所造就的肉体器官，而是技术，这包括强有力的物质工具、经过筹划和算计的技术活动以及精于此道的"技术心"。相比之下，其他动物却只能用肢体器官去厮杀，并且它们所有的活动都是出于自发的本能而非理性谋划，所以必然遭到人类的大规模杀戮。总之，技术使人类无比冷酷危险。反过来说，如果没有技术，人类不过是狮子、老虎这些猛兽的食物或"子民"。

以上是两个具有历史代表性的典型事件。它们表明，人类的技术活动大多不是"辅万物之自然而不敢为"，而是完全出于己意和私利的肆意妄为，是强迫、剥夺自然物的暴行，人类活动的最终结果也不是助利万物而不害，相反却是"害而不利"。其中体现的基本观念是，既然人类是自然的主宰，那么他就可以用进攻、征服、改造、控制的方式对待自然万物，以使其服从、服务于人类的需要，无论他的需要是否逾越了宇宙自然为之规定的限度。对于这种包含着技术自信并以此为支撑的人类中心主义的意识形态，卡逊批评说："'控制自然'这个词是一个妄自尊大的想象产物，是当生物学和哲学还处于低级幼稚阶段的产物，当时人们设想中的'控制自然'就是要大自然为人们的方便有利而存在。"也就是说，"控制自然"的意识所彰显的不仅不是人类的进步和智慧，而恰恰是他的蒙昧和无知。在卡逊看来，这种蒙昧和无知今天已经被"最现代化、最可怕"的技术武器武装起来，而这些原本施加于自然物，以期打造出一个适合人类更好地生存的自然环境的武器，现在却"已转过来威胁着我们整个的大地了，这真是我们的巨大不幸"。②

巴西学者何塞·卢岑贝格认为，与重在观察、解释世界的科学在自

---

① 参阅（美）艾尔弗雷德·W.克罗斯比《生态扩张主义：欧洲900—1900年的生态扩张》，辽宁教育出版社2001年，第272—278页。
② （美）蕾切尔·卡逊《寂静的春天》，吉林人民出版社1997年，第263页。

然面前所表现出来的"谦恭、深沉"相比,"技术则总是高高在上,做出主宰一切的姿态",技术不仅总是显得"野心勃勃,并且经常是破坏性的"。① 追问一句:作为地球上唯一能够发明、利用技术的动物,对待自然万物,人类为什么会表现出似乎出自天性的征服、控制意识和"进攻性"?

时至今日,仍有很多人认为,控制自然、征服自然是西方文化的传统观念,若追究到哲学的层面上,其根源即是所谓主体和客体的截然二分,而历来追求"天人合一"、物我一体的中国传统文化则并非如此。因此,有学者甚至认为,只有中国传统文化的"天人合一"观念方能对治西方文明发展模式的根本弊病,挽救日益陷入生态危机之中的人类社会。对于这种看法,事实上早在上世纪二十年代,梁漱溟先生就已有所批评。他指出,征服自然"原是一切文化的通性",例如垦荒植谷、砍树筑房、辟山开路等,"东西两方面的征服自然不过是程度之差"。② 如果我们把黄土高原如今恶劣的生态环境与其在古远之世的林草密布状况做一对比,即可知梁氏此论不虚。按照梁漱溟的人生意欲之"三路向"理论,征服自然乃是出自人们——无论东方还是西方——解决问题方法的"本来的路向:就是奋力取得所要求的东西,设法满足他的要求;换一句话说就是奋斗的态度。遇到问题都是对于前面去下手,这种下手的结果就是改造局面,使其可以满足我们的要求"。③ 梁先生认为,这种"向前的路向"在西方文化中甚为强势,其表征有三:(1)"对于自然向前奋斗",以求征服自然,提高人们的物质生活水平,西方发达的物质文明即为改造自然环境的结果;(2)科学方法所要求的"变更现状,打碎、分析来观察",以及科学精神所强调的对于"种种观念、信仰之怀疑而打破扫荡";(3)民主观念所提倡的对于各种威权势力的"反抗

---

① 转引自张成岗《现代技术问题研究:技术、现代性与人类未来》,清华大学出版社 2005 年,第 67 页。
② 梁漱溟《东西文化及其哲学》,见《梁漱溟全集》(第一卷),山东人民出版社 1989 年,第 347—348 页。
③ 同上,第 381 页。

奋斗"。① 暂且抛开后两方面不论，照梁氏此说，以"向前的路向"为心理根基的征服自然乃是出于人类的普遍本性，是其为解决种族生存问题而不得不如此的实践选择，因此可以说是无可厚非的。

问题是，第一，只追求征服自然而不考虑自然物的存在和成长，是否果真能持续提高人类的物质生活水平，因此征服自然是否应有一个限度？第二，考虑到一味征服自然已经给我们的生存造成的种种灾难以及未来人类社会长远发展的需要，人类是否应当彻底转变既有的处置自然的态度，换以与自然万物友善相处、相辅相成的生存实践方式？答案无疑是肯定的。因为，人类赖以生存的自然环境的空前恶化已经从根本上威胁到了他自身的存在和发展，这种具有全球性、毁灭性的严重危机迫使我们不得不彻底反思并转变人类既有的处置自然万物的方式。在自然界中，人类或许是唯一不完全依其本能行事而是具有自我反省能力的物种，而能否调整、限制、转变自文明萌端以来我们对自然一味"向前的路向"，实是关乎人生命运的严峻课题。

从老子的角度说，若要做到辅益自然、助利万物而不害，首先最关键的一条就是人类必须从根本上放弃自大自信的自我中心意识，因为这是他之所以用进攻、征服、改造、控制的方式对待自然的观念基础。如上节所述，老子认为，人类只是"四大"中最次的一"大"，根本算不上宇宙的中心、自然的主宰，真正支配着万物的是道。他说：

>   有物混成……吾不知其名，字之曰道，强为之名曰大。（25章）

从老子所说的"人→地→天→道"的逐层提升的效法关系来看，道是"四大"中的至上者。而正是这个至上之"大"对待万物的方式，为人类树立了"榜样"。老子云：

---

① 梁漱溟《东西文化及其哲学》，见《梁漱溟全集》（第一卷），山东人民出版社1989年，第382页。

> 大道氾兮，其可左右。万物恃之以生而不辞，功成不有。衣养万物而不为主，常无欲，可名于小；万物归焉而不为主，可名为大。以其终不自为大，故能成其大。（34章）

这是说，道没有私欲，没有以造物者自居的主宰意识，故可称其为"小"，它虽然生养万物并为万物所恃所归，但绝不以主宰者自居，而其伟大之处恰恰在于它无欲而小、不自以为伟大。道的这种体性，难道不值得人类效法吗？陈鼓应先生引述该章思想说，老子发挥的"不辞"、"不有"、"不为主"的精神，意在"消解领导者的占有欲与支配欲"。① 占有与支配，其实也就是人类在技术活动中处置万物的惯常方式。联系到卡逊所说的控制自然、妄自尊大是人类极为幼稚的表现，不妨说，惟有放弃虚幻狭隘、自大自信的自然主人意识，不以主宰者自视，人类方可站立在脱离蒙昧无知的低级阶段之起点上。

摆脱了对于万物的主宰意识之后，人类在其技术化的生存实践中将何以辅益自然、助利万物？在此问题上，老子的思想可以从两个方面进行阐发。首先，从"消极"方面说，他主张人类应当主动收敛、减少、限制其所作所为，这与他对人类知识之限度的告诫恰相对应。五十九章云：

> 治人事天，莫若啬。……是谓深根固柢、长生久视之道。

该章重点原本讨论的是治国和养生的问题。作为贯通治国和养生的原则性范畴，"啬"是指减少作为，用任继愈先生的话说，就是"不该做的事情尽量不做"。② 分而言之，在政治活动中，这种原则要求治国者应当注意积蓄力量、有所不为；落实在养生问题上，则是爱惜精力、保养精神。此处，人类与自然打交道的活动虽非老子关注的中心，但"啬"作为一种行为准则，同样可以贯穿于其中。因为，其一，老子于

---

① 陈鼓应《老子今注今译》，商务印书馆2003年，第204页。
② 任继愈《老子新译》，上海古籍出版社1985年，第187页。

该章起首明确提到了"……事天,莫若啬",而"天"是一个囊括了宇宙万物的"至大无外"的思想范畴;其二,主体对其精力和精神内敛式的养护,相应意味着人类应当节制欲望、慎出己行,从而在以自然物为对象的活动中自我限制、主动收缩,这不仅能养护主体生命而至于"长生久视",而且有助于自然对象的存在和发育,正所谓"自利利他";其三,"啬"和前文所说的"辅万物之自然而不敢为"相一致,这也符合老子思想的基本价值取向。

从我们对五十九章的分析可以看出,在怎样处置自然万物的问题上,老子的思想常常包蕴在他对于政治和养生问题的讨论中。同样的情形还出现在第二十八章:

朴散则为器,圣人用之,则为官长。故大制不割。(28章)

"朴散则为器"意谓素朴之道分散成殊异具体的万物。"大制不割"是说,"大制因物之自然,故不割,各抱其朴而已"。[1] 此处是借工匠的器物制作比喻治国理政。老子认为,最完美的政治不是对被治理者的强制、雕造,不应出于勉强。这一社会技术思想引申到人类以自然物为对象的技术实践活动中,就是要求我们不应出于种族或族群之私利,把己意强加到自然物上,使它们被迫发生某种不是出于其本愿的改变,而是应当随顺万物的固有情性,使其"各抱其朴"。之所以如此,是因为既然万物皆为道之所"散",且道内在于其中,故万物皆有其存在和成长的天然合理性,人类只能尊重、顺应这种合理性,而不能对其施以破坏和剥夺。

比较可见,同样是强调减少、取消对自然万物的干扰和强制,"事天"以"啬"的立基点在于实践主体,而"大制不割"的着眼点则是技术所施加的对象。

进一步看,老子主张人类不应干扰和强制自然万物,除了是出于养

---

[1] 陈鼓应《老子今注今译》,商务印书馆2003年,第204页引高亨解。

护主体身心生命等考虑之外，其实另有更为深沉渺远的"终极关切"。他说：

> 万物并作，吾以观复。夫物芸芸，各复归其根。归根曰静，是曰复命。（16章）
> 道常无为而无不为。侯王若能守之，万物将自化。……不欲以静，天下将自定。（37章）

老子认为，万物存在和成长的唯一依据是道，此外别无其他。普遍存在的道，不仅使万物能够独立完成其生命过程（"各复归其根"），并且使万物各自具有了自我成长、自我演生、自我完善（"自化"）的能力。正如李约瑟所说，在道家眼中，"宇宙万物是自发，自动，自然而然的"，"天地又是圆满自足的，自本自根的"。① 相应于此，来自外部的所有干扰和强制都是对事物之完整生命过程和自足存在样式、自我完善能力的戕害。因此，站在"物"自身而非"人"的立场上，问题的关键便在于如何排除各种干扰和强制，保持自然物的自在自化状态。而以"向前的路向"为天性的人类所应做的，便是祛除其私欲妄为，以静观、欣赏的非功利心态，像化育万物而不害的大道那样，"辅万物之自然而不敢为"，使其各自完成其生命过程，并臻于生命的理想之境。相对于人类中心主义，老子的这个思想显然体现了一种更为宏厚、普遍、慈爱的形而上的生命关切。

笔者近年来对技术的限度问题颇为关注。就现实而言，这是出于对技术所呈现出的无限可能性的怀疑和对技术所造之祸日甚一日的忧虑，而在思想上，很大程度则是由道家尤其是老子思想引发的。大致来看，技术可能遭遇的限度或有如下几方面。第一，时空之限：作为一个物或物种，人类在时间和空间上存在的绝对有限性，构成了技术无法超越的限度，也就是说，技术无论如何都不能将其触角探伸到宇宙的全部角落

---

① （英）李约瑟《中国古代科学思想史》，江西人民出版社1999年，第57页。

以及人类绝灭之后的世界,并解决其中的问题。第二,环境之限:在有限的生存时空中,环境对于人类活动的承受、承载能力以及其中人类可以利用的自然资源也是有限的,当生存环境恶化到一定程度,所有可能利用的资源枯竭殆尽,则人类的技术活动亦将随之终止。① 第三,知识之限:人类并非无所不知的上帝,相对于充满无尽奥秘、变幻莫测的宇宙万物,人类知识终归是粗浅浮面的,这就决定了以知识为根基的人类的技术必然是不完备、有缺陷的;由此,人类的技术实践不仅不可能解决所有问题,反倒可能由于其所知的缺陷而造成预料不及的严重问题。第四,伦理之限:无论怎样"高精尖",某种技术的创发、运用如果被认为违背我们所认同的伦理价值,那么它必然会遭遇人类的主动限制,虽然这种限制会受到诸多争议,其施行也往往比较困难,甚至可能会被突破,例如"克隆人"技术、"安乐死"技术。

回过头说,老子实质上已经触及到了人类技术的限度问题,只不过在此问题上其思想大多仍处于隐而未发的状态。在他眼中,人与他物相比并无任何特出之处,从老子把人定位为"四大"中最次的一"大"以及他所主张的人对于天道的效法来看,人的存在实为渺小,这无疑等于揭示了属于人的技术的绝对有限性。

至于技术的知识之限,前文对老子思想中的相关内容已多有涉及,此处不再展开具体讨论。关于这个方面,刘笑敢先生也点出了老子思想的启示意义。他说:"老子之道的模糊性警示人们,宇宙万物的根本性存在往往是无法确切认知的,范围越大,认知越困难。人类应该承认自身认识的局限性。无视这一点,就会自食其果……依老子之道,我们就不应把自己当作大自然的主宰者,把大自然当作我们的砧板上之物。这种思想,当然是有利于生态保护运动的。"② 此外,高中华先生认为,人类理性有限性一是表现为"人们对自然必然性的把握只能是相对的与近

---

① 意大利学者奥雷利奥·贝切伊说:"由于地球没有一个无限的'负载能力',所以对于膨胀发展来说,不仅人的活动具有某种生物的、自然的限制或'外部限制',人类的一般存在也具有这种限制。"(转引自高中华《环境问题抉择论:生态文明时代的理性思考》,社会科学文献出版社2004年,第39页)

② 刘笑敢《老子古今》(上卷),中国社会科学出版社2006年,第299页。

似的",二是表现为人们"对技术活动的后果难以预料与难以控制";所以,人类在技术实践中"要充分估计自己的行动可能给对象世界带来的各种后果以及处理这些后果的能力"。① 此一看法的矛盾之处在于,既然人类理性是有限的,那么我们将何以凭借"有限"的理性"充分"估计技术实践可能产生的后果?进而,以"有限"的理性为支撑的"有限"的技术,又怎么可能给予我们"周全"处理技术活动后果的能力?

事实上,这并非简单的理论矛盾,而是人类既有的技术思维和技术实践模式不可摆脱的内在窘境。如何走出窘境?老子思想提供的智慧是,既然一味前行必然走入"死胡同",那么不妨暂且就此打住,有所不为。换言之,也就是适时转变或调整"向前的路向",不能做、不该做、做了却承受不了其后果的事情尽量不做,亦即所谓"啬"。

再看伦理之限。在"克隆人"、"安乐死"等技术遭遇限制的典型个案中,人类对于技术的限制乃是出于纯粹的人性关怀——据说,如果这些技术得以施行,则人之为人者将不复存在。老子超越了只讲人道主义的伦理关切,他审度价值之是非利害的立场不仅着眼于"人"和人性,更且着眼于"物"和物性,或者说他是在普遍的"天文"而非狭隘的"人文"的价值视域中主张限制技术:某种技术作用于对象的方式如果是伤而不助、对自然物所产生的效应如果是害而不利,那么它就是不可接受的,因为这与天道养育万物以及万物自化自足、各遂其生的法则相违背。借用孔子的话语模式,老子主张限制技术的观点可概括为两条:(1)"道所不载,勿施于物";② (2)"物所不欲,勿施于物"。或许在许多人看来,这种以对自然万物之内在价值和"伦理尊严"的承认为前提的主张过于抽象,也过于理想化,因而只能停留于纯粹的理论思辨和价值批判层面。但笔者认为,如果没有对自然物之价值和尊严发自内心的承认、尊重,那么人类已经严重破坏了地球生态的技术活动就几乎不可能得到有效限制,最终遭殃的不仅是万物,还有人类自身。而老子的

---

① 高中华《环境问题抉择论:生态文明时代的理性思考》,社会科学文献出版社2004年,第80页。

② 后来庄子恰恰主张寓道于技、以技载道。

相关思想，则可以"通过影响和改变人的价值观念来起到增强人们保护环境的自觉性的作用，或者说通过提高和升华人的环保意识使得环境保护获得足够的人文动力"。①

讨论至此可以看出，无论人类不得不接受的技术的时空之限、知识之限，还是出于主动的"天文关切"而为技术设置的伦理之限，无不取决于人类中心主义意识形态的解构。人类只是宇宙间的普通存在物，这一点甚至连某些负有盛名的人道主义哲学家都表示赞同。例如，曾任美国人道主义协会名誉会长的哲学家科利斯·拉蒙特说，"自然宇宙并不偏爱人类或任何别的生物。大自然对于人类，并不比对老虎、老鼠、已灭绝的恐龙或任何别的生命形式更感兴趣；而且它对于各种生命形式，也并不比对河流、星星、原子或任何别种无生命现象更感兴趣"；"自然界对人类的目标漠不关心"。这与老子所说的"天地不仁，以万物为刍狗"并无二致。拉蒙特还认为，在自然界对人类保持着"不偏不倚的中立性"这一面之外，"除了我们与同胞之间的那些有时倾向于变得淡薄的亲属关系外，我们还与作为我们生存的源泉和我们获得任何幸福的场所的自然界之间具有一种真正的亲属感"。②

无论是由于自然宇宙对人类的"不偏爱"，以及由此构成的人类与其他生命样式或无生命现象的平等存在关系，还是由于人类对自然界所具有的归属感、亲属感，属人的技术都存在或应当具有其限制。摆在人类面前的问题是，我们必须意识到这些限制，并在与自然界打交道的技术实践中自觉服从这些限制，从而真正做到助利万物而不伤害——作为宇宙间的普通一物，这应当成为人类与万物交互关系的"底线伦理"。

从"积极"方面说，在整体或系统的层次上，老子认为，由于天道的支配和调整，自然万物的存在保持着平衡关系，因此人类应当效法天道，在人事活动中设法维护而不是摧毁万物之间的平衡关系。他说：

> 天之道，其犹张弓欤？高者抑之，下者举之，有余者损之，不

---

① 李培超《自然的伦理尊严》，江西人民出版社2001年，第12页。
② （美）科利斯·拉蒙特《人道主义哲学》，华夏出版社1990年，第138—139页。

足者补之。天之道,损有余而补不足;人之道则不然:损不足以奉有余。(77章)

所谓"损有余而补不足"可以归结为天道对万物的不偏不倚、平等公正。正因此,万物之间方可达成均衡和谐的关系,而任何一物的独大都不仅有违天道作用于万物的方式,并且会破坏万物之间的平衡关系。事实上,若纯任天道流行,自然界原本不可能出现某一物独大的现象。但当人类崛起之后,局面就发生了天翻地覆的变化。老子所谓"损不足以奉有余",本意在于批评社会历史中人与人之间的弱肉强食尤其是君主的侵夺横暴,不过由这句话也可以引申出老子对人类行事方式的一般性看法,即:人类总是为了私利、出于己意,通过支配、劫掠行为对象,去破坏平衡,而非设法维护、达成平衡。我们看到,不仅在社会生活中,而且在人与自然万物发生关系的技术活动中,平衡也总是接二连三地遭到破坏。

自然界原本是、应当是一个平衡的系统,时至今日这一点已经无需论证。人类的技术活动曾经、正在无数次地打破自然万物间的平衡关系,也无需我们再用新近发生的某一物种的灭绝、去年夏天某地气候的异常以及某种怪病在人群中的流行等实例去做多余的说明。进一步看,老子已经为人类开出的"药方"其实也并无任何神奇玄虚之处,甚至显得没有什么新意——那就是:即便仅仅是为其自身利益而非其他自然物的自在存在和自我成长考虑,饱受生态失衡之苦的人类也必须效法天道,在从周遭世界获取生存资源的同时,尽力保持自然万物间的平衡关系。

须知,在上引老子这段话中还隐含着他对于人类的告诫:作为"万物之灵长",人类虽然是自然母亲孕育出的精灵,但是如果人类自我膨胀、独大蛮横到了自然界无法承受的地步,那么,天道必将转而对人类"抑之"、"损之",以使其回归到与自然物平等均衡的局面中去。对于人类而言,那将是怎样一种局面?是没有丝毫生命气息的荒原,还是形同牛马、巢居兽走的野蛮时代?

无论情愿与否，人类终归要重回大地。毫无疑问，与其被天道或者说被宇宙的无情铁律强行拉回到与自然万物的平衡关系中去，还不如我们现在就主动检讨错误，纠改前非，通过调整技术活动的效应取向，使其不仅对人有利，并且对自然物有利，必要情况下甚至可以使其仅仅只对自然物有利，从而修缮自然万物之间、人类与自然之间的失衡环节。令人感到欣慰的是，近年来人类在这方面已经做出了积极的努力，例如，某些自然保护区的划定、对于濒危物种的挽救、"京都议定书"的签订，等等。虽然这些努力还带有不同程度的功利性，这种功利性表明我们还没有摆脱人类中心主义的窠臼，但是做总比不做强，早行动总比晚行动好。

对某一自然物而言，除了改造、控制和征服，究竟我们还能不能有别的处置方式？Plekhanov 说："当人类强迫自然供他利用时，也必顺应自然。而顺从正是获得自由的条件。由于顺应自然，人类驾驭自然的力量就加强了，他的自由也就因此扩大了。"① 此中"顺应自然"之目的在于"强迫"、"驾驭"，这并未彻底摆脱传统的技术观念窠臼，故可视之为弱化的或柔性的人类中心主义。在此方面，老子为我们提供了不同于既有的技术思维方式的另一种可选路向。他说：

（圣人）常善救物，故无弃物。（27 章）

陈鼓应先生译此句为："（圣人）经常善于做到物尽其用，所以没有被废弃的物。"② 河上公释云："圣人所以常教民顺四时者，欲以救万物之残伤；圣人不贱石而贵玉。"③ 合而言之，老子这句话有两层意思：第一，在有道者眼中，任何一物皆有其用，关键是如何洞见其独异之用，使其用得以显发，从而不至沦为似乎无用的"弃物"；第二，如果物有

---

① 转引自（英）李约瑟《中国古代科学思想史》，江西人民出版社 1999 年，第 71 页之脚注①。
② 陈鼓应《老子今注今译》，商务印书馆 2003 年，第 181 页。
③ 王卡点校《老子道德经河上公章句》，中华书局 1993 年，第 109 页。

残伤而遭弃者,则有道者应该能够挽救、养护它们,使其独异之用发挥出来。后一层意思,亦即引文中的"救"字,尤其充盈着老子对万物的慈厚泛爱之"深情"。在此意义上,沈清松先生认为,老子思想具有慷慨的伦理特质,其重要表现便是有道者"效法于道养育万物、亭毒万物的伦理精神,因而也善养万物、善利万物、善于救人救物",使万物皆因其本有的创造力,自我开展、自我完成。①

与此相反的是,在人类中心主义的立场上,因为某种利益考量或认知偏见,自然物往往被我们强行划分为两类:有用者和无用者。有用者,我们拿来就用,有时甚至因为其用之巨,我们还要顶礼膜拜一番。无用者,则被我们称为废物而弃置不顾。在老子的天道视域中,万物无一不有其用,这种用根基于其天然本性,因此仅仅属于物自身而不取决于人类以自我利益为中心的价值审度,故天地之间绝无废物。② 某物之所以成为"弃物",只是由于我们的价值关切过于偏狭,对物的知解总是片面浅薄。而某些自然物之所以遭到人类的残伤,很多情况下正是由我们将其视为"弃物"开始的。针对于此,老子思想给人类技术活动的启示是,在领悟天道的基础上,首先我们应通过对万物本性的知解,以符合自然法则、顺应物之所求的方式,设法使其独异之用依据自然物的本性生发出来,此亦所谓"辅万物之自然";其次,如果物有所伤,无论由于自然的原因还是人类活动的结果,我们都应当主动挽救物,使其本性得以自持、其自用得以开展。尤其当自然物受到人类的弃置、残损之时,遭致报应的人类所伸出的援救之手便显得更为必要。这应当是人类对自身此前所造之"恶"的忏悔和补偿,是他作为自然一分子所承担的责任和义务,也更应是他作为"宇宙之精华"而应有的高贵德性的重要内容。

人们常说:善有善报,恶有恶报。其中的因果必然同样适用于人与

---

① 沈清松《论全球化与道家的慷慨精神》,《道家文化研究》(第二十二辑),三联书店2007年。
② 与此甚有关涉的是,李培超先生从生态伦理学的角度出发,把自然的价值分为外在和内在两个方面,其中后者是指"与人的需要无涉的自然价值,是毋需人来决定的自然价值"(参阅《自然的伦理尊严》,江西人民出版社2001年,第138—142页)。

自然万物之间的关系。自然的危机意味着人的危机，弃物伤物的结果只能是为物所弃所伤，而"救物"亦即救人。也就是说，只有通过辅益万物，使自然重新恢复其丰富勃发的生机，日益陷入生存危境之中的人类方能获得拯救。老子说：

　　天道无亲，常与善人。(79章)

在社会生活中，人类似乎总是能够表现出高度的道德理性，但在万物面前，技术却已经把人类武装得凶残无比，这不仅伤害了自然，而且背离了至上的天道。姑且借用老子的话说，其结果就是"天地尚不能久，而况于人乎"（23章）？以当下为起点，什么时候人类在通过技术活动与自然打交道的过程中，在自信乐观甚至不妨雄心勃勃的同时，真正学会谨慎守度、慈爱谦卑，做到善待万物，天道方能复归于人，而人类的生存亦可得到天道的辅助和保证，正如老子所说：

　　同于道者，道亦乐得之。(同上)
　　知止不殆，可以长久。(44章)

第四章

执古御今，抱道为式
——老子："古今之变"视域中的技术

第一节　正邪并生，避祸趋福

如前所述，老子主张，人类在以自然物为对象的技术活动中应当有所顾忌、有所收敛，不应一味"向前奋斗"。当焦点转到社会生活领域，老子对技术问题的相关看法同样体现出了这种基本取向，而此一问题又与他的历史观和所谓辩证法思想纠缠在一起。大致来说，当技术被作为一种社会历史现象加以审视时，老子不是片面着眼于人们只习惯于看到的技术所造成的福祉，而是尤其强调它所带来的严重负面效应，从而批判并主张限制技术。

李约瑟曾敏锐发现，道家思想中存在着一个矛盾现象：一方面是强调"手工的技艺"，① 另一方面却又"反技术"，"对技术与发明表示强烈的不满"和"抨击"。② 如其所言，包括对知识和技术的批判乃至绝弃之态度，老子思想曾屡屡被冠以"反文明"之恶名。其中屡遭非难的说法有：

慧智出，有大伪。（18章）

---

① 例如《庄子》中所塑造的诸多能工巧匠。
② （英）李约瑟《中国古代科学思想史》，江西人民出版社1999年，第142页。

民多利器，国家滋昏；人多伎巧，奇物滋起。(57章)

这两段引文包涵着老子对技术在由古而今的历史演进过程中所引起的社会效应的看法，它们在字面上的意思是，人性之所以堕落、社会之所以昏乱，皆是由于知识和技术的进步。对此，侯外庐批评说，"'利器'是不是铁器，我们不必猜度，'伎巧'则墨子之所谓百工从事者"，它们本应是社会现实中"新发生的现象"，是历史进步的产物，然而老子却固守"没落的思想"，"对于奇货、奇物、民巧、民欲，加以攻击"。[①] 言下之意，老子对知识和技术的否定反映了他反对历史进步的思想观念。

依循老子的思想脉络，既然知识和技术造成了人性不古、社会动荡，那么为了救治人性、家国，我们就必须放弃知识和技术。例如，他说：

绝圣弃智，民利百倍；绝仁弃义，民复孝慈；绝巧弃利，盗贼无有。(19章)
绝学无忧。(20章)

在某种意义上，这些话可以视为老子救治世道人心的具体方略：如若巧智得绝，则人心可复、天下可定。据此理路，在置身乱世的老子所希冀的未来理想社会中，技术所扮演的角色理所当然地被贬抑到了最低程度，它所发挥的作用实可谓无足轻重、可有可无，甚至遭到人们的冷落、弃置、遗忘。著名的同时可能也是遭致最多批评的八十章云：

小国寡民。使有什伯人之器而不用，使民重死而不远徙；虽有舟舆，无所乘之；虽有甲兵，无所陈之。使人复结绳而用之。甘其食，美其服，安其居，乐其俗，邻国相望，鸡犬之声相闻，民至老

---

① 参阅侯外庐《中国古代思想学说史》，辽宁教育出版社1998年，第139—141页。

死,不相往来。

本来,这是老子基于当世之昏乱而对未来社会的美好构想。但今世很多学者却认为,这是典型的开历史之倒车的复古主义。例如,胡适认为,该章是"要想把一切交通的利器,守卫的甲兵,代人工的机械,行远传久的文字……等制度文物,全行毁除,要使人类依旧回到那无知无欲老死不相往来的乌托邦"。① 侯外庐更具体指出,此章描述的是"氏族公社"式的社会图景,它在历史上"略当于野蛮下期"。② 任继愈也说:"这一章集中表达了老子的复古的社会历史观。……他认为文化给人们带来了灾难,要回到远古蒙昧时期结绳而用的时代去。"③ 要言之,老子的社会设计向度取法自早已逝去的古远之世,而在那时,人类的美善生活并不依赖技术的运用,由此技术虽造福不多,但亦极少可能逞其恶。

以上代表性的言论,如果只是从字面去理解,确实可以得出老子反智、反技术、反道德乃至反社会、反历史、反文明的结论。然而正如李约瑟所指出的,这个结论却与另一事实相矛盾,即:《老子》中的其他某些篇章还包含着丰富的技术思想。多年从事中国古代机械设计思想研究的刘克明先生认为,"老子对于科学技术、机械制造观察了很多,思考了很多",《老子》中"有专门的章节涉及古代机械、工程、技术、制造,或讨论机械技术中的哲学问题,或以机械为喻,由'天道'以阐'人道',由'自然'以推论'社会'。从某种意义上说,《老子》是中国古代最早论及科学技术思想的科学哲学和技术哲学的文献"。④ 此论或有褒奖过度之嫌,但如果说老子从器物工具和技术现象中得到了某些哲学上的启发,或者借器物工具和技术现象为喻,来阐述其哲学思想,则当属事实。例如:

---

① 胡道静主编《十家论老》,上海人民出版社2006年,第15页。
② 侯外庐《中国古代思想学说史》,辽宁教育出版社1998年,第141、143页。
③ 任继愈《老子新译》,上海古籍出版社年1985年,第232页。
④ 刘克明《中国技术思想研究:古代机械设计与方法》,巴蜀书社2004年,第99页。

第四章 执古御今，抱道为式

> 天地之间，其犹橐籥乎？虚而不屈，动而愈出。多言数穷，不如守中。(5章)

橐籥，即古代冶铸所用的风箱。吴澄对它的结构有一个详细描述："为函以周罩于外者，'橐'也；为辖以鼓扇于内者，'籥'也。"① 显然，该章是借橐籥的结构和效用原理，提出一种持虚守静的思想主张。如果没有对橐籥的用心观察和琢磨，很难想象老子能恰当运用这个比喻。

至于《老子》中涉及的技术观念，则有"大巧若拙"（45章）、"大制不割"（28章）、"善数，不用筹策；善闭，无关楗而不可开；善开，无绳约而不可解"（27章）、"图难于其易；为大于其细"（63章），等等。这些观念虽然较为抽象，但稍作引申、转化，即可落实为具体的技术实践智慧，而"大巧若拙"、"大制不割"等更是历代能工巧匠所渴望达到的最高技术境界。尤其需要指出的是，老子提出这些观念时并不是以否定的态度，而是以正面的肯定语气视其为明智可取的选择。

再看最为典型的十一章：

> 三十辐共一毂，当其无，有车之用。埏埴以为器，当其无，有器之用。凿户牖以为室，当其无，有室之用。故有之以为利，无之以为用。

这段话涉及到三种具体的技术活动：车辆制造、陶器制作、房屋构建。通过对"有"和"无"在其中所发挥作用的深刻领悟，老子概括性地提出了"有之以为利，无之以为用"的技术设计理念。有学者认为，"无之以为用"是老子"对机械设计思想及方法的重大贡献"。② 应当说，此一理念在现代工程技术中仍极具启示意义。我们所要强调的是，这段话不仅对"用"持肯定而非批判的态度，并且还以独特的方式告诉

---

① 陈鼓应《老子今注今译》，商务印书馆2003年，第95页。
② 刘克明《中国技术思想研究：古代机械设计与方法》，巴蜀书社2004年，第113页。

人们如何巧妙地实现"用"。更进一步说，老子并不一般性地反对"用"，而是希求、看重他所认同的"用"。再如：

> 大成若缺，其用不弊。大盈若冲，其用不穷。（45章）
> 弱者，道之用。（40章）

由于老子之谓"用"需要通过"无"、"弱"、"缺"、"冲"等似乎具有隐蔽特点的方式得以实现，故后世儒家经常批评其学为以无用获致大用的机巧之术。儒家的批评也从反面说明，《老子》并不是一部反技术的著作。

任何一种思想惟有被放到它由以产生的历史境域中，方能得到确当的理解。老子是春秋晚期人，当时的现实情势是"礼崩乐坏"、杀伐四起，社会处于动荡的转型阶段。道德仁义虽然仍被诸侯贵族所称扬标榜，但实质上却已经沦变为他们逐利营私之工具。老子之批判仁义，所表达的即是对此种黑白颠倒的社会现实的极度不满。从"绝仁弃义，民复孝慈"一语可以看出，事实上老子并不否定孝慈，而只是认为虚壳化的仁义之术不仅不能使民众葆持或养成孝慈这种在人性中更具本根意义的美德，反倒只会造成相反的效果。就其本意而言，老子对仁义的批判只是激于世之辞，并不意味着他反道德、反社会。若从技术哲学的角度说，其中则蕴涵着老子关于社会技术的思想，——笔者下节将讨论此问题，这里首先分析老子对于社会生活中物化技术的态度。

从前述引文可知，无论是作为物化工具的"利器"、"奇物"、"什伯人之器"、"舟舆"、"甲兵"，还是作为操作方法的"伎巧"，以及为技术活动提供内在支持的"慧智"、"学"，无一不遭到老子的批判和否定。在他看来，这些东西或者应被完全抛弃，或者人们应当对其采取虽有而不用的处置方式。一方面，老子的此类思想仍可理解为有激于世之见，但这种理解未免过于简单；另一方面，结合其著作中所蕴含的深刻的技术观念这一矛盾现象，如果把该问题放在更深的层次上解读，那么我们就会发现其中实有诸多积极的思想资源值得今人吸取。

第四章 执古御今，抱道为式

一个技术活动，当它实现主体事先预期的效应时也就完结了，而人们也往往依据由此达成的主体需要的满足程度对技术做出评价。例如，车船把乘客舒服、快速地载至某处，甲兵使统帅轻松赢得战争，某种操作要诀让工匠省力、高效地把车辆制造出来。在此情形下，我们便会对车船、甲兵以及操作要诀做出肯定性的评价，这种评价大多还可以被精确量化，尤其是在现代科学背景下。完整地看，此类技术评价有相互对应的两个指标：第一，操作对象被技术按照主体需要改造、控制的程度；第二，通过把技术施加于对象之上，操作主体之需要得到满足的情况。无论仅用其中一个指标还是二者兼顾，这种评价都是在一个极为有限的封闭范围内进行的，因为它完全没有考虑在对象的被控制情况和主体的某种需要——而非全部需要——的满足程度之外，该项技术或技术活动是否还会带来其他效应。就其封闭性、有限性而言，这种技术评价只能具有"工程学"的意义。由于任何技术都是为着主体的某种需要、指向某一具体的操作对象来设计的，所以纯粹从"工程学"的角度说，技术可能另外造成的某些效应原本不在人们的预期之内——事先它们既不可预料，事后人们也无法控制。而由于主体运用技术之目的只是为了满足他的某种需要，所以此外那些别的后果也就无需关心。时至今日，这种技术评价方式仍在大唱主角。例如，计算机网络可以使我们快速获得大量信息，可以与远在异国的陌生人面对面地交流，当我们据此对网络技术的普及大加肯定之时，网络成瘾、网络犯罪、网络对个体隐私空间的挤压等其他问题便被忽略掉了。尤其当评价者恰恰是通过技术获得某种快感和利益的操作主体之时，技术所造成的其他效应更有可能被遗忘在一边。

问题是，任何技术都不仅是由抽象符号绘成的图纸，不是研究机构新发明的样品，也不是试验台上的操作程序，技术一旦付诸施行，便不可避免地牵连到其他因素。换言之，技术本质上不是孤立、静止的存在，而是应被看作一种复杂的社会历史现象，任何技术活动都不可能是封闭的。因为，一方面，操作主体和操作对象都存在于一定的社会历史情境中；另一方面，技术的施行必然需要其他要素的配合和参与，技术活动脱离了具体现实便无法开展。通俗地说，技术和技术之外的其他因素是相互作用、相互影响的复杂关系。这一关系决定了任何技术活动在其预期效应之外必然还将连带产生其他后果。即使对于操作主体而言，技术活动在其身上最后产生的效应也并不一定就是他原先希望得到的，而是极有可能超出预期甚至适得其反。究其因由，正如技术活动所必需的诸多外在社会因素一样，主体同样是作为一个性质复杂的存在物投入到技术活动中的，更何况他还具有能动反应、自我调整的特质。由此，技术活动的效应也就不仅是主体某一种需要的满足，而可能还会相应带来他的其他特质的变化，正如同服从抗生素可以治好咳嗽，但同时却使人体固有的免疫力下降。

撇掉技术可能对社会生活和主体人性造成的其他效应，只局限于"工程学"的角度审鉴技术，不仅是片面的，而且还将助长一种进步主义的历史幻觉。从石器到铁器，从蒸汽机车到磁悬浮列车，从依靠人工划桨和自然风驱动的木制帆船到高速快艇，从弓箭、大刀、长矛到原子弹、核动力航母、F22战斗机，从用画像方法寻找罪犯到电子监视器……如同自然界中的生命体一样，物化技术在其累进发展的过程中似乎具有自我生长的能力。如果陶醉于技术通过对自然物和人的控制给我们提供的越来越多的方便，那么的确可以认为：历史总是不断进步的，而不断进步的技术必将把人类带到一个更新的世界。不过，如果沾沾自喜过后，让技术催生的全部事实进入我们的视野，且不论它给自然界造成的祸害，即使对人类社会生活和人性自身而言，技术的运用也并不只是产出可以尽情陶醉于其中的福祉。进而，如果不是把技术的自我生长过程作为历史演进的唯一线索，不让技术造成的有限福祉蒙蔽眼睛，而是通盘考虑社会生活的方方面面和人性的全部内容，那么我们就会发现，以技术进步为基底的历史进步主义确乎是一种幻觉。

有鉴于此，我们对技术的评价也就不能在狭隘的"工程学"的层面上进行，而是必须综合考虑技术可能造成的社会历史效应和人性效应。以下我们就围绕这两个方面探讨老子的技术批判思想。

与技术乐观主义不同，老子似乎尤其关注技术的负面效应，并据此对其持有极为鲜明的负面态度。纯粹就理论而言，这颇有些失于偏激极端。在不否认这一点的前提下，我们需要思考的是：就全部的人类社会历史而言，老子的"危言"是否有其事实依据？我们从中又能得到什么思想启示？

众多学者已经指出，老子思想具有显著的辩证法色彩，他已经初步发现了所谓对立统一的规律，即：任何事物和现象都包含着相互矛盾的两个方面，事物总是要朝相反的方向转化。例如，"有无相生，难易相成，长短相形，高下相倾，音声相和，前后相随"（2章）；"曲则全，枉则直，洼则盈，敝则新"（22章），等等。无论在自然界还是社会历史领域中，盖皆如此。追根溯源，"反者，道之动"（4章）。也就是说，是本体之道的运动决定了万物万象的正反并生、相反相成。相对而言，老子对社会生活中的辩证现象更为用心。五十八章云：

> 祸兮，福之所倚；福兮，祸之所伏。孰知其极？其无正。正复为奇，善复为妖。人之迷，其日固久！

这段话大意是说，祸与福、正与邪、善与恶，分别相反并生，其间并没有一个定准，而且此端与彼端之间的相互转化也永远没有一个最后的极限；最后，老子感叹：人们不觉解这一点已经很久了！

明乎此，则可推知老子在观察、判断某一物象时绝不会自陷于或正或反的单一片面，而他的那些似乎偏激极端的言论，应别有一番深意在内，毋宁说那些言论是对人们自囿自迷于一端而不见另一端的"矫枉过正"之辞。他对技术的批判态度也应作如是理解。具言之，在老子看来，技术是一个正邪并生的矛盾体，它在给人类带来福祉的同时也必然造成祸害，而如何在知晓祸福转换之途的前提下，力求避祸趋福则是我们需要思考的重要问题。

抛开难以避免的历史和政治局限性不论，老子对技术之负面效应的特别揭示着重在两个方面。首先，技术造成了素朴良善之人性的堕落。所谓"人多伎巧，奇物滋起"即是说，各种机巧之术的广泛流行在使人们的需要得以方便满足之时,却也使人们变得愈加贪得无厌,日益陷入对无穷物欲的狂热追逐之中,以至于行为不轨,故老子曰:"难得之货,令人行妨"(12章)。"绝学无忧",陈鼓应先生译曰:"弃绝异化之学可无搅扰。"①"学"本应使我们通过对自身和天道的领悟获得心灵的安宁,却何以构成了对心灵的搅扰?盖此处之"学",异化之"学"也。这种"学"只会打破率真宁和的人性原初状态,把我们的心灵带出本位,堕进逐物无度、患得患失的严重焦虑之中。作为老子提出的另一疗治人性之道,"绝巧弃利,盗贼无有"似乎完全不可行,而且也过于简单化,但以今人眼光来看,其中可能还包括另外两重涵义:其一,不要把"巧"和"利"看得至高无上,不要让它们膨胀为个体内在生活的全部内容,不要把它们神化成诱导人性堕落的魔药;其二,斩断"巧"和"利"之间的必然关联,不要使人们看到"巧"便想到"利",从而以"巧"逐"利",或者把"巧"全部当作逐"利"之"巧",也不要看到"利"便想到"巧",于是便不择手段,或鸡鸣狗"盗"或豪夺"巧"取。细加分析,老子批判的"巧"和"物"以及"巧"和"利"之间的关联——用符号表示就是"巧→物"、"巧→利",恰恰与技术的工具性质和技术活动的模式相符,即:通过运用技术,人们对外可以支配、占有外物,对内则可以满足自己的需要。在一定限度内,循此模式行事未尝不可,甚或天经地义。但是,如果占有外物成为人性生活的唯一形式,物质欲望的满足被当作人性之所需的全部满足,换言之,如果我们被技术的工具性质彻底征服、被光怪陆离的各种外物填满,那么,除了物欲之外的人性的其他内涵便必然遭到扭曲或残损。② 在此基础上,"慧智出,有大伪"这句话就可以做如下阐发:首先,智慧的生发本应是人性脱离蒙昧状态的表现,并可以推动人性的进一步上升,但由于我

---

① 陈鼓应《老子今注今译》,商务印书馆2003年,第150页。李约瑟也对那种认为老子"赞美绝学无知"的看法进行了反拨,例如他解释《老子》三章"虚其心,实其腹"一语说,这是主张"摒弃个人的偏见、主见和歪曲事实的记忆,心虚之后,真实不虚的知识才得以充沛"。(《中国古代科学思想史》,江西人民出版社1999年,第103页)

② 庄子继承并发展了老子"绝巧弃利"的思想,提出"功利机巧,必忘夫人之心"(《天地》),"圣人不从事于务,不就利"(《齐物论》)。

们仅仅把智慧当作满足欲望的工具，所以它反倒造成了人性的堕落，使人们变得虚伪；其次，也许后天产生的所谓智慧本来就是工具性质的，所以一旦破茧而出，它便因其在满足人们的物欲方面所发挥的神奇力量，完全剥夺或遮蔽了人性先天的那些良善内涵，以致使人不计是非、专思营利，最终沦为只会说假话、做假事的无耻之徒。

技术似乎具有一种诡异的"解构—重构"功能，对外它可以径直不顾自然万物自在存在的丰富性，而仅仅将其处置为原料、能源或其他可资利用的东西，对内它又能把复杂的主体人性进行简单化约，使之工具化、技术化。因此我们看到，当技术被主体控制之时，它却反过来控制并塑造了主体，而且愈是发达的技术，它对主体的塑造力就愈是强大。海德格尔指出，技术在今天早已不是"机器式的装备"或"单纯的手段，而是自然、世界和人的构造"。从前，"神话的、自然主义的、唯灵论的或神圣的方式的视野"对于自然和事物曾经同样重要，但现在这些视野已经退出历史舞台，因为技术成了唯一的构造，而这种情况同样发生在人自身之上。[①] 结果，人不仅变成了被技术操控的对象物，而且变成了只懂得操控物因此只拥有技术人格的工具。当除了技术化的人性维度之外，我们不再拥有对于善、神圣超越和其他精神理想的追求，以致更多地占有外物、满足我们的感性欲望成为生活的全部内容，人性不堕落才怪！伴随着科学技术进步的总是人类道德灵魂的堕落，启蒙时代的卢梭对此感到难以接受。即使是坚持唯物主义历史观的马克思也感叹，"技术的胜利，似乎是以道德的败坏为代价换来的"。[②] 马尔库塞所批判的发达工业社会中人的普遍单面化，在道德的层面上也许谈不上是一种堕落，但确乎是对人性之丰富内涵的化约，而其根源即是现代条件下技术理性的全面胜利。或许不存在抽象的人性，或许人性之中原本善恶兼具，然而如果没有累进生长的技术的催化、助长和放大，很难想象人性中恶的一面会愈加张狂，而善的一面却相对日渐暗弱。

---

① （德）冈特·绍伊博尔德《海德格尔分析新时代的技术》，中国社会科学出版社1993年，第63页。
② 《马克思恩格斯选集》（第二卷），人民出版社1972年，第79页。

在中国思想史上，儒道两家大概都可以说是历史退步主义者，而二者共持的判定依据之一又都是人性。与儒家不同，老子并没有赋予人性之内涵以确切定义，人性在他那里只是"自然"，是个体得自于道而非来自于其他外部因素的"天然"。以此为基准，老子发现，随着知识和技术的进步，虚伪巧诈似乎越来越成为人性的唯一现实，而人性中的其他成分却不仅没有藉知识和技术的力量向外绽露出来，反倒被虚伪巧诈完全遮蔽了；而春秋晚期人皆逐利的昏乱社会现实更加证明，知识和技术大多不是与人性的积极成分结合，却总是与人性的消极成分结合而助长其恶。换句话说，相较于无善无恶或善恶各半的人性原初状态，在后续历史中，老子并没有看到人性之善的一面的长进，却发现了其中恶的一面愈加触目惊心的膨胀和扩张，而与恶的膨胀和扩张如影随形、相互辅益的即是人类在知识和技术方面所取得的进步。正如对人性之善恶的辩议永远不会有定论一样，历史也许本来无所谓进步或退步，然而，如果不是用技术而是用人性来衡量，那么历史也许就将呈现给我们另一副使人感到痛切的面貌。

面对现代技术造成的人类生存危机，海德格尔并不主张抛弃技术，而是认为哪里有危险，哪里就有拯救。老子给出的人性拯救药方则是"弃智"、"绝学"、"绝巧弃利"。其矫枉过正之处或应归因于当时统治阶层惟知以巧逐私利、以智遂私欲的社会政治背景；不过，如果脱开具体的言说语境，而从更一般的角度去理解，其中也仍有值得我们深思精择之处。首先，如果某种"智"、"学"、"巧"的人性效应只是"大伪"、"忧"或助长恶徒，此外别无其他，那么我们无妨坚决弃之绝之；① 其次，从老子的自然人性论出发，如果"智"、"学"、"巧"的确是中性的，那么我们就应当在设法断除它们与人性中的那些消极内容之关联的同时，使其与人性中的光明一面串接起来，这样的话，人类运用

---

① 有学者认为，老子"所谓的'弃智'并不是要抛弃一切智慧，'绝学'也并不等于要灭绝一切学说，而是反对违背和束缚人性自然发展的思想观念"（赵玉玲、李红宇《重析"小国寡民"：谈道家的现代意义》，见宫哲兵主编《当代道家与道教》，湖北人民出版社2005年，第128页）。

知识和技术的结果可能就不再是"慧智出,有大伪"或"人多伎巧,奇物滋起",而是人性之善的外显和张扬。

无论如何,技术都应当被纳入人性之开展的范畴内加以对待,被按照符合人性的良善欲求因此也就能够提升人性的方式来运用,而不是相反被技术"解构—重构"。归根而言,老子对于人性是充满信心的,因为天道既然创生了人类,便同时把存在合理性的终极凭依赋予了我们,只要任其自化自成,人类必能自我完善,关键在于排除各种外在因素的侵夺和扭曲,其中包括技术。

除了人性方面,老子还揭示了技术在社会生活领域中所造成的负面效应,而他据此对于技术的批判尤其是从政治的角度展开的。或可说,在社会生活领域中,老子的技术批判可归结为政治批判。

这一点,李约瑟在解释道家对待知识和技术的矛盾态度时曾有精彩的论述。他认为,道家之所以"反对机巧和技术","之所以不信任机械,是因为他们觉得所有的机械都是作恶的。即使原意不恶,将来也很有作恶的可能"。"他们可以看出人类总有一天会将控制无生世界的工具,转而应用到自己同胞的血肉之躯上",例如,原本用来治疗脱臼的器械被用作折磨人的拷问台。另一方面,"强权专制的社会可能利用种种技术以逞其私欲",而封建制度的建立和运作"实依赖如制铜和灌溉工程等特殊的技术"。并且,"无论什么机器或发明,都只是对封建诸侯有利。例如度量衡是欺骗人民的,使农民得不到他应得的一份;再不然就发明酷刑的器械以惩治反暴政的人民",例如,拘禁抗命农民的锁。于是,"道家对当时社会的不满,变成了对一切'巧伪'的敌视。况且阶级的区分,又与技术的发明并驾而齐驱——则道家抨击的对象,难道不应该包括技术与发明吗"?①

李约瑟在阐述这些观点时并没有具体提及老子。事实上,老子通过揭示技术和强权的结盟,同样批判了技术的社会政治效应。例如,"民多利器,国家滋昏",陈鼓应先生译曰:"人间的利器越多,国家越陷于

---

① (英)李约瑟《中国古代科学思想史》,江西人民出版社1999年,第143—144页。

昏乱。"他并且引述该章思想说:"从这里,不仅可以看到老子对于一切刑政的非议,也可体会出老子所生存的时代,战乱及权力横暴的地步。"① 此外,任继愈先生把"民多利器……"译为"民间的武器越多……"。② 结合老子当时的社会生产状况和社会政治现实看,普通百姓是不太可能大量制造并拥有武器的,即使拥有,恐怕也达不到"多"和"利器"的程度,能够大量制造、拥有"利器"而致使天下昏乱的只可能是等差不同的各级统治者。总之,所谓"利器"当指统治者施行刑政、逞其横暴的工具,它被广泛运用的结果是掌握"利器"的统治者得益,但被施加于其上的民众却惟有遭殃。可以想象,无论在哪一历史时期,如果最先进的知识和技术都被掌握在社会的统治阶层手中,手无寸铁的被统治者完全无力抗拒,——值此情形,天下焉得不乱?由此,我们就可以理解老子为什么会说"绝圣弃智,民利百倍"了,这里所谓"智"实质上并非属于社会大众的真正知识而只是一种压制工具,是使统治者得利但却使民众遭殃的"单向度"的工具。

春秋时期,大大小小的战争频繁发生。《淮南子·主术训》说:"春秋二百四十二年,亡国五十二,弑君三十六。"战争的根源是诸侯扩张、贵族争利,所以孟子后来一针见血指出:"春秋无义战。"(《孟子·尽心下》)老子对战争也进行了批评:

> 以道佐人主者,不以兵强天下,其事好还:师之所处,荆棘生焉,大军之后,必有凶年。(30章)
>
> 夫唯兵者不祥之器,物或恶之,故有道者不处。……兵者不祥之器,非君子之器。不得已而用之,恬淡为上。胜而不美。……吉事尚左,凶事尚右。偏将军居左,上将军居右,言以丧礼处之。杀人之众,以哀悲泣之,战胜以丧礼处之。(31章)

在电影《大独裁者》中,某战争狂人有句台词:"我们刚刚发明了

---

① 陈鼓应《老子今注今译》,商务印书馆2003年,第282—283页。
② 任继愈《老子新译》,上海古籍出版社1985年,第184页。

一种毒气，它能毒死所有的人！"这个专司武器研制的家伙为此感到狂喜不已。的确，从战争技术的角度或者从技术的一般意义说，兵器的杀伤效果愈强大愈好，因为在战争这种以杀人为直接目的的技术活动中，杀伤力的大小几乎是对兵器的技术水平进行评价的唯一指标。但老子对兵器的态度与此具有根本的不同，他不是从纯粹的技术角度而是从战争这种残酷的以人自身为对象的技术活动之社会效应来看待战争的。上述引文是说，以"杀人之众"为目的的战争只能造成生灵涂炭、社会生产倒退的严重后果，所以战争实质上亦即一场彻头彻尾的丧礼，取胜者亦并无任何值得欣喜之处，而作为杀人工具的兵器也就是"不祥之器，非君子之器"。

老子还发现，统治者为了填满自己的无底欲壑，不仅动用专门的战争工具，即使那些原本应被用于日常生活和生产中的东西也被征用。四十六章云：

> 天下有道，却走马以粪；天下无道，戎马生于郊。祸莫大于不知足，咎莫大于欲得。故知足之足，常足矣。

在社会太平时期，马匹本用于耕田或出行，但现在"天下无道"，它们却不幸被用于战场厮杀，而且"由于连年作战，征用的马匹太多，战场上公马不够用，连怀胎的母马也被征用，以致母马在战场上产仔"。① 从老子着眼战争给社会造成的灾难以及他对兵器所做的价值而非工具主义的评价中，我们分明可以感受到一种深沉、痛切、慈悲的人文关怀。

今天，由于高度发达的科学和技术的"助纣为虐"，人类所能动用的战争武器的种类之多和杀伤力之巨，以及由此造成的现代战争的庞大规模和惨烈程度，都已远非古人所能想象。回头再看老子对武器、对战争的人道主义的沉痛批判，尤其是他把战争的性质定位为丧礼，难道不

---

① 任继愈《老子新译》，上海古籍出版社1985年，第159页。

能唤起人类也许尚未泯灭的一丝良知吗？

事实上，一旦技术和压制性的政治相结合，技术被强权所掌控，那么，即使不是在作为人类历史之极端时期的战争阶段，而是在相对和平的历史时期，技术给社会生活造成的负面效应也同样值得我们反思，甚至更值得我们重视。

当马尔库塞认为原本最具革命意志的工人阶级都已被资本主义意识形态征服，从而不得不把流浪汉、局外人、少数民族、失业者等边缘群体视为社会解放的主力军之时，他却又对解放的前景感到悲观："没有什么东西表明，这将是一个好的结局。已确立的社会的经济和技术力量大得足以考虑调解和迁就失败者，而其武装力量也训练和装备得足以照顾各种紧急情况"。[①] 推而言之，无论何种技术，甚至即使是那些自然存在的东西，只要他们和强权相结合，就会不可避免地变成压制工具，变成以征服、控制社会大众为目的的权力技术。这一点，乔治·奥威尔的《一九八四》、福柯的《规训与惩罚》等著作都有详尽描述。从相反的角度说，越是极权政治，越是需要借强大的技术力量来支撑其运转，例如纳粹德国以及前苏联穷兵黩武的那些时期。再如，战国之世，秦国的冶铸和水利技术非常发达，其水平甚至远在其他六国之上，但它们所发挥的最大现实效用却是助益秦政权富国强兵、剪灭六国。技术和强权政治密切结合的恶果，在总体上是造就一种难以抗拒的压制力量，从而破坏本应富有活力的社会原生态。对于生活在权力和技术双重压制下的个体而言，则意味着人性化的正常生活的完全不可能。

从技术哲学的角度看，权力和技术的结合几乎可以说是必然的。首先，二者具有共同的本性：无论权力还是技术，无不以改造、控制和征服对象为运作方式和内容，以实现操作主体的某种需要为目标。其次，在实践中，不仅权力需要技术的支撑，技术同样需要权力的辅助，因为借助权力对各种自然和社会资源的组织、支配，技术之水平可以得到快速的提高，其效用可以最大化的实现，而且权力越是强势，它对技术水

---

① （美）赫伯特·马尔库塞《单向度的人：发达工业社会意识形态研究》，上海译文出版社1989年，第231页。

平之提高、技术效用之实现的辅助力也就越大。

退一步说,即使技术不和强权结合——这实际上是不可能的,它给人类的社会生活带来的也并非只有福而没有祸,尤其是对现代技术而言。例如,我们正生活在一个以信息化为特征的社会中,现代信息技术一方面可以"构造出新的民主、新的自由空间、新的社会化和新的同事关系","给个人带来高度的自治和更多的自由",另一方面却又"构造出一个由大量幻想、人造物、虚拟的表象组成的变形的扭曲的社会,比如普遍的网络化将会失去人与人之间真正的、自然的沟通",而机器人、自动办公系统和人工智能专家系统的广泛使用亦将造成对工人的排挤,以致出现全球性的就业危机,等等。① 另据新闻报道,目前英国首都伦敦的电子监控摄像头几乎已遍布人们生活的各个角落,其数量多至不可胜数,虽然这给政府有关部门发现并及时抓捕各种犯罪分子提供了巨大方便,但同时却极大地侵犯了人们自由、私密的生活空间,更何况这些现代监视手段还有可能被政府或其他什么人用作不当之途,所以许多英国民众对此抱怨不已。再如,西方学者卡塔·弗兰克·阿斯(Katja Franko Aas)等人2008年出版了《不安全的技术》(Technologies of Insecurity)一书,该书探讨了现代技术控制下的公共日常特征,认为普通的场所正在变成危险的载体,比如工作室、城市中心、足球场、飞机场和互联网等作为现代技术文明之象征的东西,正变成各种危险和灾难的代名词。②

在法国学者贝尔纳·斯蒂格勒看来,现代技术发展现状中存在着一个既使人感到悲观同时却又是客观事实的"矛盾现象",即:"一方面是普遍化的机器系统所具有的巨大活力,另一方面是技术主导一切的升平景象的彻底破产。技术装置带来了数不胜数的问题:由强化交通和改进速度而引起的交通阻塞和危险性的上升……"斯蒂格勒甚至认为,现代技术的力量具有"摧毁劳动、家庭等传统的社会模式",乃至"具有毁

---

① 张之沧《后现代理念与社会》,南京师范大学出版社2005年,第116—117页。
② 参阅《社会科学报》2009年2月5日,第7版之"海外新书"专栏。

灭整个人类的危险"。① 我们知道，除了主体和对象，技术活动的开展不仅总是要把其他的某些社会要素裹挟进来，而且还将对这些社会要素产生祸福兼具的效应。由此可推，愈是发达的技术，愈因其具有庞大、复杂的社会系统性②而可能在给人类增添福祉的同时，造成巨大的负面社会效应，只不过这些负面效应可能滞后出现，或者为我们事先所不可能预料，抑或事后为我们熟视无睹。

由于现代技术被认为可能终归有一天将毁灭人类自身，所以，一股坚决反对或主张限制科学和技术的潮流正在兴起。投入其中的有人本主义者、神秘主义者、保守主义者、新左派、政治家以及技术悲观论者。尽管思想出发点和最终目的各不相同，但这些群体大都反对发展人工智能，反对研制尖端武器，反对研究生物工程、材料工程，等等。③ 如果老子生活于当代社会，想必他也会以独特的思想姿态加入这股"反技术"的潮流之中。

毋庸置疑，老子生活在社会生产力还较为低下的春秋时期，他既不可能准确预知技术自近代以来的迅猛发展情形以及所造成的诸多问题，也不可能给现代人类提供解决高度技术化生存危机的具体答案。但是，身为史官的老子通过批判性地考察技术这种社会历史现象，所提出的一些思想，还是能够给今人以启发。十四章云：

执古之道，以御今之有。能知古始，是谓道纪。

稍作引申，这句话大意是说，我们应当依据古有之道来处置当下生活世界中的事物，而若能认识历史之开端，方可谓把握到了道。显然，老子此处预设了一个大道流行的"古始"之世，这个世界的生活范式值得今人效法。

---

① （法）贝尔纳·斯蒂格勒《技术与时间：爱比米修斯的过失》，译林出版社2000年，第101—104页。
② 贝尔纳·斯蒂格勒说，"在'构架'的技术化涵义中，生命的一切领域普遍地被卷入'技术化'的潮流"（《技术与时间：爱比米修斯的过失》，译林出版社2000年，第100页）。
③ 张之沧《后现代理念与社会》，南京师范大学出版社2005年，第93—94页。

那么,"古始"之世的情形究竟如何?事实上,根据老子的历史观,八十章正是对此问题的回答。且不论该章表达的政治理想,仅从它包含的技术观念看,全文着眼社会生活整体性的自然美好与安宁和谐,提出了限制技术的思想主张。刘笑敢先生指出,该章所谓"有什伯人之器而不用"反映了对先进技术和器械的厌烦,①"虽有舟舆,无所乘之"既是对长途跋涉、频繁往来的反感,同时又是对战争的反感,因为舟舆常被用于战争中,"虽有甲兵,无所陈之"明显也是对战争和武器的批判,"复结绳而用之"则似乎是对日益繁杂的记录、管理活动的反对,——总之,该章对工具、舟车以及兵器所造成的生活环境和生活方式的巨大改变不以为然,"老子可能是认为这些新的、先进的技术和器具改变了原有的简单生活氛围,因此希望回到单纯的生活状态"。②与此看法相近,商原李刚先生认为,"复结绳而用之"是针对诸侯之间结盟毁约的混乱现象而言,什伯人之器、甲兵、舟舆在当时都可以成为力战杀伐的武器,这些武器在一定意义上是社会动乱之源,老子之所以主张对其采取有而不用的处置方式,是因为他看到武器是"战争的重要组成部分,甚至是战争的象征",它们给人民和社会带来了巨大灾难。③结合人类盲目征服自然而造成的严重问题(例如环境污染),另有学者提出,该章表达的是希望回归自然、与大自然和谐相处的生活理想。④

无论对该章作何种解读,老子坚决反对技术被以"恶的方式"、以造祸为实际效应之运用的态度都是十分明确的。与今天流行的所谓"技术中性论"不同的是,从老子的立场看,技术总是与恶具有剪不断的历史性关联,而技术的进步也往往并不意味着社会生活总体的进步。因此,重要的不是某些技术的水平多么高,也不是它们可以给人带来的某些一时一事之便利,而是人们是否生活得美好良善、社会整体是否和谐

---

① 高明认为,"什伯人之器"是指"十倍百倍人工之器"(陈鼓应《老子今注今译》,商务印书馆2003年,第346页)。
② 参阅刘笑敢《老子古今》(上卷),中国社会科学出版社2006年,第752—753页。
③ 商原李刚《道治与自由》,社科文献出版社2004年,第217—218页。
④ 赵玉玲、李红宇《重析"小国寡民":谈道家的现代意义》,见官哲兵主编《当代道家与道教》,湖北人民出版社2005年,第130—131页。

安宁。要之，老子告诉我们的是，技术始终都应被纳入社会生活总体中加以处置，无论某些技术之水平多么高，也无论它们在局部上可以给人们以多么大的方便，只要有害于人类的生存，那么我们不妨对其采取虽有而不用的限制方式，直到我们学会把这些技术以"善的方式"、以造福为效应来运用为止。

第二节　以道莅治，天下自定

在老子心目中，人类社会的历史在性质而非时间的意义上可判为两种形态或两个时期：有道之世和无道之世。八十章所描绘的无疑就是老子理想的有道之世，其中不仅物化技术的运用被限制到了最低程度，而且来自于统治者或政府层面的社会管控技术亦被消减至无形，社会生活整体的和谐安宁似乎完全基于个体的良善天性以及由此构成的社会生态的自组织能力。所以，不少现代学者把该章包涵的政治观念概括为不干涉主义或无治主义。无道之世的情形恰与此相反，其中社会秩序的管控者总是自作聪明地运用各种手段去达成所谓"治"，但最终却总是归于"乱"。

在统治阶层运用的社会技术中，有些是刚性的。例如战争，这种极端手段对个体生命的摧残荼毒和对社会生活整体的破坏自不待言，老子认为，以战胜为美者，"是乐杀人。夫乐杀人者，则不可以得志于天下矣"（31章）。他并且警告统治者，"以兵强天下"不仅不能达到目的，结果反倒只能是"其事好还"（30章），亦即凡穷兵黩武者最后必然招致战争的报应。

此外，严刑峻法等恐吓高压的强制手段也惯常被统治者用以对待社会大众。老子说：

> 天下多忌讳而民弥贫……法令滋彰，盗贼多有。（57章）
> 民不畏威，则大威至。（72章）
> 强梁者不得其死，吾将以为教父。（42章）

老子有一个信念：凡嗜暴力者，必终为暴力所伤。上述这些话就是对统治者凭借威权、滥施暴力的批判。老子指出，高压恐吓的手段不仅不能压服民众，从而实现对社会生活的有效管控，而且统治者自身最终也必然因此反受其殃。十七章说："……其次，畏之；其次，侮之。"意思是让民众感到恐惧的统治实在很糟糕，而紧随其后的便是民众对统治者的轻侮。对于强制性的社会技术，老子有一句根本性的反问："民不畏死，奈何以死惧之？"（74章）他告诫统治者不要搅扰、逼迫民众的正常生活，所谓"无狎其所居，无厌其所生"（72章），乃至使其陷入走投无路之绝境；否则，"强梁者"必然没有好下场。老子对动辄发动战争或滥施严刑峻法者的警告，可概括为前引"其事好还"一句，其中充满着独特深邃的辩证智慧，这既是老子对古往历史经验和教训的总结，又表达了他对那些嗜好暴力手段的无道之徒的愤怒谴责。

除了政治上的威胁，统治者为了满足私欲，还必然要对民众施以经济上的强行剥夺。老子说：

> 民之饥，以其上食税之多，是以饥。民之难治，以其上有为，是以难治。民之轻死，以其上求生之厚，是以轻死。（75章）

在这段话中，"上有为"实质上是统治者贪得无厌、横征暴敛的代名词。所以，老子又把此种"有为"说成是"人好径"，即人君贪得无厌而堕入邪路、胡作非为，而此种社会治理方式下的现实图景则呈现出巨大的反差：一方面是统治阶层"服文彩，带利剑，厌饮食，才货有余"，穷奢极欲；另一方面却是"朝甚除，田甚芜，仓甚虚"的普遍荒败之象。故老子指斥云："非道也哉"（53章）！

在刚性手段之外，统治阶层另外还通过柔性的方式去驯化民众、管控社会。而与刚性手段所暴露无遗的私欲不同，柔性手段似乎能够把统治阶层的私欲掩盖起来。在宗法制度尚未彻底解体的春秋时期，这些后来被儒家大力倡扬的柔性的社会治理手段不外是推行仁义礼智、选贤任能，等等。从老子之道论来看，所谓仁义礼智等等在价值的层面上并不具备基本的合法性，它们或者是大道遭致毁弃的结果，所谓"失道而后德，失德而后仁，失仁而后义，失义而后礼。夫礼者，忠信之薄而乱之首。前识者，道之华而愚之始"（38章）、"大道废，有仁义"（18章），或者是人性颓败、社会失序之产物，即所谓"六亲不和，有孝慈；国家昏乱，有忠臣"（同上）。吕锡琛先生认为，老子的这些话揭示出，"随着文明的产生和发展，大道遭到毁弃，人的纯朴本性遭到破坏，社会发生混乱，产生邪恶，才需制定仁义忠孝礼制来制约人们的行为"，但仁义礼法原是大道衰败、违背人之自然本性的东西，所以用它们去"约束自身千差万别又处于不同情境的不同个体"，只会反过来更加使人们失去正常状态，扼杀个体的自然本性。① 要言之，与作为价值本体的道和作为现实依据的人之本性完全违背的仁义礼法，不能被用作社会治理的技术手段，更不可能塑造出一个天道流行、人性素朴的此岸天堂，因为它们所内蕴的价值实质是无道之恶、所伴生的历史经验是无序之乱，故而它们在现实中得以推行的效果也就只能是把恶和乱更多更无可挽回地带到人间。

即使像儒家所极力推崇的那样，仁义礼法乃贯通天人、万古不易之道或理，是理想价值的体现或载体，一旦它们和权力结合起来，被统治阶层用作约束民众的规范和制度时，也不可避免地会背离儒家之初衷，丧失其价值属性，而蜕变为某些强势的社会集团营私谋利的术或器。就思想发生的现实因缘而言，老子对仁义礼法的批判，或许"主要是针对封建统治者将其利用为欺世盗名、窃国篡权的工具这一社会现实而发"。② 所以，十九章把仁义连同圣智、巧利，一并斥为"文"，即不具价值属性的虚伪"文饰，浮文"。③ 在上，它们构成了"一个符号体系，一套合法化观念，以此为权力的行使披上某种外衣"，④ 从而掩盖并美化了统治阶层营私谋利的真实动机，使其行为获得了虚假的价值合理性，

---

① 吕锡琛《道家道教与中国古代政治》，湖南人民出版社2002年，第29—30页。
② 同上，第30—31页。
③ 参阅陈鼓应《老子今注今译》，商务印书馆2003年，第148页。
④ （美）刘易斯·科塞《理念人：一项社会学的考察》，中央编译出版社2001年，第152页。

以致愈加招摇过市、堂而皇之；在下，工具化的仁义礼法亦无从使民众养成孝慈信诚的内在品性，而只会催生出心口不一、言行不一的虚伪的世风。于是，整个社会便会出现由上而下人人皆言仁义但却无人真正践行仁义的糟糕情形。

在儒家那里，圣贤被认为是仁智双全、才德兼备的完美人格代表，他们施行各种治术之目的在于推行大道，上以辅君、下以化民，其理想的行为范式是仁民济物。《礼记·礼运》云：

> 大道之行也，天下为公。选贤与能，讲信修睦，故人不独亲其亲……是谓大同。

问题是，在"大道既隐"的昏乱之世，圣贤还能否如其所愿地仁民济物、践行大道？从"绝圣弃智，民利百倍"以及"不尚贤，使民不争"（3章）这两句话看，老子显然对此持否定看法。他所批评的圣人不仅不再是仁民济物的典范，反倒只会害民或专以取利于民为务。又，河上公注"不尚贤"云："贤谓世俗之贤，辩口明文，离道行权，去质为文也。不尚者，不贵之以禄，不尊之以官也。"又注"使民不争"云："不争功名，返自然也。"[①] 应当说，这种解释是合乎老子思想之旨趣的。此中之"贤"既丧失了内在人格（"质"），只会装模作样而徒有其表（"文"），又背离了对价值理想（"道"）的追求而仅看重当下之便术（"权"）；进而，其所以尊贵者，亦不在于他们是大道的现实担当者，而在于他们因装模作样、擅行便术而得到的仕禄功名。所以，河上公贬称之为"世俗之贤"。他们在社会治理中被重用的结果不可能是引导君主和民众趋于大道，而只能是带动整个社会竞先后于功名，最后倒霉的只能是民众。

抱持理想主义的价值信念，孔子主张，儒家士人应当积极参与政治，所谓"学而优则仕"（《论语·子张》）。刘泽华先生认为，这种

[①] 王卡点校《老子道德经河上公章句》，中华书局1993年，第10页。

"仕"实质上"就是到封建政府中去当官,是把个人溶入庞大的官僚机器中去化作一颗螺丝钉,即去当专制君主的工具和奴才。在这种局限下,所谓的'优',自然就得以满足君主的需求、适合君主的口味为标准"。① 从历史上看,无论情愿与否,在强权支配一切或公正不再的社会中,除了遭遇悲剧命运的知识分子,② 那些被当道推崇为精英人物的所谓圣者贤者极有可能是已经沦落为仅具工具人格的权力帮手,甚或是纯而又纯的功名利禄之徒。此类圣贤,有大害而无微利,焉能不绝之弃之?

为什么统治阶层无论用刚性还是柔性的手段,皆不能管控出堪称为有道之"治世"的社会生活世界?老子对此问题的反思体现在两个方面。首先,无论何种社会治理措施,在其背后无不掩藏着这种举措之发动者和操纵者的无底私欲,只不过在不同情形下其表现有明暗显隐之别罢了。例如,前引七十五章所云:"民之轻死,以其上求生之厚,是以轻死。"如果统治阶层管控民众之目的是为了求其自身的"生之厚",以致置民众之生死于不顾,可以想见这种社会肯定是无道之世,天下大乱只是早晚的事情。再如:

人之道……损不足以奉有余。(73章)
祸莫大于不知足,咎莫大于欲得。(46章)

由于目的是为了满足其私欲而非全部社会成员的利益需要,所以统治阶层施行的各种举措对其自身而言是"奉"和"生之厚",但对于普通民众来说却是"损"而终至于死亡。依老子的辩证智慧,一旦"损"和"奉"、"不足"和"有余"、"死"和"生"之间的矛盾冲突达到一定程度,即使是统治阶层也难脱祸咎,"求生"反造成了自害其生。对此,老子给出的建议是"知足"以及"见素抱朴,少私寡欲"(19章),

---

① 刘泽华等《专制权力与中国社会》,天津古籍出版社2005年,第217页。
② 在徐复观先生看来,"生在历史专制时代",真正的知识分子在与政治现实的对抗中,都必然遭遇"悲剧的命运"。(《中国人的生命精神》,华东师范大学出版社2004年,第95页)

"我无欲而民自朴"（57章）。当然，完全没有欲望是不可能的，尤其对于私欲容易膨胀并且很方便地就可以得到满足的社会强势集团而言。老子的本意是应当节制欲望，不能因为"不知足"、"欲得"而无所顾忌、无所不用其极，以致损害了民众的正常生存。《汉书》载，名臣汲黯曾经对武帝说："陛下内多欲而外施仁义，奈何欲效唐、虞之治乎！"（《汲黯传》）可以想象，如果统治阶层"久处尊位，长执重势，而独擅天下之利"（《史记·李斯列传》），那么无论是柔性的儒家之仁义礼制还是刚性的法家之严刑峻法，所有的社会治理措施"皆帝王之具也"（《韩非子·定法》）。与此相应，无论是儒家之圣贤还是法家之吏师，实质上都是统治者用以满足其意欲之私器。

其次，老子还认为，任何社会治理举措，只要出于统治阶层自以为高明的私智并被强制推行，那么家国天下必受其害，正如六十五章所说："以智治国，国之贼。"老子之所以反对"以智治国"，一方面如上章所述，是因为在他看来所有的知识都是有限的，更何况那些常常被无穷欲望迷乱了心思的统治者之私智；换言之，在内在私欲的左右之下，统治阶层不可能获得正确的知识。其知有限，则其行必有所止，否则必穷。后来《淮南子》发挥老子这一思想说：

> ……人知之于物也浅矣，而欲以遍照海内，存万方，不因道之数，而专己之能，则其穷不达矣。故智不足以治天下也。（《主术训》）

如果此种名为"智"而实为刚愎自用之"惑"的所谓知识不幸转化为现实的政治举措，那么不仅民众的正常生活会遭受统治阶层的肆意折腾，而且折腾者自身所为之事亦必败。另一方面，与上章提及的自然万物之自我生长、自我完善的天性相一致，老子同样认为，社会生活中所有个体无不具有独立自在地开展出属于其自身的生活样式的能力。例如，他说：

……侯王若能守之，万物将自宾。天地相合，以降甘露。民莫之令而自均。(32章)

……侯王若能守之，万物将自化。……不欲以静，天下将自定。(37章)

我无为而民自化，我好静而民自正，我无事而民自富，我无欲而民自朴。(57章)

基于天道之所予，既然民众原本可以"自均"、"自正"、"自富"、"自朴"，天下亦因此可以"自定"，那么违背天道自然无为之法则，出自统治阶层之私智的刚性或柔性的社会管控举措，便一概都是多余的，并且是对民众正常的生存、发展以及社会生活之自组织潜能的破坏。

就效应而言，如果说夹带着统治阶层之私欲的社会管控措施最终将攫取民众的实际利益，那么，出自统治阶层片面主观之私智的理政治国之术则将压制或剥夺民众的本有"自由"，并将其强行纳入主政者自视高明的轨道中，从而斩除了不同个体生存、发展所应有的多种可能性。更其甚者，古今中外的诸多事实表明，统治阶层的私欲和私智从来都是不曾分开的孪生体，其间是相互渗透、相互助益的关系，而在二者的密切合谋、共同推动下，统治阶层的社会管控举措便会无所不为其私、无所不尽其狡计。

不可否认，身为史官的老子批判统治阶层出自私欲和私智之社会政治举措的目的，在于提倡"薄税敛、轻刑罚、慎用兵、尚节俭"等较为宽松的"君人南面之术"，[①] 而不是站在民众的立场上为民众说话。正如王博先生所指出的，"老子的思考确是以侯王为中心，为之提供治道的"。[②] 说到底，他只是希望统治者不要私欲膨胀、不要主观臆断，而是应当节制欲望、理智审慎，给民众以充分适当的"自由"和生存空间；唯有如此，其利益方可得以最大化的实现。因此，与孟子主张的"仁政"一样，这种思想或许至多只能算作民本主义。然而，任何思想只要

---

① 参阅刘泽华主编《中国古代政治思想史》，南开大学出版社1992年，第163页。
② 王博《老子思想的史官特色》，台湾文津出版社1993年，第93页。

不是极端荒谬的，便皆蕴有超越其产生于其中的具体历史时空的普遍意义，而后人亦可因此对其中的积极价值进行"抽象的继承"，并结合新的现实历史语境对其加以"具体的转换"。这也就是冯友兰先生1950年代所说的"抽象继承法"。①另一方面，某种思想所蕴涵的不局限于具体历史经验的普遍意义和积极价值的呈露，也需要人们基于当下的生活现实及其问题对它进行再度激活和重新解读。那么，从社会技术的角度看，老子对统治阶层出自私欲和私智之社会政治举措的批判，在现代条件下，我们从中又能获取哪些有益的思想启发呢？

首先，老子的政治批判可以促使我们思考：究竟有没有不是为某个或某些特定的社会利益集团之私欲服务的完全中立的社会技术？

必须承认，由于先天和后天的各种复杂原因，生活世界中的群体总是存在着层级不同的强势和弱势的区分。就全部的人类历史现实看，强势集团往往掌握着绝大多数的社会资源，他们不仅已经是生活秩序的实际管控者，并且还有着把他们对社会资源的掌握进一步扩张到最大化的内在冲动。但是，无论强势集团对社会生活各领域的已然管控还是其扩张意欲，都必须以社会弱势集团的参与和"合作"为条件，否则便不可能实现。由此，在社会治理实践中，如何得到被支配群体哪怕是被动的消极服从，抑或唤起他们积极主动的参与热情，就成了社会管控阶层必须解决的问题。其惯用术略之一便是予民众以美丽的承诺。对此，卓别林在电影《大独裁者》结尾的演讲中深刻揭露道：

> 士兵们，不要听从那些禽兽，他们是鄙视、奴役你们的人，控制你们的生活，规定做什么、想什么、接受什么，把你们大家当作牛马去使唤，把你们当炮灰。……使人人有工作机会，使青年有前途、老年有生活保证，好多禽兽就是靠这种诺言起家的，那是欺骗！他们从来不会兑现这些诺言，永远不。独裁者自己自由了，可是奴役了人民。

---

① 冯友兰《三松堂自序》，三联书店1984年，第283页。

无论怎样炫目，不曾兑现的诺言都只能是欺骗的谎言，它们最大同时也是唯一的作用是掩蔽社会强势集团的真实利益动机，把出自其一己之私欲的社会技术文饰成为全体社会成员谋福祉的必需手段。正如卓别林所说，在这层虚假的光环背后，是强势集团对弱势群体从肉体到精神双重的鄙视、奴役、控制和规定——缺少了这些技术程序，人们就不会被塑造成服服帖帖的牛马和毫无自主意识的炮灰，从而成为独裁者可手适用的工具，是统治阶层的"自由"以及作为此种所谓"自由"之代价的社会大众被当作牛马去驱使、被当作炮灰去作无谓的牺牲。

据说历史已经"终结"，据说人类已经进入了"后现代社会"，自由、民主已成为全球化的普世价值。但事实却是，独裁、专制和极权在当今世界不仅未曾销声匿迹，反而借助现代技术在管控策略和物质手段方面大大增强其威力。对于这些国家形态，老子的社会技术批判无疑依然适用。即使不是在极端独裁而是在所谓"开明专制"的社会，强势集团和弱势集团的力量对比，也必然决定了其中实际运作着的社会技术的"单向度"的施行方式和性质：通过对后者的管控，以实现前者的利益。因此，无论对于哪一种专制国家而言，老子的社会技术批判都仍然有着振聋发聩的意义。

再退一步说，即使在那些自由、民主已经落实为实质的政治法律制度的国家中，也仍然存在着作为既得利益者的强势集团和作为利益相对受损者的弱势集团之区分；而如果政府权力被前者的代言人掌握——事实上，由于强势集团拥有的强大经济实力以及对传媒、法律等社会资源的控制，他们掌握政府权力相对于弱势群体来得更为方便，那么它所采取的社会政治措施便极有可能向其背后的利益集团做实质的倾斜。这一表述不应被简单判定为左派立场的激情观念，而是人类学和社会学意义上的客观历史事实。例如，2009年初曲终人散的布什政府便被认为是美国的石油、金融、军事工业等大利益集团的代表，而它的诸多内外政策和表现，例如被民主党认为是便宜了富人的减税计划、在"卡特里娜"飓风灾难中对民众救援不力、借保护美国经济的理由退出《京都议定书》以及在伊拉克和阿富汗同时发动两场战争，等等，很大程度上都可以从布什政府的"阶级"性质得到合理解释。应当说,相较于各种形式的专制国家,普通民众或弱势群体的利益在民主国家的社会政治举措中已经得到了最大可能的照顾。

然而,正如一切技术体系那样,不可能有绝对完备、毫无缺陷因而可以避免任何不良问题的产生并可以自我解决任何问题的社会制度设计,而民主也不是万能的,即使在那些被认为其制度架构迄今为止最为合理、最能体现人类普世价值的国家中,也不能排除其政府权力的运作有被某些强势的利益集团所左右并为其利益服务之可能。例如,马尔库塞便认为,发达工业社会的"技术系统并不是普遍的"、"中性的","而是反映了特殊阶级利益"。① 又如,在同意哈贝马斯提出的现代社会正被"其合法性由社会的技术效用性赋予的组织"有力支配着这一观点的同时,安德鲁·芬伯格进而认为,"这一结果不能够被理解为脱离现实的'技术合理性'的胜利,毋宁说它是一种方法,特殊的社会集团通过他们在技术组织中的领导作用运用这种方法而取得对社会的控制"。② 即使此处提到的"特殊的社会集团"是指社会治理中的"技术专家",而非具有"特殊阶级利益"的组织,也不能保证他们"在技术组织中的领导作用"和"对社会的控制"就一定是中立的,而不带有特殊的利益倾向。如果出现这种情形,那么,出自民选政府的社会政治举措,便将由在民主的法律框架下原本应为所有民众谋福利之"公器",实质性地转变成了为部分利益集团服务的"私器"。这不能不说是对现代民主政治的莫大讽刺。更何况,当今世界还有另外一种最糟糕不过的现象,即:某些国家打着民有民治民享的光鲜幌子,在行专制营私之实,其中所谓民主的性质和所发挥的作用,与老子批判的仁义并无二致。

另外,无论在何种制度框架下,强势集团以及它所控制的政府与被管控的弱势民众之间总是存在着的信息不对称的事实,也容易使后者在与前者的交往博弈中成为利益受损的一方。从老子的角度说,技术总是可能被权力集团所掌握,不存在不会产生负面效应的技术,任何技术在

---

① (美)安德鲁·芬伯格《可选择的现代性》,中国社会科学出版社2003年,第32页。
② 同上,第96页。

造福之同时亦必然造恶,——难道以人为对象的社会技术所带来的弱势群体的利益受损或者被忽视,便是其不可避免的负面效益或所造之恶?

其次,老子基于对知识的怀疑而展开的社会政治批判,可以启发我们从有效性和合法性的角度深入反思现代社会技术。

就前一方面而言,如同在征服、利用自然万物的实践过程中所具有的高度乐观那样,近代以来人类在解决社会领域的问题时也怀抱着前所未有的信心。表现为宏大叙事,这种信心的涵义是人类一度认为,借助对历史规律的准确揭示和严格遵循,我们可以通过积极主动的实践活动去改造社会,以致最终建立起一个井然有序、完美无缺的生活世界。而在微观领域,人们又往往认为,凭借着建立在人类智慧基础上的各种措施,现实中没有解决不了的社会问题,即使今天某些困难仍然不能被克服,明天它们也终将得以化解。

以上两种技术信念都无法回避的挑战是:人类怎么可能跨越其理性有限的门槛?!如上所述,以建造一个完美世界为终极目标的社会技术实践,必须以人类对历史规律的准确揭示为前提。但正如波普尔已经指出的那样,这种揭示完全不可能。其理由大致有:与物理世界不同,社会历史事件"不可能完全重复,而必然出现真正的新事物",或者出现"特定的社会境况中只出现一次"的"独一无二的社会现象",由此,若欲提出适用于所有社会现象和事物的普遍规律便不可能;再者,"社会生活是以个人的精神生活即心理为条件的自然现象,而心理学又以生物学为条件,生物学又以化学和物理学为条件。社会学在学科系统中排在最后",这一事实表明"涉及社会生活的因素是极端复杂的",以致我们完全无法发现齐一的社会规律;如此等等。另如上章所引盛洪先生的看法,人与人之间交往关系的复杂性和不确定性,也构成了人类理性难以逾越的限度。基于种种原因,"精确而详尽"地揭示历史规律并进而预测人类社会的理想彼岸,便无异于痴人说梦,这"在逻辑上是不可能的",社会科学终归具有"含糊的缺点"。[①] 既然如此,我们怎么可能发

---

① 参阅(英)卡尔·波普《历史决定论的贫困》,华夏出版社1987年,第7—11、28—29页。

挥人类理性的所谓能动性，以历史规律决定论为知识基础，去建构一个没有任何缺陷的终极世界？在波普尔看来，以此为目标的社会技术活动只能导致"乌托邦的工程"，它不仅是空中楼阁，人类为此付出的各种努力到头来只能是竹篮打水一场空，而且还会带来诸多灾难性的社会后果。

从老子思想的角度说，如果把历史规律看成"道"的话，那么我们是不可能完整、真切地把握它的；凡是自称发现了历史规律的言论，皆属妄谈，所谓"言者不知"（56章）、"美言不信"（81章），"可道"者，"非常道"也。所以老子主张治国者应当慎出己行、有所不为，不应狂妄自大、无所顾忌。近似于此，在否定历史决定论的社会工程之后，波普尔转而审慎提出，人类的社会技术活动应当遵循的方式是"渐进的修补"，即：我们应当"总是采取不断改进的小规模的调整和再调整来实现他的目的。……他将一步步地走，仔细地把预想的结果同已取得的结果相比较，警惕改革中难免出现的不利后果；他将避免进行复杂的和大规模的改革，因为他不能分辨这种改革的原因和后果"。[1] 也就是说，如果把对人类理性之限度的自觉贯彻到底，那么，不仅在关涉整个人类历史的宏观领域，而且在社会生活的局部和片段，我们都应对由来已久的技术乐观主义或技术万能论保持克制，既不应奢望会有一套完备的制度设计可以一劳永逸地解决所有社会问题，也不能无知地妄想某些政策措施只会产生积极效应而不致出现不利后果。否则，在当前困难未能得到妥善解决的情形下，另外一些新的社会问题又将出现。不同于大规模的整体变革，渐进式的修修补补并不以由决定全部社会生活的恒定规律和人类理性的无限可能所分别构成的宏大历史叙事和乐观主义的主体叙事为支撑，亦不把二者所悬设的理想世界作为当下实践的终极目标，而是着眼于一时一处地解决已然出现的具体社会问题，它所采取的技术措施与其说出自人类能动自觉的理性设计，倒不如说是我们对理性过去所犯错误的事后纠正。

---

[1] （英）卡尔·波普《历史决定论的贫困》，华夏出版社1987年，第52页。

按照哈耶克的分析，整体、大规模的社会改革体现了典型的工程师思维，即："从原则上说，复杂的操作过程的各组成部分，事先在工程师的头脑里完成了，作为其工作基础的全部'数据'，已被清楚地纳入了他事先的计算，并被绘制成蓝图，以此来支配整个方案的实施。"① 若把工程学的技术原则运用于全部社会生活，"这当然要求那个领导者具备有关社会的全部知识，就像工程师具备他的微观世界的全部知识一样。集中的经济计划不过是把这种工程学原理应用于整个社会，它所依据的假设是，所有相关知识的全面集中是可以办到的。"② 但事实却是，不仅对于难以揣测的宏大历史规律，而且即使对于在浩瀚的历史波澜中显得极其微不足道的个体而言，人类理性的认知和实践能力都甚为有限，遑论集"有关社会的全部知识"于某领导者之一身？柏拉图所说的拥有无上智慧的"哲学王"也许值得某些政治人物自我期许，但正如哈耶克曾引用柯恩的话所说的那样，"我们根本不可能全知全能，无所不通，这就像一切伟大宗教的教诲一样：人不是神，也绝对不可能变成神，在神的面前，他必须俯首称臣"。③ 所以究极而论，"哲学王"所领导的"理想国"到底只是玄远的理念世界，而不可能存在于世俗的人间。波普尔主张的渐进修补的社会技术实践方式或许显得过于谨小慎微甚至笨拙迟缓，它不仅根本缺少浪漫高标的历史理想，并且对社会问题的解决也不够彻底全面，但却是最为符合人类理性之限度的唯一选择，因此可能也是较少产生负面效果的最佳选择。姑借康德的语辞说，社会实践领域中的技术万能观念是人类理性越界的另一种样式的形而上学。须知，由人及其活动构成的社会系统也是一种具有内在机理的自然生态，其复杂程度甚至远在物理世界之上，针对其中部分要素的任何技术行为都将引起连锁反应；而由于人类理性能力的限制，这些反应往往要么很难被事先预知，要么一旦出现，人们又很可能手足无措，不知道怎

---

① （英）F. A. 哈耶克《科学的反革命：理性滥用之研究》，译林出版社2003年，第99页。
② 同上，第103页。
③ 同上，第109页。

样处置。

如果从合法性的角度审视现代社会技术，那么老子思想可以引发我们思考的便是：正如施之于自然界的技术所产生的对自然物的征服和残损那样，出自政府层面的各种社会治理举措，是否构成对个体之自在存在、自治能力、自由本性的压制和剥夺？纯粹从理论上说，答案也许只能是肯定的。因为，一方面，如前所述，政府权力可能被掌握在社会强势集团手中，而强势集团为了维护其既得利益，便常常借助出自政府层面的社会政治举措，由此，弱势群体之生存发展空间的被压制也就在所难免了。另一方面，纵然社会生活中并不存在强势群体和弱势群体的截然界分，不同个体的地位和权利完全均等，也不能就此排除个体就一定不会受到来自于政府层面的支配和控制，甚至这种支配和控制原本是必需的，因为个体皆有其殊异的各自欲求，他们希望得到的生存和发展空间亦各不相同，于是矛盾乃至争斗便在其间产生了，而为了保持社会生活的整体稳定，政府必然要采取刚性或柔性的强制一律的措施，给每一个体的自由和自治划出一定限度，亦即通过管控、支配个体的方式协调不同利益之间的冲突，以解决不同的生存和发展空间之间的相互挤压问题。

现代社会建立在法制的基础上，政府的各项措施皆需依循法律，而法律又被认为是公意的表达，于是政府的权力及其运作便获得了相对于传统社会的空前合法性，它所采取的措施往往具有笼罩所有个体的普遍效力。"法律面前人人平等"，这句话的另一层涵义是法律对任何个体都具有制约作用。问题是，一方面，即使最公正的法律也不可能反映全部社会成员的全部意志，法律（和公意）本身就是约减差异、存留一律的产物；另一方面，在有现代分工的情况下，虽然其合法性源自民众之所授，但权力一旦实体化而为制度，并被谙熟权力技术的政治精英和官僚人员所操纵，便会发生程度不同的"异化"。也就是说，"社会管理的技术化把社会全体组织成员都纳入某种'匿名的统治'……社会的统治不再以人的统治方式出现，而是服从于某种'职能制度'，它取消了人在政治组织中作为人而存在的那一切，仅仅把人作为技术化的政治组织中的某一'职能'或'角色'而存在,并最终淹没在这种职能和角色之中"。① 结果,正如哈贝马斯所认为的那样,"在我们通过把公共领域的功能转交给专家们而使公共领域技术化的情况下,我们破坏了民主的真谛"。② 即使民选政府所制定的政策措施也不仅可能不是当下民意直接、如实、完整的表达,而且更不可能照顾到全部社会成员。但基于法制框架,政府的政策措施却又可以被全面地推行开来;凡不接受者,不仅是对抗政府,更且是对抗法律、公意和整个社会,而政府亦可据此对其施以合法管控乃至"合法伤害"。因此,在政府与个人、政府与特定社会群体之间,今天我们仍然可以看到某种抑制和反抑制的紧张。

或可说,在个体与整体、个体自由与社会秩序、个体自治与政府治理必然发生冲突的情况下,对个体的管控是国家为了种族和社群的长远利益而做出的必需选择。福柯已经揭明,在人类历史上,管控个体之自由,以预防并惩罚人们的越轨行为,乃是维护社会秩序之稳固,以使之不致分崩离析的根本要求。不同历史时期,受到管控的对象和范围虽然不同,但"寻找新的方法"、"制定新的原则",以使管控机构和技术"更规范,更精巧,更具有普遍性",同时也更有效率,从而能"减少其经济和政治代价",③ 却是所有社会制度建立和运作中的永恒主题。借用儒家的范畴说,在任何稳固有序的国家形态中,个体皆应遵守法律和政治意义上的"分",而每有越出常规的"非礼"事件发生,惩罚便会随之降临。所不同的是,在专制国家,惩罚权被掌握在君主手中,惩罚可能意味着君主为其私利而对普通个体实施的打击迫害;而在现代社会,只有政府才拥有合法的惩罚权,惩罚之目的则"转为保卫社会"。④ 不可否认,个体既有良善的天性,又有蛮野的本能,所谓"一半是天使,一半是魔鬼",故不应简单否定对个体施以必要管控的现实合理性,但此中应有一个"度"。否则,必要的管控也就变成了不必要的压制和征服。

---

① 陆江兵《技术·理性·制度与社会发展》,南京大学出版社2000年,第163—164页。
② (美)安德鲁·芬伯格《技术批判理论》,北京大学出版社2005年,第8页。
③ (法)米歇尔·福柯《规训与惩罚:监狱的诞生》,三联书店1999年,第99页。
④ 同上,第100页。

而在福柯看来，以自由和理性自我标榜的现代社会显然大大超过了这个"度"，因为与前现代时期相比，作为现代社会的典型特征，对个体的惩罚和监禁，无论在广度和深度上都是前所未有的，现代国家实质上不过是"现代化的大监狱"。

福柯之所提出这一被哈贝马斯称为"虚假"的命题，① 大致基于如下理由：其一，个体的自由在现代社会被抬到了前所未有的高度，而自由的张扬却意味着越轨的更大可能，于是对个体进行周密无缝的管控便显得至关紧要，——前所未有的自由招致（或需要、呼唤）前所未有的管控，这不能不说是一个历史性的悖论。其二，与自由的被崇奉相伴，理性也被视为人类的高贵品质，但理性先天性地具有抑制反常、排斥差异、追求一律、趋于秩序的特质，这与自由所指向的多种可能和越轨倾向无疑是对反的；换言之，理性可能对自由构成否定，更何况"以技术形式出现的理性"已经"超出了人类的干预或修正"。② 其三，由于现代技术力量的空前扩张和弥散，以及技术和权力的密切共谋，对个体施以精确、全面的控制不仅具有空前的可能，而且已然成为生活现实。荷兰学者E. 舒尔曼说："技术在开始只统治死寂的自然；后来，经由人的控制，技术成为无所不包的东西。……在通向力量的斗争中，技术征服国家，试图用技术的组织来取代它的组织。国家最终变成了技术化了的，无所不包的"。③ 我们看到，包括人类的物质生活领域和精神价值领域，"乃至于人类生活的最隐秘的、最私人性的领域（诸如性爱领域），在现时代已经日益为技术所操纵，差不多被纳入了量化和计算之列"。笔者前文提到，乔治·奥威尔曾用超现实主义的文学笔法描述了一个现代技术（包括物化技术和社会技术）装备起来的高度极权社会。再如，在一部好莱坞的科幻电影中，人们无论在哪个公共场所说一句脏话，立刻都会有自动反应的电子警告器提醒你"不准讲脏话"！并且马上还在

---

① 参阅姚大志《现代之后：20世纪晚期西方哲学》，东方出版社2000年，第462页。
② （美）安德鲁·芬伯格《技术批判理论》，北京大学出版社2005年，第8页。
③ （荷）E. 舒尔曼《科技时代与人类未来》，东方出版社1995年，第71页。

你的"公民德行记分卡"上自动扣除"德行分",以示警告和惩罚。①这样的社会,尽管会有新鲜的空气、清洁的环境、齐整的建筑、有条不紊的秩序,以及对各种违规行为的高效处置措施,但生活于其中的人们却仍然可能感到不舒服、不自由,因为方方面面仿佛都是由一套强大的机制过滤出来的,而人们要享用这一切,只有服从这套机制的安排,并把自身的所思所行完全纳入其中。

于是,情况正如马尔库塞所描述的那样:"一种舒舒服服、平平稳稳、合理而又民主的不自由在发达的工业文明中流行,这是技术进步的标志。"当发达工业社会按照它的"技术程序"进行"政治和知识上的协调",并"似乎越来越能满足个人的需要时",个体的"独立思考、意志自由和政治反对权的基本的批判功能就逐渐被剥夺"。② 在发达社会,技术进步不再能够引发革命,而是成了为现存秩序提供合理性辩护的力量。因此,在马尔库塞和许多激进的新左派看来,"现代社会被卷入到一场肮脏的交易之中:它们的不断增强的秩序和繁荣总是伴随着来自上面的新的控制形式。这种控制不是依靠身份、财富、年龄或性别等传统的社会差别,而是运用了管理、行政、培训、治疗、医学广告等社会技术"。③ 在其全面笼罩之下,一切都被规定好了,甚至个体的反抗也已经被准确预测到,因此可以得到它的合法允许。这套社会控制技术的"进步"之处在于,个体在舒舒服服中就被剥夺了自我或者说是主动放弃了自我。从相反角度说,虽然个体总是处于舒舒服服的状态,但压制不仅没有消失,反倒比以前更为彻底、深刻,个体尽可以自由生活,尽可以发展其个性,但这种自由和个性却原本已在政治控制的规划之中,并且本质上就是各种社会技术运作的产物。

以高扬个体自由的旗帜起家的现代文明,为什么反而衍生出了个体被压制的弊病?原因当然是多方面的。首先,从历史经验来看,对此问

---

① 参阅孙周兴《我们时代的思想姿态》,东方出版社2001年,第69、28页。
② (美)赫伯特·马尔库塞《单向度的人:发达工业社会意识形态研究》,华夏出版社1989年,第3—4页。
③ (美)安德鲁·芬伯格《可选择的现代性》,中国社会科学出版社2003年,第29页。

题的讨论必须结合现代工业文明"全部社会生活的轴心原则",即:"以最小的成本换取最大的收益"。按照该原则,"任何东西的可接受程度,都必须根据它在具体操作中能否持久、稳定地显示解决问题的实用效果而加以严格的评估"。[①] 以工业生产中的精密设计、整齐划一、平稳运行因而可以持续稳定地产出经济效益的机械系统为参照,仅仅属于个体自身因而不能被精确计算、被有效控制和大规模利用的所有要素显然不仅绝对不必要,而且有害,唯有将其抹除或抑制到无关紧要的程度,社会秩序运作的"最大的收益"方有可能实现。其次,在1936年的一次有关言论自由和学术自由的演讲中,爱因斯坦从现代工业文明的另一方面注意到了其中个体被压制的问题。他认为,生产的集中导致了生产资本集中在"相当少的一部分公民手中",他们"以压倒一切的优势控制了对年轻一代进行教育的机构以及国家的大型报纸。同时,它们对政府施加巨大的影响。这本身已充分构成了对这个国家的学术自由的严重威胁",而且"这种危险比过去的年代里更可怕"。[②] 事实上,如果社会教育机构、重要传媒乃至政府的运作,都被掌握社会财富的一小部分人控制,被威胁的何止是作为社会精英的知识分子的学术自由,普通民众的自由生存和自主发展亦处于空前的控制之中,虽则他们或许不再能够清醒意识到这一危险现实。此外,由于科学技术的进步、价值观念日趋多元、民主化以及全球一体化等因素的推动,人类的社会生活在经济、政治和精神领域都已变得极其复杂,其中任一细节的反常异动都将引起对既有秩序可能构成难以预料之危机的连锁反应。由此,如何对个体以及个体间的交往施以有效的周遍监控,便成了每一个具有高度责任感和危机意识的政府时刻需要面对的问题之一。

在中国传统的政治话语中,为了维持社会生活的稳定有序或使混乱的社会生活复归有序,儒家希望士人群体挺身而出,广泛地推行仁义。这一点遭到了老子的批评。在现代社会中,堪与仕宦化的士人群体形成古今对应的是所谓技术官僚或治国专家。与前者不同的是,后者之所以

---

① 张凤阳《现代性的谱系》,南京大学出版社2004年,第270—271页。
② (美)阿尔伯特·爱因斯坦《爱因斯坦晚年文集》,海南出版社2000年,第177页。

在社会治理中处于关键地位，并不是由于他们理想主义的的价值主张，而恰恰是由于其不偏不倚的技术品格。因为，现代社会生活的极度复杂性历史性地呼唤一个能够有效处理各种问题并且同时超越各种价值偏向、始终恪守中立原则的治国专家群体的出现。于是，着眼于效率和功能，而不是以价值为关切，"精确性、速度、清晰性、持续性……统一性、严格的服从、减少摩擦、降低物力和人力消耗等等，在严密的行政管理中这些都被抬高到了最适宜的程度。"① 而这些恰恰是技术理性的重要内容，其中体现的是治国专家的技术能力。不言而喻，在普通个体的自在、自由和自治与技术官僚希望达到的有效控制和统一秩序之间，矛盾冲突必然存在。

从老子对圣贤以及他们倡导的仁义礼法的批判来看，他显然认为，士人的仕宦化在威权架构下并不能实现其价值主张，而只会导致自身的工具化。那么，在现代社会中那些富有价值追求的知识分子是否能够用他们的理想信念改造现状，同时却不会被科层化的官僚政治改造呢？实证主义哲学家孔德一度设想，未来"政治学将成为一种应用社会物理学，对社会科学家精英的精神指导的依赖将变成理所当然之事"，卡尔·曼海姆也曾论证过"知识精英为国家掌舵导航的必要性"。② 然而，实际情形究竟怎样？

通过对处于美国政治中心的"华盛顿的知识分子"的考察和研究，刘易斯·科塞发现，权力和以批判性为本旨的真正知识不可能相容，"知识分子很少能获得权力的同时而仍保持理智"和独立精神。科塞考察了两种情况：（1）"作为公务员的知识分子"，他们只是"无自由决定权"的技术人员，其"活动局限于采用适合预定目标的技术手段"，"以维护一种特定的制度安排"。（2）"作为特别官僚的知识分子"，虽然他们"处在一个关注广泛的政策问题而不是落实细节"的较高位置

---

① 马克斯·韦伯语。转引自苏国勋《理性化及其限制：韦伯思想引论》，上海人民出版社1988年，第214页。
② （美）刘易斯·科塞《理念人：一项社会学的考察》，中央编译出版社2001年，第149页。

上，并且在进入政府部门初期"他们似乎能超越常规而赋予其工作以新的目的。然而这个初始期一旦过去——而它通常转瞬即逝——官僚制便同化了这些人,逐渐使他们屈从于它的程序、习惯和方式";虽然身居高位,但官僚制需要的却是这些知识分子在政府部门中作为一名官僚的"自身的用途",是他们"提供实际资料的能力而非深思熟虑的判断"。[1]借用经济学家熊彼特的话说:"合理化的和专门化的参谋工作,最后将抹煞人格性,可以计算的后果将抹煞想象力。"[2]而韦伯更早已有"专家没有灵魂"的洞见。由此,我们可以再次领略权力技术的强大威力——把解放性的知识变成维护既定现实的工具,使批判性的价值失去实践意义,抹除知识分子的理想追求和内在人格,从而把他们由讥刺现实的牛虻构造为权力机器中的部件。这与老子对庙堂之中的圣贤的批评可谓殊途同归。

何以走出技术控制无所不在的现代社会之困境?芬伯格《技术批判理论》一书的基本观点是,技术问题的真正解决不能通过放弃技术的方式,而是需要把人的全面发展与自然环境的保护作为内在因素,融合到技术设计中,以此在事前避免技术可能产生的负面效应。这与老子提出的化解之道虽然不尽相同,但芬伯格所强调的人的全面发展和自然环境的保护却与老子的技术观念有可通之处。

老子的一贯立场是"道"先"术"后,"道"为体、"术"为用,亦即用价值性的道来规约、限制工具性的技术,无论在以自然物为对象的生产实践中还是在以人为对象的社会治理活动中。就后一方面而言,无论作为终极的价值旨归还是理想的实践方式,道都应当被融贯到社会技术中,并对社会技术发挥规范、引导作用。老子有两句纲领性的话:

> 以道莅天下。(60章)
> 圣人抱一为天下式。(22章)。

---

[1] (美)刘易斯·科塞《理念人:一项社会学的考察》,中央编译出版社2001年,第343—351页。
[2] 转引自张凤阳《现代性的谱系》,南京大学出版社2004年,第271页。

若能如此,则社会技术就不再是把个体强行归拢到某种统一的生活样式中的逼迫性手段,而是不同个体借以实现其各自的丰富可能性的可选择路径。在老子的理想中,纵然是体制化的社会生活,对于个体而言,也应是一个可以充分开敞自我的无限空间,正如道在其中的宇宙大化之于自然万物。而且,由于内在承载并以人类的理想精神作为自我约束的尺度,社会技术的实施将不再是价值失落而至于虚无的纯粹工具活动,而是价值实质性地转化为日常生活的渐进过程。

需要注意的是,由于老子相信任何个体皆有其存在的天然合理性和自我完善的天赋能力,所以他并没有也不愿给出某种具体的价值尺度和实践方式,并通过社会治理活动把它们强施予样态各殊的无尽个体。在社会技术问题上,老子只是用"负的方法",[①] 从反面提出了两条基本原则。

其一,"少私寡欲"。此语原是针对专制君主纵欲无度而发。通过历史性的语境移换,这句话的涵义可以引申为,政府不应是部分利益集团的代言人,它所实施的各种社会政治举措应当不带有狭隘的利益偏见,更不能被某些强势的利益集团所绑架;否则,社会大众的利益必受损害。老子说:

> 无名之朴,夫亦将不欲。不欲以静,天下将自定。(37章)

"无名之朴"就是道,道没有自己的私欲,因此也就能无偏私地对待万物,让万物按照自身的欲求自然成长。在现代社会中,作为社会生活的协调者,如果政府超越种种利益偏私,不以为天下谋"公利"的假面孔去与民争利,而是最大限度地照顾哪怕是最边缘群体的"小利",那么,民众的普遍利益就能得到宽广的成长空间,而政府提出的政策措施也可以得到顺畅地落实。如此,"天下将自定"。那些只能被归结为部

---

① "负的方法"是冯友兰先生在《新知言》中提出的哲学方法,大意是说,凡不可用"正的方法"(即逻辑分析)思议言说者,皆可通过否定的方式,从反面对其进行探讨、把握。

分群体之利益的社会政治举措或许可以行得了一时，但终将失去其正义性。须知，社会生活能否宁定，并不在于政府或社会治理者所设定的利益是否实现——即使其利益动机是善良的，更不在于某些强势集团能否如其所愿，而仅仅取决于民众利益需求的满足程度。

其二，辅而不为。在老子这里，"为"是指违背事物本性的作为，虽然有此作为者的动机和目的可能是正确的，但只要其所为不符合对象的本性，就必然对事物造成损残。并且，正如老子所强调的，我们看到，在古今历史中某些社会政治举措一旦被政府或精英人物说成是正确的，便俨然获得了带有压制色彩的合法性力量，使民众不得不顺之受之，虽然那些被宣扬的东西是否正确还要打上一个大问号。而某些心怀鬼胎者正是用这种方式来强制推行其不轨之策的。不同于此，"辅"虽亦来自个体的外部，但由于这种行为方式符合其本性，所以它不仅不会对事物构成限制和伤害，反倒是推动个体依照固有本性、自然成长、自我完善的有益帮助。而在社会政治生活中，"天下神器，不可为也，为者败之"（29章），也只有那些以"辅"的方式施加于个体的政策举措，才能得到人们发自内心的普遍接受和拥护，而不至遭到抵制。

如果个体之自在存在、自由发展、自我完善的本性以及民众的自治能力被社会治理者充分尊重，并被确立为生活世界之趋于有序和推动社会历史进步的根本力量，那么，政府的所作所为无疑就会相应地减少。老子说：

> 不以智治国，国之福。（65章）
> 其政闷闷，其民淳淳。其政察察，其民缺缺。（58章）
> 圣人常善救人，故无弃人。（27章）
> ……是谓用人之力，是谓配天，古之极。（68章）

在老子看来，作为社会治理者，政治精英不应当用他们主观预设的某种模式去改造、强拢个体于一律，而是应当放手让民众自己作为、自用其力，治国者的唯一作用只是善于顺应、辅助民众。姑借晋代思想家郭象的话说，真正高明的治国者本人并不自用己智、有所作为，而是以"无为"之道让民众"自用"、"自为",[①] 民众愈"自为"，则治国者愈"无为"，——这两个方面实是二而一的事情。而在老子特意悬置的那个"小国寡民"的古代社会里，更是根本没有政府权力操控的影子。其中蕴涵的核心政治理念是：

百姓皆谓我自然。（17章）。

与此相比，无论"哲学王"式的开明专制之主，还是像构造精致、功能完备的机器一样的高效强势之政府，都是次要的。因此，换以现代语词，前述引文的意思便是，在以普世的人类精神理想（道）为现实关切和终极指向的社会中，政府并不以其自作聪明的政策举措去管控民众、处理事务，而是设法让民众自由其径、自治其事、自得其自在，政治愈宽松，则社会风气愈淳朴率直，生活世界亦将在个体多元伸张其天性所呈现出的饶富活泼之过程中不断趋于美善。

要之，老子的社会技术思想可以归结为两句话：

治人事天莫若啬。（59章）
治大国若烹小鲜。（60章）

对于古代君主，此乃其身其国"可以长久"的最佳术略。而在现代社会，这种"涵道于术"的技术思想给我们的启发则是：必须把社会技术始终纳入人类价值理想的范约之下，因为只有从人类的价值理想出发，才能生发出最合乎人性的社会技术实践方式。

[①] 郭象说："故所贵圣王者，非贵其能治也，贵其无为而任物之自为也。"(《〈庄子·在宥〉注》)又说："夫无用者，泊然不为而群才自用，自用者各得其叙而不与焉……。"(《〈庄子·人间世〉注》)

第五章

上善若水，慈弱为用
——老子：双向度的技术理念

如果按照亚里士多德的说法——技术是人类改变"质料"对象之现状而获致某种实用目的的实践活动，那么，无论其施加对象是物还是人，毫无疑问技术总是单向度的。因为，技术活动是否开展、怎样开展，皆取决于技术主体，而作为对象的某物或某人是否被纳入技术活动中、他（它）将被以何种方式处置，亦皆取决于主体而非其自身。换句话说，技术施加于对象，这一事件或过程并非出于对象自身之自主自发，而是他者从外部的强行施予。相应地，技术活动最终要达到的目标、某物或某人经由被处置而最后发生的改变，同样仅仅服务于、从属于主体而不属于对象。要之，在主体施加其预设目的于客体的技术过程中，后者永远处于被动、从属的地位。

作为天地万物中独具灵明之心的生命样式，人类总是出于自己的目的、按照自己的方式，处置他物。由此可以说，单向度的技术活动是人之为人者，也是人类持续生存之必需。然而，如果从相反的对象角度看，他物或他人被纳入主体的技术活动中、所受到的某种处置以及最后发生的某种改变，却并不一定符合其存在本性。用老子的话说，凡是不符合对象之本性的活动方式，均属"有为"，而"有为"则意味着主体的私意妄作以及对他物或他人的伤害。大至自然界中的任何物种、小至任何物种中的某一个体，皆有最大限度地扩张其自身的本能，人类也不例外。但人类的特殊性在于，他是具有发达的理智能力、强烈的自我中心意识且其扩张本能可以通过技术手段来实现的物种。于是我们看到，人类通过技术活动维护并持续改善其生存状况的历史，也就是不断伤害他物的历史。

可以对这种伤害构成限制的因素有两个：其一，我们怎样理解他物，一座山林被尊仰为众神集聚之圣域或被明明白白地划定为石材、木料、清新空气、动物资源（皮毛肉）的供应地，它因此遭受的处置显然是不同的；其二，我们用何种手段、方式处置他物，在石斧、棍棒、弓箭、梭镖之下，在伐木机、森林火车、炸药、配有光学瞄准器的猎枪之下，这座山林中的动植物所遭受的命运之差异是不言而喻的。合而言之，如果他物被视为有灵者，并且人类的技术手段还处于低水平上，那么，自然物所遭受的伤害必然是审慎而又有限度的。

偏偏，近代以来人类对自然的理解和处置自然物的技术手段都发生了革命性的变化。从自然界唯一的解释者、立法者、主宰者的角度看，万物都是为人类而存在的资源，其价值取决于我们的需要；在工业革命所催生的各种机械工具、化学制剂的武装下，我们可以"自由"地支配、改造、征服、占有、利用自然万物。于是，对自然的敬畏、静观、沉思转变为出于明确的功利目的之逼问，而内在具有单向度特质的技术在现代就表现出了空前的进攻性——借一句政治豪言说就是所谓"战天斗地"。由此，对自然物的审慎而有限度的取用，就逐渐演变为肆无忌惮、没有止境的任意挥霍乃至"赶尽杀绝"。时至今日，我们仍未看到现代技术极度张扬的进攻性发生根本的改变。

与此大异，在老子的理想期待中，最佳的技术活动绝不能具有丝毫的进攻性；恰恰相反，我们在与他物和他人的交互关系中总是应当遵守慈柔、卑弱、谦下、守雌、冲虚、后退、不争、给予而不是强取的自我行为律则。

以下我们分别引述老子的相关言论，然后再做深入分析。关于柔弱、守雌，老子说：

> 专气致柔，能婴儿乎？……天门开阖，能为雌乎？明白四达，

能无为乎？生之，畜之，生而不有，为而不恃；长而不宰。是谓玄德。（10章）

知其雄，守其雌，为天下谿。为天下谿：常德不离，复归于婴儿。（28章）

天下之至柔，驰骋天下之至坚。……吾是以知无为之有益。（43章）

合德之厚，比于赤子。……骨弱筋柔而握固。（55章）

将欲弱之，必固强之……将欲夺之，必固与之。是谓微明，柔弱胜刚强。（36章）

弱者，道之用。（40章）

坚强者死之徒，柔弱者生之徒。是以兵强则灭，木强则折。坚强处下，柔弱处上。（76章）

天下莫柔弱于水，而攻坚强者莫之能胜，其无以易之。弱之胜强，柔之胜刚……。（78章）

关于不争、退后、处下，他说：

是以圣人后其身而身先，外其身而身存。（7章）

用兵有言："吾不敢为主而为客，不敢进寸而退尺。"（69章）

夫唯不争，故天下莫能与之争。（22章）

江海所以能为百谷王者，以其善下之，故能为百谷王。是以欲上民，必以言下之；欲先民，必以身后之。……以其不争，故天下莫能与之争。（66章）

天之道，利而不害；圣人之道，为而不争。（81章）

关于冲虚，他说：

道冲，而用之或不盈。渊兮，似万物之宗。挫其锐，解其纷，和其光……。（4章）

> 天地之间，其犹橐籥乎？虚而不屈，动而愈出。（5章）
> 致虚极，守静笃。万物并作，吾以观复。夫物芸芸，各复归其根。（16章）

六十七章既推崇"慈"为"三宝"之首，同时又提到了不争、退后：

> 天下皆谓我道大……我有三宝，持而保之：一曰慈，二曰俭，三曰不敢为天下先。慈，故能勇；俭，故能广；不敢为天下先，故能成器之长。今舍慈且勇，舍俭且广，舍后且先，死矣。夫慈，以战则胜，以守则固。天将救之，以慈卫之。（67章）

《汉书·艺文志》认为，道家出于史官，其大旨是"秉要执本，清虚以自守，卑弱以自持，此君人南面之术也"。此说依据当以老子为本。而在儒道互黜的思想格局中，老子的上述主张则被后世儒家指斥为人主的阴谋术或无德小人的巧诈取利之术。例如，朱熹批评道：

> 老子之学只要退步柔伏，不与你争。……让你在高处，他只要在卑下处，全不与你争。他这工夫极难。常见画本老子便是这般气象，笑嘻嘻地，便是个退步占便宜底人。（《朱子语类》卷125）
> 老氏之学最忍，它闲时似个虚无卑弱底人，莫教紧要处发出来，更教你枝梧不住。（同上）

公允地说，朱熹的指责只涉及老子思想的"术"的一面及流弊，而有意疏略了其总体大旨，更且枉顾其本貌。

那么，老子之所以主张用卑弱、慈柔的方式待物待人，其思想根源究竟何在？难道像许多学者所说的，是他受到南方楚文化的熏陶乃至受到水的形性之启发的产物？还是他有激于征战不休的动荡社会现实所发出的极端言论？抑或是他为反拨当时某些有为之君以及孔子之类的士人试图挽救天下的政治主张和进取豪情而故立的反对之辞？应当说，这些外部性的看法皆有一定道理，但恐未及老子思想之本旨。

笔者认为，遵循老子思想的内在逻辑，他之所以主张慈弱为用，可从三个方面进行解释。

首先，从形而上的层面看，其立论依据是道物关系。老子认为，作为本体的道是天地万物的创造者，是他（它）们的母亲，而天地万物则是道所生养的子民或儿女，如二十五章所云："有物混成，先天地生。……可以为天下母。吾不知其名，字之曰道。"五十一章云："道生之，德畜之，物形之……。"

无需玄思，仅据人之常情即可推想：一个母亲自然会以充满爱意的欣赏眼光和慈柔的方式打量、对待她的孩子，她当然也会用包容的充满期待的心情放他们到宽松无拘的广阔天地中去，希望他们按照各自的意愿，最大限度地将其潜质展露出来，从而分别成就活泼饱满的理想生命样式。

秉持此种深切的"终极情怀"，老子提出，最高的处物之方也就是母亲对待她的孩子那样的慈柔方式，而其关键则在于处物者首先要放弃幼稚偏狭的自我意识，把自身当作万物的资养者、护卫者，并使内心充盈着作为一个母亲的爱怜和温情。质言之，即法道、体道。老子说：

> 绝学无忧。……众人皆有以，而我独顽似鄙。我独异于人，而贵食母。（20章）
>
> 天下有始，以为天下母。既得其母，以知其子。既知其子，复守其母，殁身不殆。（52章）

"贵食母"，河上公注："食，用也。母，道也。我独贵用道也。"[①] 这两段引文的意思其实是相通的，如劳健说："'食'音嗣，养也。'母'谓本也。……'贵食母'与'复守其母'，同是崇本之旨，'食

---

① 王卡点校《老子道德经河上公章句》，中华书局1993年，第82页。

母'‘守母',乃所以为道。"① 无论怎样解释,老子之大意都是说"我"应当贵道、守道,摆脱狭隘的自私自利情结和片面的工具性、功利性的知识(绝学),以母亲养护儿女之道待物待人。

这种理想的待物待人方式落到实处,其要就是二十五章结尾所说的"道法自然":道虽为万物之母,但对于万物却并无占有意识和主宰意识,她也不会把自己的意志强加给万物,更不可能出于某种私意私欲而强迫、剥夺、侵害她的儿女;相反,她总是无私地让万物各自依其本性、本意、本欲,自由地成长。如果说道也有她的私意私欲的话,那么其最大之私也就是希望天地万物以自然而然的方式,自是其所是并各济其私、各遂其生。

其次,在形而下的层面上,从老子的道论思想中,我们可以逻辑地推出,既然万物皆为道所创生,那么万物之间也就是同胞关系,他们拥有共同的生命本源。进而,既然物吾同胞、民吾同胞,那么我们当然不会用自认高贵优越的眼光去鄙视他人他物,也自然会以同胞间息息相通的亲情和爱心去待人待物。在这种平等共生之关系格局中,退让、关爱、辅助而不相争乃是同胞间之交互活动方式的唯一选择,而侵占、逼迫、掠夺、扼杀则绝无可能。

最后,从矛盾对立、变化发展的辩证角度说,"反者,道之动"(40章):万物万事不仅皆有其对立面,并且随着时间的流逝,大小、上下、先后、虚实、进退、强弱、刚柔等,凡相反相成者,都必然向其对立面转化,而某一事物由生到死的整个存在过程也不过是这种转化从萌端至最后完成的过程。既然如此,那么为达致大、上、先、实、进、强、刚的目标,我们当下无疑应持守小、下、虚、退、弱、柔,以俟其变,此即所谓"弱者,道之用"(同上)。不妨认为,老子把事物之间相反相成、反向而动的客观辩证关系直接转化成了主体实现其目标的实践活动方式或行为策略。

在老子心目中,天地万物间集上述三方面于一身,最能体现慈弱为

---

① 陈鼓应《老子今注今译》,商务印书馆2004年,第154页。

用之妙的事物莫过于水：水作用于万物的方式既兼有母子间和同胞间的温情关爱，又能达到以柔克刚的制胜效用。所以，他不仅对水之德大加颂扬，并且以水喻道。例如：

> 上善若水。水善利万物而不争，处众人之所恶，故几于道。居善地，心善渊，与善仁，言善信，正善治，事善能，动善时。夫唯不争，故无尤。（8章）

> 大道泛兮，其可左右。万物恃之而生而不辞，功成不名有。衣养万物而不为主，常无欲，可名于小；万物归焉而不为主，可名为大。以其终不自为大，故能成其大。（34章）

在老子笔下，水宁静无欲、柔弱无形、渊深能容、利而不伤、无所不到、处下不争，它虽然滋养着万物而为生命之源，但却没有占有冲动和功利意识，并且水还能随物赋形、因势而动、柔以克刚，这些都是道的体性的鲜活体现，同时也是老子理想中的待物待人之方。因此，他奉水为至善之象征。

正如水的柔以克刚、不争而"无尤"那样，在老子的表述中，由于他所构设的最终目标和为实现目标所采取的行为策略之特点存在着表面性的巨大反差，而后者又对行为主体真正的目标期许具有某种"欺骗性"的掩饰作用——最典型的莫过于"争"与"不争"的关系，所以难怪后世儒家径直斥之为机巧诡诈之术。但儒家此类批评的片面性在于，这只涉指老子思想中最低层次的"术"的一面，而未及最根本的"道"的层面。

事实上，道和术在老子那里是不可分割的体用关系，正如"弱者，道之用"这句话所表明的，守弱持柔作为术，乃是对于道的运用，其中依循了道的体性。而在道的本体视域中，无论以母之于其子还是以同胞间的平等共生之关系模式待人待物，慈弱为用都绝非凭借欺骗手段以剥夺、侵占他人他物从而最终济其一己之私的诈术。毋宁说，这是一种通过辅助他人他物，以使对象得以自主生长、自我养成从而实现主体预期目标的实践行为方式。

　　之所以强调慈柔、卑弱、退后、谦下、不争，是因为由于私欲私意私智的难以摆脱，人们对他人他物的任何施予——哪怕主体的动机是善良的，皆难免不合乎对象自身的本性本意本欲。于是，主体的所作所为落在对象身上，便常常失之于粗暴的强制、扭曲、伤害、豪夺。而在老子提倡的慈弱为用、辅而不为的实践方式中，主体并未强施其意欲于对象，他所做的只是想方设法让对象自然自生自成。因此，最后得遂的既有主体之"私"，又有对象之"私"。而老子尤其认为，他物他人之生存欲求如果不能得以实现，那么处物理人者的欲求亦将无从谈起。换句话说，老子并未完全否定主体之"私"，他所强调的是，主体之"私"的获得恰恰必须通过并体现为对象之"私"的确证和实现，二者之间是交互增益的正比关系。撇开老子思想的历史局限性，他所提倡的主体处置他物他人的这种实践方式所蕴涵的技术活动理念堪称是"双向度"的。

　　我们看到，老子提出了一系列对立的行为理念：柔弱—刚强、慈—勇、不争—争、退—进、居下—处上、后退—先进、辅而不为（或无为）—有为，而他无一例外地都选择了前者。与此完全不同，单向度的现代技术活动所遵循的行为理念则属于后一系列，其外在特点就是表现出了显著的进攻性。在老子看来，任何单向度、具有进攻性的技术行为皆属"有为"，它们不仅构成对他物他人的伤害，而且主体的行为亦必定失败。他说：

　　　　为者败之，执者失之。（64章）
　　　　无为而无不为。取天下常以无事。及其有事，不足以取天下。（48章）
　　　　以道佐人主者，不以兵强天下，其事好还。（30章）

　　而真正可行、有效的行为方式则是恪守道的原则，排除占有意识和功利意识，坚持做到"无为"、"无欲"、"无事"；能如此，则物"自化"且民亦"自化"、"自正"、"自富"、"自朴"，从而最终"天下将自定"（37章、57章）。概言之，"不为而成"（47章）或"为无为，则无不治"（3章）。

对于现代技术来说，老子的慈弱为用理念无疑是陌生的。除了它们外在显示出的进攻性和非进攻性的特点迥然相异之外，更根本的不同在于二者的前提预设即对世界万物的理解。在现代技术所建构的场景中，人类是世界的"主人"，一切都服从、服务于我们，一切都是"我们说了算"，所有的自然物——无论有生命还是无生命的，皆属"异类"。而对于"异类"，我们完全可以依据自己的需要，"想怎么样就怎么样"。但是按照老子的道论思想，自然万物不仅不是与我们无关的"异类"，反倒是我们的"同类"，因为包括人类在内的一切事物有着共同的生命本源，其间是平等共生且情感相通的同胞关系。因此，随顺道的要求，我们只是万物的守卫者、养护者，所以用母亲般的或同胞般的充满亲情和温情的慈柔方式去关爱、辅助万物应是我们唯一的选择。纵然为了实现人类的生存利益，我们也不能凭借剥夺、伤害万物的粗暴方式，而是应当通过设法让万物的生存欲求也得到满足的途径；更何况，人类利益的最大满足恰恰存在于人与自然万物的共生共荣之中。不言而喻，在人类转变其既有的单向度的技术活动方式之前，首先应转变我们对世界万物的理解方式。

老子提倡的双向度的技术理念当然不仅仅适用于处置万物的自然技术活动。事实上，就其本意而言，他重点申述的是以"人"为对象的社会实践智慧，他真正批评的则是那种为其一己之私（尤其是君主）而不择手段地残害民众的政治暴行。泛而言之，对于人类自身来说，现代技术的最可怕一面即存在于社会生活领域中：以自我为中心，把他者——其他人、其他社群、其他国家、其他民族、其他文明——视为"异类"，这些异类可以被称作反常之徒、未开化者、试图颠覆现政权者、危险社区、恐怖分子以及恐怖国家、野蛮民族、落后文明等，进而按照自我意志、为了自我利益，理直气壮地对其进行"教化"、改造、驯服、强制、驱赶乃至于消灭，其最终目的则在于塑造出一个符合自我意志和自我利益、整齐一律的生活秩序。在这个过程中，他者的生存欲求完全不在技术主体的考虑之中。针对现代史上已然发生的规模不等的种种人间惨剧，虽然陌生，虽然因为古老玄远而显得愚不可及，但老子的慈弱为用思想确乎可以使我们领受到一种温情脉脉的人性光辉。

从实践目的的角度看，老子之所以主张慈弱为用，其实还有更为深远的考虑。他说：

> 天长地久。天地之所以能长且久者，以其不自生，故能长生。是以圣人后其身而身先……。（7章）
>
> 孰能安以久？动之徐生。保此道者不欲盈。夫唯不盈，故能蔽而新成。（15章）
>
> 致虚极，守静笃。……知常容，容乃公，公乃王，王乃天，天乃道，道乃久，殁身不殆。（16章）
>
> ……多藏必厚亡。知足不辱，知止不殆，可以长久。（44章）
>
> 治人事天莫若啬。……有国之母，可以长久。是谓深根固柢、长生久视之道。（59章）

由此可见，无论对于某一个体还是对于一个国家，老子为其构设的理想目标都是"长治久安"，不是一事之得、一时之利，而双向度的慈弱为用则是达致此目标的唯一可取的实践方式；相反，凡伤物伤人之举，终必使其自伤。这一点与现代技术所具有的仅仅满足技术主体一事一时之需的偏私、短期的功利性截然不同。为人类的长久生存计，老子的技术理念无疑值得我们认真汲取。

第二部分

引 言

独异的个体视域与庄子技术思想的基本精神

相对于羼杂了儒法阴阳等别家观念的黄老之学,老子和庄子的哲学思想堪称道家之正宗。自魏晋之时起,"老庄"或"庄老"并称在中国文化史上便已成为学者所习见的惯例。不加分辨地视二者为一家,固然是因为其思想大旨确乎有异于儒家和佛教,但同时却也造成了对老庄思想之各自特质的遮蔽,这对于虽然受到老子思想之影响但却又"自立一宗"的庄子哲学尤其如此。① 早在汉代,司马迁在给庄子作传时便认为"其学无所不窥,然其要本归于老子之言",又说庄子著述之目的意在"诋訿孔子之徒,以明老子之术"(《史记·老子韩非列传》)。而宋明以来,更屡有儒家学者在批评作为异端的"二氏"(佛老)之学时,误把庄子看作老子学脉的一贯延续,甚至《庄子》三十三篇也不过是《老子》五千言的注脚而已。综括这些说法,庄子思想只是对老子的简单继承和如实阐发,因此并无任何新异之处。从今人角度看,此论实属误断或有意无意的偏见。

老庄思想的根本差异是言说的中心或对象完全不同。具言之,老子思想的中心是君主或侯王,其目的在于为他们提供一套自然无为的宽松的政治术略;而庄子思想的中心则是乱世之中的普通个体,其目的在于为饱受摧残的人们创设一种如何保全自我进而达致超拔玄远之境的个体

---

① 王夫之《〈庄子·天下〉解》:"庄子之学,初亦沿于老子,而'朝彻''见独'之后,寂寞变化,皆通于一,而两行无碍:其妙可怀也……故又自立一宗,而与老子有异焉。"

生命哲学。虽然老子常常给人以隔岸观火的超然之感，但实质上其思想的终极关切却仍在现实政治。而庄子本人对政治参与却丝毫不感兴趣，他也"根本不从现实的政治和社会中寻找出路",① 真正萦绕于其沉思中的是个体自我的生命超越问题，正如蒋锡昌在《逍遥游校释》中所说："庄子宁安贫贱，独贵无用，卓然超脱'功''名'与'己'之外，而游其精神于一个海阔天空，毫无所待之境。此乃当时政治混乱及士人不能忘情一切之反动也。"②

因此，从庄子哲学中，我们可以发现一种独异的个体视域，这是老子思想中所没有的。李泽厚先生指出，不同于儒家从人际关系中来确定个体价值，"庄学则从摆脱人际关系中寻求个体的价值"，而这样的个体就能作心灵解放且充满精神快乐的"无所待"、"绝对自由"之"逍遥游";③ 他又认为，庄子的独特性"在于他第一次突出了个体存在"，"关心的不是伦理、政治问题，而是个体存在的身（生命）心（精神）问题，才是庄子思想的实质。"④ 由此意义说，庄子哲学意味着独立的个体意识在中国哲学史上的觉醒，因为，个体生命的价值在庄子这里不仅首次从君主政治中彻底疏离出来，而且获得了凌驾于其上的崇高地位。

在现代庄学中，以自由或精神自由的观念去阐释庄子思想的实质内涵最具有强势地位，也最为人们所普遍接受。例如，1920年代，章太炎指出，自由、平等是人类共同的意愿，"庄子的根本主张，就是'自由'、'平等'……庄子发明自由平等之义，在《逍遥游》和《齐物论》二篇。'逍遥游'者自由也，'齐物论'者平等也。"⑤ 1933年，冯友兰在当年出版的《英译庄子》中不仅用"绝对自由"（absolute freedom），而且同时更直接用"精神自由"（freedom of the spirit）的概念诠解作为

---

① 韦政通《中国思想史》（上册），上海书店出版社2003年，第124页。
② 蒋锡昌《庄子哲学》，上海商务印书馆1937年，第60页。
③ 参阅李泽厚《中国古代思想史论》，安徽文艺出版社1994年，第192页；李泽厚《美的历程》，安徽文艺出版社1994年，第284—285页。
④ 李泽厚《中国古代思想史论》，安徽文艺出版社1994年，第181页。杨国荣也认为，庄子"对个体予以了相当的关切"，而他"所代表的道家哲学与儒家哲学的差异之一，亦体现于对个体与整体的不同侧重"。（《庄子的思想世界》，北京大学出版社2006年，第18页）
⑤ 章太炎《国学概论》，上海古籍出版社1997年，第34页。

庄子思想灵魂的"逍遥游"。该书导言专有"Absolute Freedom"一节，冯先生写道：The perfect man, who is in identity with the universe and "goes up and down with evolution" is absolutely free. ……But the perfect man is absolutely free, because he has transcended all distinctions and is happy in any form of existence.① 这里是说，与宇宙合一而循大化的"至人"是绝对自由的，因为他已经超越了所有的分辨，并且无论以何种形式存在，他都是幸福的。1960年代，徐复观先生说："庄子对精神自由的祈向，首表现于《逍遥游》，《逍遥游》可以说是《庄》书的总论。"② 徐先生进一步提出，庄子向往的精神的自由解放，实际上可以看作是由"无用"所得到的艺术性的精神满足。③ 1970年代，陈鼓应先生说："《逍遥游》提供了一个心灵境界……在这领域中，打通内在重重的隔阂，突破现实种种的限制网，使精神由大解放而得到大自由。"④ 2006年，王树人先生在《感悟庄子》中指出："'逍遥游'所追求的'无待'这种理想的自由自在，是一种'道通为一'的大视野和高境界，也是庄子追求的最高价值所在。"⑤

毋庸置疑，庄子之"自由"不应被等同于现代西方政治哲学意义上的实践性的政治自由，而主要是指个体内在精神的无拘无束、逍遥自得。刘笑敢先生认为，这种精神状态和感觉"与现代自由的概念有相通之处"，而庄子的"逍遥游"之所以被人们诠释为自由亦正因此。进一步，他不仅把逍遥精神称为"中国传统的自由"，而且认为它可以"补充现代西方政治理论的不足"。因为，现代西方所讲的各种自由较少关涉个体的精神自由问题。⑥ 事实上，庄子哲学所透显出的自由品格并不仅仅局限于精神领域，而同时亦具有现实政治取向。这主要表现在，以

---

① 冯友兰《英译庄子》，上海商务印书馆1933年，第18页。
② 徐复观《中国人性论史》（先秦篇），上海三联书店2001年，第350页。
③ 徐复观《中国艺术精神》，华东师范大学出版社2001年，第39页。
④ 陈鼓应《老庄新论》，上海古籍出版社1992年，第123页。
⑤ 王树人、李明珠《感悟庄子："象思维"视野下的〈庄子〉》，江苏人民出版社2006年，第6页。
⑥ 刘笑敢《两种逍遥与两种自由》，《新华文摘》2008年第6期。

个体生命的理由去抗衡、超越君主政治，并拒绝将自我置于压制性的政治化生存场域之中，或者说，这表现在对独立的自我人格的坚守、对权力束缚和压制的抗拒以及对黑暗社会现实的批判。姑且借用现代学术语词，这种张扬的个体自由意识即由以赛亚·伯林所说的个体最后退守的"我的理性、我的灵魂、我的'不朽'自我"所构成。[①] 当历史时空发生转换之后，已经觉醒的个体所拥有的不依附于权威、不屈从于压制的独立人格，在现代社会中恰是自由的政治实践和社会参与的内在必需前提。

因此，虽然把自由——无论是外在的政治自由，还是内在的精神自由——不加辨析地看作是庄子思想的本有内涵这种"现代性格义"或许难免有失粗率，但是如果试图寻找自由主义在中国传统文化中的本土资源，[②] 那么庄子思想显然是一笔值得深度探掘的理论库藏，而始自庄子的"逍遥游"的精神传统则可以在人生哲学的层面上为自由主义的价值理念之植入提供某种内在的支持和接引。

以自由为终极关切，不可避免地要与技术发生冲突。这是因为，无论工具技术还是社会技术，其实质都是通过筹划、控制和改造的方式，最终使对象发生某种符合技术操作者之需要的改变。所以，在技术的作用下，个体的存在和发展只能是"由他"而不"由自"，并且个体在技术作用下所发生的改变也并不属于他自身。对自由的追求越强烈，则对技术操控的反抗也必然越激烈。正如我们所看到的，在庄子哲学中，从独立的个体生命立场出发，来自政治层面的对个体正常生存的压制以及工具技术对本真的个体身心生命的扭曲，都遭到了深刻的批判。

相较于老子，一方面，由于言说中心的不同，庄子对压制性的社会技术的批判要远比老子来得痛切；另一方面，由于个体的精神境界在庄子这里受到了前所未有的关注，所以他对技术与个体内在心灵生活之关系问题也提出了诸多发人深省的洞见。可以说，庄子的技术哲学不仅在

---

① 参阅（英）以赛亚·伯林《自由论》，译林出版社2003年版，第204—205页。
② 王军宁先生对此问题甚有关注，但与笔者的切入角度不同。详可参阅王著《天道与自由：申述天道自由主义》，《中国文化》第二十二期（2006年5月）。

思想取向上不同于老子，而且在讨论所涉问题所达到的宽度和深度上更是远超于其上。

庄子的技术哲学之所以呈现出历久弥新的丰富性和深刻性，除了可以归结为其令人讶异的思想领悟能力之外，可能还与庄子长期贫困、辗转于民间的底层生活经验有关。

据《史记》，庄子曾做过蒙地的漆园小吏，也就是兼管漆树种植和漆树加工的下层官员。进而，庄子大概连这个地位低微的职务也失去了，以致生活困窘甚至有时衣食无着，于是便只能于厄巷之间靠织屦勉强度日。此时，他实际上已经徒有"士"之名，而确已与自食其"力"的小人、庶人无异。鉴于此，陈鼓应先生认为，庄子"是一个很有学问的贫民性格的知识分子"；① 刘笑敢先生认为，"庄子哲学所要解决的中心问题是平民阶层如何生存、如何获得精神自由的问题；"② 而任继愈先生则把庄子看作是"自由农民"的代表，认为他"对体力劳动是尊重的，而不是菲薄的态度"。③ 显然，这几种说法都注意到了庄子的民间生活经验和相应的思想倾向。与上层贵族以及汲汲于政治的孔子、孟子等人截然不同，厕身于民间社会的庄子则与劳其力、食其技的底层民众接触甚多，对其生产生活情形也留意甚详、揣摩精深。因此，《庄子》一书中也就有了多篇生动描述各种工匠劳作的技术寓言。而在庄子眼中，那些民间的匠人巧者们的劳作生活无疑是活泼健康、逍遥自在、随心所欲甚至充满神异色彩的。显然，这一点同样为高居史官之位的老子所不具备，也更值得我们做深度解读。据实而论，那些技艺高超的民间工匠身上寄寓着庄子的生命思考：个体何以在卑下的在世生存中践道？若从技术哲学的角度看，其中所涵蕴的重大问题则是：就个体而言，"道"何以寓于"技"中？或者说，如何以"技"载"道"、以"技"进"道"？

---

① 张松如等《老庄论集》，齐鲁书社1987年，第347页。
② 刘笑敢《庄子哲学及其演变》，中国社会科学出版社1988年，第100页。
③ 任继愈《庄子探源》，《哲学研究》编辑部编《庄子哲学讨论集》，中华书局1962年，第191—193页。

第六章
万物平等，逍遥共处
——庄子：人与万物的理想关系

第一节 人的限制与万物平等

随着人类社会的不断进步，即使是艾滋病这样的致命恶疾也终将被克服，某些新的资源必将在已有资源枯竭之后被发现并得到有效利用，宇宙的奥秘将会被越来越多地揭示出来，人类将会在一个日趋扩大的美好世界里生活得越来越幸福……。充斥于日常言谈中的这种乐观主义的历史叙事既是我们的希望，也是我们的信仰，作为生存理由，它把一个有关人类未来的光明前景承诺给无时不在众多现实和心理困惑中挣扎的我们。

然而，在这种梦幻一般的美好承诺背后却存在着两个未加审视的前提：人类中心主义和技术万能论。生物学家厄伦费尔德认为，人本主义有七条主要和次要的假说，例如，所有问题都可以由人来解决、许多问题都可以由技术来解决、一些资源是无限的、人类文明必将幸存，等等。① 从这些假说中，不难发现人类中心主义和技术万能论相互依赖的关系：凭借技术，人类得以认识自然、利用自然，并由此使其自身成为"宇宙之精华，万物之灵长"；凭借人类的卓越天慧，技术可以不断进步

---

① 参阅赵白生《生态主义：人文主义的终结？》，《文艺研究》2002年第5期。

并终将完备得足以应对各种问题。在二者相互辩护、相互支持的封闭的共谋关系中,自然被遗忘了,人的限制被遗忘了。

若溯其源,对于技术和人类自身的乐观信念被确立为一种强势话语,乃是近代以来的事情,而开近代思想之风气的两个重要人物即培根和笛卡儿则是这种强势话语之基础的奠定者。①

在亚里士多德那里,知识被分为三种:纯粹的理论知识、实践知识(例如伦理学)和以实用为目的的技术知识。以是否具有满足人类物质生活需要的"价值和用途"为唯一标准,培根否认理论知识和实践知识存在的权利,因为在他看来,二者"能够谈论","充满着争辩,却没有实效"。② 在培根的著名口号"知识就是力量"中,知识实际上被限定为可以"达到人生的福利和效用"的认识自然和支配自然的知识。他说:"在一个物体上产生和加上一种新的性质或几种新的性质,乃是人的力量的工作和目的。发现一种性质的形式,或真正的属差,或产生自然的自然,或流射的源泉(因为这些名词都是对于这件事情的最近似的描写),乃是人类知识的工作和目的。"前者即支配或"命令"自然,后者即认识或"解释"自然,培根认为,二者应当密切结合:

> 赤裸裸的手和无依无靠的理智,都是不能有多大能为的。
>
> 人的知识和人的力量合而为一,因为只要不知道原因,就不能产生结果。③
>
> ……这两种指导,一种是行动的,另一种是思辨的,乃是同一的东西;而凡在操作上是最有用的,在知识上也是最真实的。④

这里,可以导致某种技术("操作")效用的知识实质上被当成了最

---

① 有学者指出,"到目前为止,我们的技术从整体上讲是笛卡尔主义实在观的产物,它基本上是反生态的"。(雷毅《深层生态学思想研究》,清华大学出版社2001年,第31页)
② 北京大学哲学系外国哲学史教研室编译《西方哲学原著选读》(上册),商务印书馆1981年,第340页。
③ 同上,第345—346页。
④ 同上,第348页。

高（"最真实"）的知识。培根相信，"人类的心灵和理智"只要运用正确，就可以"达到自然界那些更遥远、更隐蔽的部分"，① 进而由于更多自然规律被揭示出来，"我们就可以在思想上得到真理而在行动上得到自由"。②

当培根满怀信心地展望人类的知识和力量的远景时，"自然"实际上已经被遗忘了。因为，培根只是"把自然作为人类的异己对象加以利用、改造和征服，把知识的力量仅仅当作施加于自然的物质力量"。③ 透过培根对自然的遗忘，我们不难看到其潜在的人类中心主义立场。

不过，培根所遗忘的只是自然的自身价值和存在意义，他并没有否认自然的客观存在。而到了笛卡儿那里，自然的客观存在也成了问题。

为了给全部知识找到牢靠的基础，笛卡儿通过普遍怀疑，最终把给定的、封闭的"我思"作为其哲学的出发点。基于"我思"，笛卡儿依次确认了自我、上帝和物质三种实体的存在。关于物质实体的存在，笛卡儿的推理思路是：我心中有关于外物的形状、数目、运动等的天赋观念，这些真实的观念是上帝在我们心灵中造成的；上帝的无限完满性保证了他不可能欺骗我们，因此，这些观念必定与外物的真实性质相符合，也就是说，外物必定具有形状、数目、运动等性质；不同实体具有不同属性，实体的存在要通过其本质属性来确证，因此，以形状、数目、运动等为性质的实体是存在的，这种实体就是物质。世界上一切有形事物皆为物质实体，其中无疑也包括整个自然界。在局部环节上，自然界的存在似乎是因为上帝的保证，但是在笛卡儿这里，上帝的存在也是从"我思"推导出来的，所以自然界存在的最终依据仍旧是"我思"。

笛卡儿进一步说：

> 即便是形体，真正说来，也不是为感官或想象力所认识，而只

---

① 北京大学哲学系外国哲学史教研室编译《西方哲学原著选读》（上册），商务印书馆1981年，第345页。
② 同上，第347页。
③ 赵敦华《西方哲学简史》，北京大学出版社2001年，第179页。

是为理智所认识；它们之被认识，并不是由于被看见或摸到了，而只是由于被思想所理解或了解了。①

以"我思"为确证原则，这段话实质上仅仅承认客观事物可被主体理性所把握的某些特质的真实性，而否定它们的感性特质的存在价值。可见，笛卡儿不仅使客观存在的事物完全依附于"我思"，从而剥夺了它们存在的独立性，而且用"我思"阉割了它们存在的完整性。

简言之，关于我之外的其他存在物，笛卡儿的基本态度是：一切未经"我思"确证者皆不存在，一切与我之天赋观念不相符者皆属虚幻。毫无疑问，笛卡儿的"我思"哲学是一种极为强横的人类中心主义。而且，与培根重视物质利益的总体性的人类中心主义相比，笛卡儿的思想显然具有更为彻底的个体性和主观性，因为他把一个先验、孤独的自我放在了全部存在者之先、之中心。总之，"培根，与笛卡儿以及其他同时代人一道，第一次看到了人正在成为大自然的主人。"②

人类果真是宇宙的中心、万物的主宰、自然的立法者吗？知识和技术果真可以使人无所不能吗？庄子对此持断然否定的态度。按照培根的主张，人类用以拓展自身物质生活的技术应当建基于知识之上，而庄子则特别在知识论中打消了人类对其自身能力的无端信心，从而凸显了人的绝对有限性，——知识的有限即意味着人之所能的有限乃至人作为一种生命存在形式的有限。

首先，抛开本体之道的难知甚或根本不可知不论，庄子认为，即使从认知活动的具体对象即自然事物的角度来看，人们的认识也面临着种种困难：

（1）自然存在的无限性和人生存在的有限性之间的矛盾，决定了人对事物的认识不可能穷尽。庄子说："物，量无穷，时无止，分无常，终始无故。"所谓"量无穷，时无止"是指自然万物在空间和时间上存

---

① 北京大学哲学系外国哲学史教研室编译《西方哲学原著选读》（上册），商务印书馆1981年，第372—373页。
② 邹珊刚主编《技术与技术哲学》，知识出版社1987年，第28页。

在的两种无限性；与此相对，人的生命却是有限的，在人生之前、之后都是无尽的永恒："其生之时不若未生之时；以其至小求穷其至大之域，是故迷乱而不能自得也"（《秋水》）。难怪庄子感叹道："吾生也有涯，而知也无涯。以有涯随无涯，殆已；已而为知者，殆而已矣"（《养生主》）。面对着万物不可尽知的客观境况，正确的态度应当是"知不可奈何而安之所命"，即对人的有限性保持清醒的自觉，不强行跨越小与大、有限与无限之间的界域，不徒然自视其有限之小知为无限之大知，"不务命之所无奈何"。① 庄子认为，只有"达命之情者"（《达生》）和"有德者"（《人间世》）方能如此明智。

（2）处于世界之中却又似乎可以拥有一种世界之外的超然视角，并以此握世界的原初状态，在庄子看来，这根本就是一个悖论。偏偏人们不明白这一点，并已经提出了各种"二律背反"式的见解。关于这个问题，《齐物论》述评人们已有的歧见说：

> 有始也者，有未始有始也者，有未始有夫未始有始也者。有有也者，有无也者，有未始有无也者，有未始有夫未始有无也者。俄而有无矣，而未知有无之果孰有孰无也。今我则已有谓矣，而未知吾所谓之其果有谓乎，其果无谓乎？（《齐物论》）

庄子没有卷入这些意见纠缠之中，他正确指出："天地与我并生，而万物与我为一。既已为一矣，且得有言乎？"换言之，如同人们不可能抓住自己的头发飞离地球一样，世界的开端或起源问题根本就不可知，各种纷纭背反的解释不过是人们僭越自己的存在限制和能力限制而产生的一隅偏见。明智的做法是不要超越极限去探知其外的未知世界，而是要将认知的触角停止于无边的黑幕之前，此所谓"六合之外，圣人存而不论"。

（3）事物存在的变易性决定了人们不可能确切地认识事物。关于事

---

① 命：今本作"知"。陈鼓应依王叔岷、马叙伦、刘文典等说改为"命"，参见陈著《庄子今注今译》，中华书局1983年，第466页。

物的变易性，庄子的说法是："方生方死，方死方生；方可方不可，方不可方可"（《齐物论》）。事物不断生成和毁坏的流变特性，使人们难以获得对事物的确定认识：今日所是者，明日可能为非；今日所非者，又焉能保证明日不为是？人类如果以为当下之知已经一劳永逸地把握了流转不息的事物，并以此处理他与事物间的关系，那就无异于刻舟求剑。

总之，在人类已知的有限世界之外，还有更为广大浩森的无限未知世界："计人之所知，不若其所不知"（《秋水》）。同样，在人类的已有知识之后则是作为其知识背景和基础的茫然无际的无知："人之于知也少，虽少，恃其所不知而后知天之所谓也"，"其知之也似不知之也，不知而后知之"（《徐无鬼》）；"万物有乎生而莫见其根，有乎出而莫见其门。人皆尊其知之所知而莫知恃其知之所不知而后知，可不谓大疑乎"（《则阳》）！也就是说，人类首先必须自觉他在自身能力和认知对象方面的限制，然后才能真正确认其已知和能知。

庄子甚至认为，能自觉知识的界限堪称更高一层的智慧："知止乎其所不能知，至矣"（《庚桑楚》）。与此颇为相似的是，孔子说："知之为知之，不知为不知，是知也"（《论语·为政》）；尼采也说过："智慧给认识也划出了界限"。[①] 相反，如果人类只是沾沾自喜于其已知和所知，而有意无意地遗忘了其未知和无知，并进而自以为现在已经无所不知或者将来无所不能知，在庄子看来，这都是人类真正的的无知、狂妄和悲哀。

其次，在认识工具方面，语言是人之为人的除了技术之外的另一标志，是人类沉思和认识世界必不可少的工具，但是庄子认为，语言并不能帮助人们有效地认知事物。他说：

夫精粗者，期于有形者也；无形者，数之所不能分也；不可围者，数之所不能穷也。可以言论者，物之粗也；可以意致者，物之

---

① （德）尼采《偶像的黄昏》，湖南人民出版社1987年，第4页。

精也；言之所不能论，意之所不能察致者，不期精粗焉。(《秋水》)

这里是说，语言仅可描述、议论事物较为显著的外在物象，而构成事物的那些细小精微的内在成分，则只能靠心意去领会。但是，问题的关键在于，"意"与"言"是断裂开的，即如庄子所说："语之所贵者意也，意有所随。意之所随者，不可以言传也"(《天道》)。所以，即使人们凭着心意领会了事物的内在精微，也不可能用语言把它表达出来。归结到根本上就是，如果人们在认识活动中试图凭借语言去状述、议论事物，则只能获得对于事物表面的粗浅认识，而不能深入透析事物本质的内在精微。

再进一步看，此处的"粗"与"精"还仍然局限于有形迹的东西："夫精粗者，期于有形者也。"庄子认为，在事物的有形存在背后还有"无形者"存在（我们无妨把有形理解为事物的现象存在，把无形理解为事物的本体或规律，例如道）。"无形者"不仅是事物中最为本质的方面，而且也是人们最终希望认知的因素。但是，我们依靠语言却无法把握它，因为不仅语言，即使是心意也对它无能为力："言之所不能论，意之所不能察致者，不期精粗焉。"所以，"道物之极，言默不足以载"。这里的"默"即是一种无"言"惟"意"的意识状态。对于语言和知识的效能，我们最大的期望最多只能是："言之所尽，知之所至，极物而已"(《则阳》)，欲凭借语言去"极道"——获得对万物之本体或规律的通透把握——则绝无可能。

再次，从认知活动的某一主体所具有的主观局限性来看，人们也不可能如其所是地获得对事物的真切认识。这是因为在认知活动之前，人人都已先行地具有了判断是非真伪的标准——庄子称之为"成心"，这就使得人们不可能无偏见地认识事物纯粹的本然。庄子说：

夫随其成心而师之，谁独且无师乎？奚必知代而心自取者有之？愚者与有焉。(《齐物论》)

由于"成心"的作用和影响不可能消除，主体便会在认知活动中彰显自我之是非，造作一己之私爱，其不可避免的结果便是对事物认识的混乱矛盾和价值判断的相对多变，而认知活动真正要把握的事物之自在本然，便在由此产生的不休争执中愈加被人们疏远了。可见，"成心"是人们不能获得真知的根本原因之一。

不惟如此，"成心"还使人们把狭隘的自我偏见错误地当作符合事物之本然的唯一真知，①并陷入纷纭的争辩之中，而在人们的所知和能知皆有限的前提下，以语言为工具的辩论自然也更不可能解决问题："知之所不能知者，辩不能举也"（《徐无鬼》）。我们常说：真理愈辩愈明。这句话对庄子完全不适用，因为在他看来，众说纷纭之言辩除了愈加遮蔽大道外，根本没有任何意义，②遑论真理是否存在也许还是个问题！

比较庄子对"成心"的批评与笛卡儿对天赋观念的肯认，可以发现，他们对人的先在的自我精神结构的态度是完全相反的。

在打掉人类对于其知识和能力之盲目自信和虚妄自大的同时，庄子其实已经从根本上触及到了人类存在的有限性：人类之所知所能的限制，归根结底是因为人类存在的限制。

在《秋水》篇中，庄子借北海神之口明确告诉世人，人类在宇宙间的存在其实是极为渺小的，那种被视为当然的以人类自身为中心的世界秩序其实是极为荒唐可笑的：

> 井蛙不可以语于海者，拘于虚也；夏虫不可以语于冰者，笃于时也；曲士不可以语于道者，束于教也。今尔出于崖涘，观于大海，乃知尔丑，尔将可以语大理矣。天下之水，莫大于海，万川归之，不知何时止而不盈；尾闾泄之，不知何时已而不虚；春秋不变，水旱不知。此其过江河之流，不可为量数。而吾未尝以此自多

---

① 参阅邓联合《论庄子的"无知"、"不知"思想》，《中州学刊》1997 年第 4 期。
② 在《齐物论》中"既使我与若辩矣……然则我与若与人俱不能相知也，而待彼也邪？"一段，庄子对"辩"的局限性进行了精彩的驳议和揭示。

者,自以比形于天地而受气于阴阳,吾在于天地之间,犹小石小木之在大山也,方存乎见少,又奚以自多!计四海之在天地之间也,不似礨空之在大泽乎?计中国之在海内,不似稊米之在大仓乎?号物之数谓之万,人处一焉;人卒九州,谷食之所生,舟车之所通,人处一焉;此其比万物也,不似豪末之在于马体乎?(《秋水》)

人若从自己的一隅出发去认识广大无边的世界,便难免会产生基于自我"成心"的一隅小知,并自以为是、自以为大、自以为美,从而洋洋自得。同样,正如河伯因秋水之盛而"以天下之美为尽在己"一样,人如果把自身所处的一隅看作全部的世界,并因此把自身当作世界的中心,也必将"见笑于大方之家"。可笑的原因就在于:"彼其物无穷,而人皆以为有终;彼其物无测,而人皆以为有极"(《在宥》)。

无论人类怎样无知而自信,一隅毕竟只是一隅,而不是浩瀚无涯的全部世界,正如同一隅小知根本不是对宇宙全体实相的真切认识一样。所以,庄子充满鄙夷地说:"且夫知不知论极妙之言而自适一时之利者,是非坞井之蛙与?"以小知为真知,"是直用管窥天,用锥指地也";人们如果以自我为中心并把其逼仄的一隅当作唯一或全部的世界,也正如同井蛙、夏虫一样,"不亦小乎"!

庄子消解以人类为中心的万物存在秩序的利器是其独特的"齐物论"思想。许多学者指出,《庄子·齐物论》之篇题可以有两种读法:齐"物论"与"齐物"论。前种读法强调该篇内容探讨的是各种关于万物之存在及其关系的不同议论——重在齐"论";后种读法强调该篇内容探讨的是万物之存在及其关系问题——重在齐"物"。前者可归结为知识论以及价值论问题,庄子认为,各种关于万物之存在及其关系的不同议论是齐一的,相互之间并无是非真伪之别,它们都是出于不同"成心"的一孔之见。后者则属于存在论问题,庄子认为,万物的存在是齐一的,相互之间并无大小贵贱之别,它们在天地间皆有其存在依据和价值。陈少明在以上二义之外,认为《齐物论》还包含第三义,即齐物我:"齐物我是前二者的深化,它所涉及的心物关系不是认识论而是生存论问题……它是导向另一种生活方式的信念基础。"① 实际上，这种看法实是多余，因为我亦是一物，所以"齐物"本来就包含齐物我之义。若从庄子思想之大旨看，"齐物论"当兼具存在论、知识论和价值论三义。

在指出人只是渺小一物而并非世界的中心之后，庄子进一步指出，在现象层面上，人作为普通之物，原是与其他事物相互依待而存在的：

> 物无非彼，物无非是。自彼则不见，自知则知之。故曰彼出于是，是亦因彼。……因是因非，因非因是。是以圣人不由，而照之于天，亦因是也。是亦彼也，彼亦是也。彼亦一是非，此亦一是非。果且有彼是乎哉？果且无彼是乎哉？彼是莫得其偶，谓之道枢。（《齐物论》）

正是在与其他事物的差异比较中，或者说，正是因为同时存在着与自我不同的他者（他物），包括人在内的每一事物才获得了其自身存在的独特性。以某一物为中心，万物皆自是而他彼；而从宇宙全体（"天"）或本体之道的角度看，万物皆互为彼此，"相反而不可以相无"（《秋水》），或者说无所谓彼此。彼此之别本质上是万物各自以自我为中心的结果——"道行之而成，物谓之而然"（《齐物论》），是万物为确立自我中心而用以观察、理解甚或寻找、制造他者的思维策略。后现代主义哲学的一个显著特征是"祛中心化"，庄子对事物之间彼此身份界限的消融，似亦有见于此，当然，庄子的重点是在批评人类中心主义。

庄子认为，在现象层面上，万物若以自我为中心来处理我他关系，不可避免地容易导致万物皆以自我为大、为贵、为寿而以他者为小、为贱、为夭的后果：

> 以物观之，自贵而相贱……以差观之，因其所大而大之，则万

---

① 陈少明《〈齐物论〉及其影响》，北京大学出版社2004年，《引言》第5页。

物莫不大；因其所小而小之，则万物莫不小；知天地之为稊米也，知毫末之为丘山也，则差数睹矣。(《秋水》)

天下莫大于秋毫之末，而大山为小；莫寿于殇子，而彭祖为夭。(《齐物论》)

如此，则似乎惟有处于世界之中心的自我才拥有圆满自足的存在形态。而在庄子看来，建立于自我中心主义基础之上的差异格局，如同天籁与地籁、人籁的关系一样，实质上是万物在宇宙大生命的不息流转之中分别自我执取的结果："夫吹万不同，而使其自己也，咸其自取"(《齐物论》)。决定某一事物在此种格局中之特质和地位的，不是其自身被宇宙大化所赋予的本然存在样式，而是后来被从外部、人为地加之于其上的差异关系范畴："自其异者视之，肝胆楚越也；自其同者视之，万物皆一也"(《德充符》)。既然事物在此种格局中所具有的特质以及与他者的关系完全取决于他（它）被从外部加以审视的眼光、被对待的方式，那么，事物由此而获得的大小、贵贱等规定也就完全是虚幻的，因为这些规定并不能反映事物本然的生命内涵和存在价值。

从根本上（从无偏倚的"天"或道的角度）看，在现象层面上相互依待的万物各自都有其存在的天赋尺度，各自都有其自足的天性和圆满的生命形态。质言之，万物平等。庄子说：

有自也而可，有自也而不可。有自也而然，有自也而不然。恶乎然？然于然。恶乎不然？不然于不然。恶乎可？可于可。恶乎不可？不可于不可。物固有所然，物固有所可。无物不然，无物不可。(《齐物论》)

在庄子哲学中，万物各自不同而又分别自足圆满的存在形态被认为是来自于"天"（宇宙）或道，换言之，万物在"天"或道面前都是平等的："故为是举莛与楹，厉与西施，恢恑憰怪，道通为一"(《齐物论》)；"以道观之，物无贵贱"(《秋水》)；"万物殊理，道不私"(《则阳》)。《知北游》篇有一段有名的对话,东郭子问庄子:"所谓道,恶乎在?"庄子答曰:道在蝼蚁、在稊稗、在瓦甓、在屎溺,总之,道无所不在。作为存在本体和价值本体,道在万物之中,这意味着万物皆有其存在的终极依据和意义,高低、贵贱并不是万物本来的生命蕴涵,而是世俗强加的虚饰——"以俗观之,贵贱不在己"(《秋水》),它们显然不能抹杀万物本来平等的天性和真相。

在现实世界中,从道那里获得其存在之形上依据的生命各自拥有不同的技能:

> 骐骥骅骝,一日而驰千里,捕鼠不如狸狌,言殊技也;鸱夜撮蚤,察毫末,昼出瞋目而不见丘山,言殊性也。(《秋水》)
>
> 子独不见狸狌乎?卑身而伏,以候敖者;东西跳梁,不辟高下;中于机辟,死于罔罟。今夫斄牛,其大若垂天之云。此能为大矣,而不能执鼠。(《逍遥游》)

斯宾诺莎说过:"万物自其本身之天性和能力观之,皆圆满无缺,并不因其对人有益而圆满,有害而缺陷。"[①] 也就是说,万物之天赋本性和能力是自足的,它们服从于万物自身而非人的生存需要。庄子也认为万物皆有其天赋能力,并且不同技能之间没有高下之分,所谓尺有所短、寸有所长,大有大的用处、小有小的用处,亦即各种技能之间是相互齐同而不可替代的:

> 万物一齐,孰短孰长?(《秋水》)

关键是不能恃己之所能以傲视他物,——腾跃翱翔于蓬蒿之间的斥鴳嘲笑"抟扶摇羊角而上"的大鹏,其自身的可笑卑陋之处,正在于其狭隘的自我中心主义。

[①] 转引自(英)李约瑟《中国古代科学思想史》,江西人民出版社1999年,第56页之脚注③。

从庄子通过消解万物之差等秩序而凸显的万物平等的基本价值立场出发，我们不难得出如下结论：人类并不是世界的中心，不是存在秩序和价值秩序的立法者、主宰者。推而言之，人类只是万物中的普通一族，因此他不能自以为是地把他的生活方式和价值尺度强加于其他生命。

例如，庄子说：

> 咸池、九韶之乐，张之洞庭之野，鸟闻之而飞，兽闻之而走，鱼闻之而下入，人卒闻之，相与还而观之。鱼处水而生，人处水而死，彼必相与异，其好恶故异也。（《至乐》）
>
> 民湿寝则腰疾偏死，鳅然乎哉？木处则惴栗恂惧，猿猴然乎哉？三者孰知正处？民食刍豢，麋鹿食荐，蝍蛆甘带，鸱鸦耆鼠，四者孰知正味？猿猵狙以为雌，麋与鹿交，鳅与鱼游。毛嫱、丽姬，人之所美也，鱼见之深入，鸟见之高飞，麋鹿见之决骤。四者孰知天下之正色哉？（《齐物论》）

对于后一段话，李约瑟评论说："在研究自然界可怕或恶心的现象时，如除去人类的私心和弱点；在接近大自然时，如能摆脱道德的标准和成见，我们就会发现人类的种种标准，在人的世界之外，是毫无意义的。"① 作为一个科学家，李约瑟是从研究自然界的知识论角度批评人类的本性缺陷和道德偏见，而实际上庄子的本意"是要揭示世界万物瓦解人的存在等级意识这个意义上的平等"。② 合而言之，以上两段引文的言下之意是：任何一种形式的生命都有其不容剥夺的存在和成长的正当性，因此，只要出于其自身天性，任何一种生命的生活样式和价值尺度都是"正音"、"正处"、"正味"和"正色"，天下原本没有适用于所有生命形式的唯一生活样式和价值尺度。

进而，庄子认为，如果人类自以为是地把他的生活观念视为最合理

---

① （英）李约瑟《中国古代科学思想史》，江西人民出版社1999年，第57页。
② 颜世安《庄子评传》，南京大学出版社1999年，第226页之脚注。

的生活范式,并自作聪明地将其施加于其他生命,必将造成对其他生命的伤害。为说明这个道理,庄子讲述了一个寓言故事:

> 昔者海鸟止于鲁郊,鲁侯御而觞之于庙,奏九韶以为乐,具太牢以为膳。鸟乃眩视忧悲,不敢食一脔,不敢饮一杯,三日而死。此以己养养鸟也,非以鸟养养鸟也。(《至乐》)

"以己养养鸟"的结局说明,人类的所恶所好不等于其他生命的所恶所好——其实这也是人的局限性之一,所以人类不应把其所恶所好滥施给其他生命,哪怕是出于善良的动机。如若真正为其他生命考虑,人类就应当彻底放弃自我好恶,顺应并满足他者的生命欲求,例如:"夫以鸟养养鸟者,宜栖之深林,游之坛陆,浮之江湖,食之鳅,随行列而止,委蛇而处"(《至乐》)。

应当说,承认万物皆有其生存的正当性,在中西思想史上都是一个古老的传统。例如,古希腊哲学家阿那克西曼德认为,神(或无限者)所创造的每一事物皆有其生存的权利和空间,如果某一事物为了自身的存在,执拗地想超出神为它的存在界定的尺度,"占据了他者的空间,阻碍了它们生的可能性",这不仅会给其他事物带来"罪过",而且它自身也犯了"罪",所以必将受到神的惩戒和处罚,即被神所消灭。[①] 这种观念近乎《老子》七十七章所云:"天之道,其犹张弓欤?高者抑之,下者举之,有余者损之,不足者补之。天之道,损有余而补不足。"

近代以来,在强大的技术力量的武装下,人类似乎变得无所不知、无所不能,凭借着对于万物的片面知解,人类越发蛮横地把其生命意志强加给其他存在物。在《无声的春天》一书中,R.L.卡尔森在描述自然环境的破坏、各种动植物的异常表现和病态现象之后,愤怒谴责道:"不是凶恶的魔法,也不是敌人的侵袭把这个惨遭蹂躏的世界的新生扼

---

① (德)威廉·魏施德《后楼梯:大哲学家的生活与思考》,华夏出版社2000年,第9页。

杀于萌芽状态。这是人类自己造成的。"① 相比之下，F. 厄尔克在弗赖堡大学一九五七年的校庆演讲中说过的一段话则更为发人警醒：

> 对于动、植物而言，人是地道的恶魔般的东西，他以占优势的可怕权势专横跋扈。他在他所喜欢的地方，以他所喜欢的方式种植物，又随心所欲地把它毁掉。他按自己鼠目寸光的判断去改变它，因为他肤浅地掌握事物变化的规律，而这些规律默默地服从他。但是，人对托管的行星竟恣意妄为。破坏的程度令人发指、无可挽回，有朝一日，他自己也必然因此而遭毁灭。②

如果人类不能平等对待其他存在物，尊重其生存权利，谁能保证未来他不会因为遭到自然的报复而走向毁灭呢？若不幸如此，那果真就应了阿那克西曼德的神秘预言：人类将以其自身的灭亡来赎对其他存在物所犯的罪。

如上所述，在怎样对待其他生命的问题上，庄子主张"不一其能，不同其事"（《至乐》），即尊重他者的生存权利，顺从他者的所恶所好，不按照人类的方式刻意规制他者，更不以人类之所恶所好强暴其他生命的本然意愿；如若不然，那不仅将会戕害万物的生命，而且也再一次暴露了人类的自大和无知。而如果人类能够摆脱自我中心主义，实现对其自身存在及所知所能之限制的充分自觉，并由此"突破主观的局限性与执着性，以开敞的心灵观照万物"，③那么他就会发现，在永无休止的大化流行中，人类的存在只是白驹过隙般的短暂一瞬；在种类无量、样态生动的天地万物中，人类只是其间普通平等的一员。

万物平等的宇宙秩序，客观上要求人类平等对待其他存在物，——人类能做到这一点吗？他情愿这样做吗？他又该怎么做？

---

① （德）狄特富尔特等编《哲言集：人与自然》，三联书店1993年，第212页。
② 同上，第210页。
③ 陈鼓应《庄子今注今译》，中华书局1983年，第410页。

第二节 天人合一与万物逍遥

《荀子·解蔽》批评庄子"蔽于天而不知人"。在儒家的立场上，荀子的批评是有道理的，因为从某种意义上说，庄子确实希望消融掉人区别与他物的异质性（例如儒家所强调的社会道德属性），而把人作为天地万物中的普通一员来处置。《大宗师》篇说："今大冶铸金，金踊跃曰'我且必为镆铘'，大冶必以为不祥之金。今一犯人之形，而曰'人耳人耳'，夫造化者必以为不祥之人；""畸人者，畸于人而侔于天。故曰，天之小人，人之君子；天之君子，人之小人也。"这就是说，人类从自身出发，总是要突出他在天地万有中的独特性和优越性，并追求其理想生活范式的实现。但若从宇宙大化的宏阔视角来看，符合人类之所欲所求的生活范式却并不符合宇宙对万物的本然规定，自以为独特、优越的人类对于整个宇宙以及其他存在物来说也并非吉祥之物；并且，人类愈是追求其生活理想、愈是突出其特异之处，宇宙大化就愈有可能对人类加以裁制，以迫使其回归与万物处于平等齐同关系的本然状态。在庄子看来，无论人类是否自觉意识到，也无论人类采取怎样的方式对待自身以及他物，人类从根本上说并没有什么特异之处，他只是宇宙中的普通一物，无论他如何张扬自身，最终仍是要被纳入到宇宙大生命的无驻流转之中，借用《大宗师》篇的话说就是："其一也一，其不一也一。"

从宇宙大化的角度出发，庄子把与天合一作为人类生命的终极归宿；基于万物平等的价值理念，庄子则强调人与天地万物的天然亲缘。一言以蔽之，"天地与我并生，而万物与我为一"（《齐物论》）。

在道家思想内部，老子主要从作为最高本体或作为天人之本质规定的道的方面阐明天与人的合一，而庄子则主要从构成万物的原质角度说明天人的统一性。[①] 具言之，在庄子那里，天人之所以能合一、人与万物之所以存在着天然亲缘，是因为"气"是构成所有存在物的相同

[①] 邓联合《天人合一：从原始信仰到理性精神》，《徐州师范大学学报》1997年第2期。

质素：

> 夫春气发而百草生，正得秋而万宝成。（《庚桑楚》）
>
> 天气不和，地气郁结，六气不调，四时不节。今我愿合六气之精以育群生……（《在宥》）
>
> 生也死之徒，死也生之始，孰知其纪！人之生，气之聚也；聚则为生，散则为死。若死生为徒，吾又何患！故万物一也，是其所美者为神奇，其所恶者为臭腐；臭腐复化为神奇，神奇复化为臭腐。故曰"通天下一气耳。"（《知北游》）
>
> 至阴肃肃，至阳赫赫；肃肃出乎天，赫赫发乎地；两者交通成和而物生焉，或为之纪而莫见其形。……生有所乎萌，死有所乎归，始终相反乎无端而莫知乎其所穷。（《田子方》）
>
> 察其始而本无生，非徒无生也而本无形，非徒无形也而本无气。杂乎芒芴之间，变而有气，气变而有形，形变而有生，今又变而之死。是相与为春秋冬夏四时行也。（《至乐》）

第五段话把思维触角探伸到了"气"存在之前的宇宙混沌状态，认为宇宙之原初"本无气"，"气"是从"芒芴之间"变生出来的，似乎与其他三段引文有细微差别。这可能是由于不同文本出自庄子学派的不同学者之手的缘故。不过从总体上看，这种差别并不影响其"气"论思想的一致之处："气"存在于宇宙中，它是构成"百草"、"群生"的相同质素。原本无形的"气"有两种变化形式：当它聚集起来时，就会产生有形之物；当它散去之后，有形之物就会消失。"气"有时又被分为阴、阳二种，除了上述引文外，庄子还说："阴阳者，气之大者也"（《则阳》）；"自以比形于天地而受气于阴阳"（《秋水》）。从具体事物的角度看，有形为生、无形为死；而从"气"的角度看，物之"已化而生，又化而死"只不过是"气"的"不形之形，形之不形"的聚散运动的结果（《知北游》），这个过程类似于"气"之运动所经历的春夏秋冬一个轮回。相比于具体事物之生命存在的短暂有限，"气"的存在和运动则是永恒无限的。

按照庄子"自其同者视之,万物皆一也"的说法(《德充符》),既然万物皆由"气"构成,"气"是其生之所本、死之所归,那么,具有各种不同外在形态的万物之间的分限也就消泯了。庄子说:

> 泰氏,其卧徐徐,其觉于于;一以己为马,一以己为牛。(《应帝王》)
>
> 假于异物,托于同体;忘其肝胆,遗其耳目;反复终始,不知端倪。(《大宗师》)
>
> 昔者庄周梦为胡蝶,栩栩然胡蝶也,自喻适志与!不知周也。俄然觉,则蘧蘧然周也。不知周之梦为胡蝶与,胡蝶之梦为周与?周与胡蝶,则必有分矣。此之谓物化。(《齐物论》)
>
> 种有几……颐辂生乎食醯,黄軦生乎九猷,瞀芮生乎腐蠸。羊奚比乎不箰,久竹生青宁,青宁生程,程生马,马生人,人又反入于机。万物皆出于机,皆入于机。(《至乐》)

最后一段话(原文较长,此处未全引)依次描述了不同物类之间递相演生的环节和过程,李约瑟评论说,"道家一定对昆虫变态的现象非常熟悉","道家所津津乐道者似乎接近后代的演化论,他们坚决地否定生物种类的固定性"。[①] 若以严格的现代科学的眼光看,这不过是子虚乌有的天真猜测。然而,笔者以为,其中却透露出了一个值得重视的思想信念:万物不仅同源共生,而且不同物类之间还存在着连续不断的亲缘之链。这种信念不仅可以从现代生态学的立场去做积极理解,[②] 而且更应当从超越人类一己的生命哲学的宏大视域去深入阐发。

从万物同源同体的角度说,当"气"因其原先暂寄之某一物形的死

[①] (英)李约瑟《中国古代科学思想史》,江西人民出版社1999年,第91—92页。
[②] 周瀚光认为,庄子描绘的生物"从简单到复杂、由低级到高级的进化历程,与现代科学所揭示的生命起源、物种进化的理论并不相违"。(黄山文化书院编《庄子与中国文化》,安徽人民出版社1990年,第347页)

亡而返归无形之体后，又会转而成为构成另一物形的质料，所以，一物的消亡实则意味着另一物的同时化生，而永无止息的宇宙大生命则是由无数的生起死灭、相即无断的过程串接起来的。庄子认为，若能洞明生命万有之本相，人类身处万物之中就不再是特异孤独的，因为他不再对异类的有情无情之物发生隔离感。泰氏之所以混同自我与牛马，庄子之所以不辨"周与胡蝶"，子桑户、孟子反、子琴张之所以"假于异物，托于同体"而"忘其肝胆，遗其耳目"，个中奥妙，即在于此。在这种被庄子称为"物化"的理想生命境界中，人类与他物的关系不是陌生的，而是亲近甚至可以说是一见如故的。宋儒张载《西铭》中有一段名言："故天地之塞，吾其体；天地之帅，吾其性。民，吾同胞；物，吾与也。"① 所谓"天地之塞"者即是指作为万有之共同本体的（太虚无形之）"气"。正是在这个意义上，张载把自我、他人和他物视为具有内在亲缘关系的"同胞"。显而易见，这是对庄子思想的儒家化发挥，或者说是庄子之"气"论辗转流传的儒家形态。

既然人的生命受造于天地之"气"，那么，天地或"气"就可以在本源的意义上被称为人之生身父母："彼特以天为父，而身犹爱之……"；"阴阳于人，不翅于父母"（《大宗师》）。进而，庄子提出，生死于天地之中的人若能觉悟于此，即可获得一种深情恬适的生命归属感：

夫大块载我以形，劳我以生，佚我以老，息我以死。故善吾生者，乃所以善吾死也。（《大宗师》）

……是之谓真人。若然者，其心志，其容寂，其颡頯，凄然似秋，暖然似春，喜怒通四时，与物有宜而莫知其极。（《大宗师》）

知天乐者，其生也天行，其死也物化。静而与阴同德，动而与阳同波。故知天乐者，无天怨，无人非，无物累，无鬼责。（《天道》）②

---

① 《张载集》，中华书局1978年，第62页。
② 《刻意》篇也有几乎相同的文字："圣人之生也天行，其死也物化；静而与阴同德，动而与阳同波。"

> 汝身非汝有也，……是天地之委形也；生非汝有，是天地之委和也；性命非汝有，是天地之委顺也；孙子非汝有，是天地之委蜕也。（《知北游》）

天地作为人的父母，不仅给予人以与天地同质的身体，而且还赋予人以与之相似的行为方式以及与之相通的情感发动方式。天地又是人终极的家园和任何时候都可以转身返归的安顿之所，它无私地承载、容纳着生死劳息于其中的人和万物。明乎此，则人生天地间就不复是一个游荡无根的异乡者，而是无时不在家中，个体生命的消亡也就不再被认为是堕入绝对虚无的黑暗深渊，而是值得期待的永恒的回家。庄子说："彼方且与造物者为人，而游乎天地之一气。彼以生为附赘悬疣，以死为决疣溃痈，夫若然者，又恶知死生先后之所在"（《大宗师》）！"彼"是指洞见了生命真相的"真人"，他不仅对死亡全然没有厌恶、畏惧之情，而且混同生死并把死亡当作是蜕祛暂驻之人形、返归永恒之"气"的绝好契机：

> 解其天弢，堕其天袠，纷乎宛乎，魂魄将往，乃身从之，乃大归乎！（《知北游》）

因此面对死亡，"真人"没有悲痛、没有恐惧，他只有坦然的顺受，甚或他心中还会油然而生一种将要回家的欣幸，正如张载《西铭》所说："乾称父，坤称母。余兹藐焉，乃浑然中处。……存，吾顺事，没，吾宁也。"①

必须明确的是，庄子之混融物我并不意味着他主张人要退回到非人的存在状态中去，而其所谓齐同生死也绝不意味着他向往死亡或认为生不如死。关于此中的思想意蕴，陈鼓应先生正确指出："从一个同质的概念来观看宇宙万物，心怀开阔，思想博大，视天地万物为一。……天

---

① 《张载集》，中华书局1978年，第62—63页。

人的关系在庄子眼里不是对立的,而是天中有人,人中有天,这就是同类感,并由此而产生'齐物'的观点。……生来死归,为自然变化的必然结果,大可不必系怀。"① 若推进一层说,庄子希望在揭明并且提醒人类不要忘记万有之生命本相的基础上,敦促人类要亲近、敬畏天地自然并学会尊重、善待他物,因为那是原本与我们息息相通的家园、父母和同胞。

从历史演进的起点看,人与天地自然的合一实际上是人类最初始的生存状态。当人还没有产生自我主体意识时,还没有藉此从整个自然界中分化独立出来时,人就只是自然万物中普通的一物,这时的人还称不上是"万物之灵长",因为他与自然万物还是混沌一体的。

不仅如此,从人类思想的逻辑起点看,天人合一也是人类最"古老的神学观念"。② 例如,仰韶文化遗址出土的一个陶盆,它的内壁上部绘有人面、鱼纹、花纹的组合图形,在两条自由游动的鱼儿之间有两个呈圆形的人面纹,人面纹的上部和下部的左右两侧有呈三角形的花纹。这些花纹与人面纹密合无缝,构成统一的整体,人面的眉端部位又有两条若即若离的小鱼分列左右。关于这件作品的文化意蕴,我们可以从人类学、美学、宗教学、民俗学等学科角度做出不同的解释,"然而,图形所直接表达的乃是人与自然的交融。人已溶化于自然的花、水、鱼之间,而这些事物又都包括了人的身影——甚至可以说是人的精灵。"③ 这正是人与自然相互交融、和谐统一状态的观念再现。又如,美洲的印第安人有一种祭祀的舞蹈,全村或者全部落的成员都穿上兽皮,模仿他们赖以为食的动物的习惯和动作,手舞之、足蹈之。"他们显然有一种模糊的看法,仿佛通过这种动物的生活方式,他们就能促进它的繁衍。"④ 很显然,这种带有鲜明目的性的祭祀舞蹈必须具备一个根本性的观念前提,即:人与其他生命体是可以相感、相通的,而这也正是人与自然万

---

① 陈鼓应《老庄新论》,上海古籍出版社1992年,第174页。
② 参阅李申《中国古代哲学和自然科学》,中国社会科学出版社1993年,第189页。
③ 晁福林《天玄地黄:中国上古文化溯源》,巴蜀书社1990年版,第61页。
④ (美)E. M. 伯恩斯、P. L. 拉尔夫《世界文明史》(第一卷),商务印书馆1987年,第22页。

物合一观念的表现形式。

同样，在庄子这里，远古时期人与自然和谐相处的美好生活状态也曾被他屡屡提及：

> 故至德之世，其行填填，其视颠颠。当是时也，山无蹊隧，泽无舟梁；万物群生，连属其乡；禽兽成群，草木遂长。是故禽兽可系羁而游，鸟鹊之巢可攀援而窥。夫至德之世，同与禽兽居，族与万物并，恶乎知君子小人哉！（《马蹄》）
>
> 神农之世，卧则居居，起则于于，民知其母，不知其父，与麋鹿共处，耕而食，织而衣，无有相害之心，此至德之隆也。（《盗跖》）
>
> 古之人，在混芒之中，与一世而得澹漠焉。当是时也，阴阳和静，鬼神不扰，四时得节，万物不伤，群生不夭，人虽有知，无所用之，此之谓至一。当是时也，莫之为而常自然。（《缮性》）

在这个天人真正合一的"黄金时代"，人或许有用物之事，但确乎无伤物之心，所以不仅人类生活得天真无邪、无忧无虑，万物也可以自由成长、各遂其生。庄子把这种人与万物和谐共处而皆逍遥自得的生存状态称为"天放"（《马蹄》）。此时，人类的心智和技术力量显然还是十分贫弱的（"山无蹊隧，泽无舟梁"），而其社会化程度也显然还处于较为原始的水平（"恶乎知君子小人哉"、"民知其母，不知其父"），这时的人类当然还不可能把自己看作万物的主人。

但是，随着人类之智力以及社会组织的不断进化，他逐渐开始通过利用工具的劳动去探索、改造、主宰自然万物，而其自身也慢慢地从被自然所完全涵括包容的混沌状态下挣脱独立出来，并逐渐确立、强化他在自然界中的主体统治地位。

随之而来的是，天人合一这种人与万物皆逍遥"天放"于自然母亲怀抱中的和美生活状态也就永远消逝了。《庄子》内篇之末有一则意味深长的寓言：

>南海之帝为儵，北海之帝为忽，中央之帝为浑沌。儵与忽时相与遇于浑沌之地，浑沌待之甚善。儵与忽谋报浑沌之德，曰："人皆有七窍以视听食息，此独无有，尝试凿之。"日凿一窍，七日而浑沌死。（《应帝王》）

浑沌养育了儵、忽，儵、忽却转而害死了浑沌，庄子似乎借此说明，人类注定要走出素朴自然的生活状态，注定要背叛、残害那生养了他的天地母亲，而浑沌之死则意味着人类生活曾经的黄金时代从此将一去不复返了。该寓言的象征意义极为类似于亚当、夏娃因违背上帝的意旨而被永远地驱逐出伊甸园。

值得注意的是，庄子认为，浑沌死亡"悲剧"的酿成是由于儵、忽的自作聪明，以及二者按照人的样式——而枉顾混沌自身的特质——强行雕凿浑沌的结果。所以，通过深度解读这则寓言，我们不难发现其中包涵的隐秘的历史意蕴：人类之走出混沌状态，乃是由于其心智的进步、自我中心意识的确立以及由此按照私意私智开展的技术活动。

人类心智的进步、自我中心意识的确立、技术活动的开展，福耶？祸耶？欲回答这个问题，首先要选定我们判断的角度是人还是天地万物。从人的角度说，上述历史进程或许会被认为是一种"进步"，因为它在一定程度上意味着人类福祉的愈加丰厚，而这也恰是迄今为止我们判断一切善恶吉凶的主导价值尺度。

庄子的出发点不仅是人，而更是包含着人在内的天地万物。在此立场上，庄子认为，上述历史进程实在不是什么值得欢欣之幸事，因为，正是由于人的力量的强大以及人的宰制者地位的确立，天地万物才开始陷入深重无边的灾殃之中：

>乱天之经，逆物之情，玄天弗成；解兽之群，而鸟皆夜鸣；灾及草木，祸及止虫。噫，治人之过也！（《在宥》）
>上诚好知而无道，则天下大乱矣。何以知其然邪？夫弓弩毕弋机辟之知多，则鸟乱于上矣；钩饵罔罟罾笱之知多，则鱼乱于水

矣;削格罗落罝罘之知多,则兽乱于泽矣……故上悖日月之明,下烁山川之精,中堕四时之施;惴耎之虫,肖翘之物,莫不失其性。(《胠箧》)

广成子曰:"而所欲问者,物之质也;而所欲官者,物之残也。自而治天下,云气不待族而雨,草木不待黄而落,日月之光益以荒矣……。"(《在宥》)

这是一幅令人感到触目惊心的群生伤性、日月黯淡、四时失序的灾难场景,非是与天地万物心神相通相感如庄子者,断断察觉不到。关于第二段引文,有学者评论说:"这可以说是中国最早的保护生态平衡的理论了,然而它也是以反对机械和技术的面目出现的。"[1] 此论当则当矣,但亦显得过于简单,因为庄子的批评实则包含更深的意义。

笼统来看,万物之祸乱是由人类造成的,而以上引文中的三个关键词则可以帮助我们更加深入地理解庄子在此问题上的看法。

其一是"知":如前所论,技术建基于知识之上,知识的进步会导致人类技术力量的强大,而庄子此处认为,对其他生命构成伤害的恰恰是人类的技术智慧或技术装置,例如所谓"弓弩毕弋机辟之知"、"钩饵罔罟罾笱之知"、"削格罗落罝罘之知"。这种智慧被庄子称为"无道之知"("好知而无道"),即违背天道自然规律并且不具有(超越人类一己的)价值属性的工具性智慧——道在庄子那里既是存在本体又是价值本体,它兼有万物本原、普遍规律和终极价值之意。人类运用技术智慧或技术装置的目的是为其自身的物质生活服务(捕获鸟、鱼、兽),但是如果这种"无道之知"泛滥到一定程度("多"),则万物的自在生存状态必将被严重搅乱。

其二是"治":治理天下者皆打着为群生着想、希望实现天下太平的旗号,但是在庄子看来,把本来处于"天放"状态中的群生作为治理对象根本就是荒唐悖理之举,因为群生自在自足、自然和乐,根本不需

---

[1] 黄山文化书院编《庄子与中国文化》,安徽人民出版社1990年,第350页。

要什么"治","治"纯属多余。并且,治天下者皆必有其私欲,而他治天下之目的也仅仅是为了实现、扩张其一己之私利;加之,利欲熏心之下,其治理措施又根本不可能符合治理对象的本性和要求。所以,治天下、理群生的结果必然是乱天下、害群生,使"天下将不安其性命之情"(《在宥》)。

其三是"官":"官"者,宰制、统治也,它意味着一种不对称、不平等因而也不合理的关系或秩序。在这种关系格局中,我是中心、是强者、是目的、是某种单向性控制力量的发动者、掌握者和运用者,他者或他物是边缘、是弱者、是可以被操控的工具、是应当被支配或改造的对象。庄子坚决反对这种后设的万物之间的差等关系格局,因为万物本来平等,天地间根本不存在也不需要一个自以为有权力去宰制万物的官长,所有"欲取天地之精,以佐五谷,以养民人"且"欲官阴阳,以遂群生"的官长(《在宥》),本质上都是万物灾殃的制造者。

暂时抛开其社会批判意义不论,庄子所抨击的"知"、"治"及"官"实质上具有技术思维和技术活动的典型特征:人类自我是强势主体;自然万物之身份仅仅被定位为具有某种实用价值的对象;为满足自我需求,人类可以按照某种方式,通过利用工具的活动去改造、支配并最终利用自然万物。在此过程中,他物之被注意、被认识以及被展示者,只是它对于人类有价值的那些方面。这与海德格尔对现代技术的批判是极为相似的。海德格尔认为,技术在今天已经强大到了成为我们理解和对待一切存在物的唯一框架(Gestell)的地步。在这种框架中,自然物仅仅被处置为人类可以利用的原料或能源等。他说:"在现代技术中起支配作用的解蔽乃是一种促逼,此种促逼向自然提出蛮横要求,要求自然提供本身能够被开采和贮藏的能量。"① 海德格尔举例解释说:

……某个地带被促逼入对煤炭和矿石的开采之中。这个地带于是便揭示自身为煤炭区,矿产基地。农民先前耕作的田野的情形则

---

① 孙周兴选编《海德格尔选集》(下卷),上海三联书店1996年,第932—933页。

不同;这里"耕作"还意味着:关心和照料。农民的所作所为并非促逼耕地。在播种时,它把种子交给生长之力,并且守护着种子的发育。但现在,就连田地的耕作也已经沦于一种完全不同的摆置着自然的订造的漩涡中了。它在促逼意义上摆置自然。于是,耕作农业成了机械化的食品工业。空气为着氮料的出产而被摆置,土地为着矿石而被摆置,矿石为着铀之类的材料而被摆置,铀为着原子能而被摆置……①

对于土地、空气、矿石而言,现代技术框架绝对笼罩下的"促逼"和"订造"与庄子提到的"知"、"治"和"官"一样,都是单向度、强制性甚至侵略性的。

在人类如此处置他物的过程中,他物完全处于被动的沉默状态中,他物之存在及其意义仅仅是它对于人类的意义,而他物自身的存在价值、天赋尊严以及那些对于人类暂不具有使用价值的另外更多的隐秘性质,却被人类忽略甚至遗忘了,成了人类没有兴趣去探知的"物自体"。从相反的角度也可以说,技术既武装了我们,同时又限制了我们观察整个世界的视野和所能抵达的深度,因为我们只能通过技术的方式去观察、理解世界,此外别无他途,以致于"对我们来说,世界就是技术所展示给我们的自然形象"。②脱出座架,可以追问的是:在技术之外,我们还有没有其他的观察世界的方式?在技术呈现给我们的世界图像之外,世界还有没有其他的无限动人的景致?技术对于人类,难道只是一种解放力量?……从庄子的角度说,处于技术的包围和束缚之中,人类目前的境地不是如同"坐井观天"么?

与海德格尔所处的现代社会相比,在庄子生活的时代,人类的技术力量还是较弱的。但是,怀着一颗"泛爱万物,天地一体"的赤子之心(《天下》),庄子已经敏锐意识到,人类之技术思维和技术活动必然对其他生命造成摧残。除了上述几段引文提供的总体性场景外,庄子还曾详

---

① 孙周兴选编《海德格尔选集》(下卷),上海三联书店1996年,第933页。
② (德)汉斯·萨克塞《生态哲学》,东方出版社1991年,第44页。

细描述了人类伤害其他生命的过程:

> 马,蹄可以践霜雪,毛可以御风寒,龁草饮水,翘足而陆,此马之真性也。虽有义台路寝,无所用之。及至伯乐,曰:"我善治马。"烧之,剔之,刻之,雒之,连之以羁馽,编之以皁栈,马之死者十二三矣;饥之,渴之,驰之,骤之,整之,齐之,前有橛饰之患,而后有鞭筴之威,而马之死者已过半矣。陶者曰:"我善治埴,圆者中规,方者中矩。"匠人曰:"我善治木,曲者中钩,直者应绳。"夫埴木之性,岂欲中规矩钩绳哉?然且世世称之曰"伯乐善治马而陶匠善治埴木",此亦治天下者之过也。(《马蹄》)

这一类的"治"物过程包含着两种背反。其一是本质性的"天""人"背反:"天"者,物之天然、自然、本然;"人"者,人之为、人之技("治")。例如,庄子说:"牛马四足,是谓天;落马首,穿牛鼻,是谓人"(《秋水》)。可见,"人"是对"天"的削整、否弃:"待钩绳规矩而正者,是削其性者也;待纆索胶漆而固者,是侵其德者也。……天下有常然。常然者,曲者不以钩,直者不以绳,圆者不以规,方者不以矩,附离不以胶漆,约束不以纆索"(《骈拇》)。其二是演进趋势性的"天""人"背反:人之技术手段越高超、越精致("善治"),则物之被伤害程度也就越严重("马之死者"从"十二三"到"过半"),人类越文明,则他物越败落,二者互为表征。

今天,在人类之技术水平愈来愈发达而万物因此所遭受的祸殃愈来愈深重的历史趋势下,出路何在?解铃还需系铃人。造祸者,人类也,而自然万物在某种程度上总是一个相对被动、相对稳定的"参数",所以能够开启拯救之门的只有人类。要言之,欲拯救自然万物,同时也是在拯救人类自身,唯一的出路在于必须转换或限制人类处置其他存在物的固有方式。

事实上,已经出现的诸多拯救策略都是围绕这个环节展开的。例如,加拿大学者威廉·莱斯提出,今天人们应当"把统治自然理解为人类意识的高级阶段,在这个阶段中精神能够以尽量减小人类欲求的自我摧毁方面的方式来调整它与自然的关系"。他认为,在人类精神和自然相互作用的新型关系中,人"能够克服他自身自然的不合理冲动;被看作人的欲求对象的自然,当它不再主要被看作权力的来源的时候,它就会转变成为幸福的源泉"。① 说穿了,莱斯的观点代表着这样一种主张:人类只需节制自己的欲望,而无须放弃他在自然界中的统治者地位。

不同于这种经过修饰的、弱化的人类中心主义,另一种主张是釜底抽薪式的,即:人类必须重新审视他在自然界中的地位,从而以其作为万物之普通一员的身份来重构人与自然的关系;未来的新型关系应当去除主动与被动的单向强制性,而被定格为双向的、亲善的互动。如前所引,海德格尔其实已经在暗示我们:"这里'耕作'还意味着:关心和照料。农民的所作所为并非促逼耕地。在播种时,它把种子交给生长之力,并且守护着种子的发育。"德国学者汉斯·萨克塞进一步从生态哲学角度明确提出:"……自然不是我们可以随意摆布的物体,而是我们得适应自然,以便使自然根据其规律按照我们的意志起作用,在这里我们不仅是行动者,而且也是这种作用所涉及的对象。"② 对于人类中心主义,萨克塞嘲讽道:"归根到底人不过是在创造日的最后一秒钟才来到这个世界上的,怎么可以说整个世界只是为了人才存在的呢?"在他看来,无论高级还是低级的存在物都"有自己的价值",例如土地就"具有与收获无关的、独立的价值"。③ 这无疑是生态伦理主义的观念。

无须拔高也不可忽视的一个显见事实是,产生于中国历史之轴心时代的古老道家哲学同样包含着可以启发我们重置人类与自然之关系的独到的思想资源。例如笔者前文所引,被董光璧列为"当代新道家"之一的西方学者卡普拉,就极为重视道家提供的"最深刻的并且最完善的生态智慧"。④ 国内学者徐小跃也指出:"主张人与自然的协同发展,强调

---

① (加拿大)威廉·莱斯《自然的控制》,重庆出版社1993年,第171—172页。
② (德)汉斯·萨克塞《生态哲学》,东方出版社1991年,第194页。
③ 同上,第57—58页。
④ 参阅自董光璧《当代新道家》,华夏出版社1991年,第63页。

对一切生命和自然本身的尊重以及道德责任成为现代环境论的最高和普遍的伦理原则,同时也被视为解决环境问题的上佳方法和道路。而道家所尊奉的道法自然、人道法天、任其自然、贵天法真,一句话,自然无为这一处理人与自然关系的最高原则,难道不是在最深层意义上给人类提供了一条解决环境问题的有效方法和道路吗?"[①] 具体在庄子这里,如前所论,他已经提出了远比萨克塞等人更为彻底的天人一源、万物平等的价值主张。现在我们关心的是:基于其价值立场,他又希望我们应当怎样具体处理人类与自然万物的关系呢?

在最低限度上,庄子认为,首先人类不应自恃优越,不应强迫他物,更不可进而掠杀他物之本然、自然。他说:

> 无以人灭天。(《秋水》)
> 不以人助天。(《大宗师》)
> 圣人处物不伤物。(《知北游》)。

这里,"以人助天"之所以被反对,是因为在庄子看来,人的所作所为总是出于其一己之私欲、私意、私智,故其"助天"的结果只能是"伤天","助"反不如不助而任天自助。

在更高层次上,庄子提出,人类应当像创生万物的天道那样,包容他物、顺任他物的存在本性和生命期求。他说:

> 气也者,虚而待物者也。唯道集虚,虚者,心斋也。(《人间世》)
> 顺物自然而无容私。(《应帝王》)
> 化贷万物而民弗恃,有莫举名,使物自喜。(同上)
> 为而不恃,长而不宰。(《达生》)
> 兼怀万物。(《秋水》)

[①] 徐小跃《从现代环境论看道家天人之学的现代价值》,《南京社会科学》2006年第8期。

第六章　万物平等，逍遥共处

庄子坚信，天道无私，万物皆有其独立的存在价值和尊严，皆有其自主成长的能力和权利；并且，在宇宙提供的自由广阔时空内，无须任何外部力量的推动、辅助，万物自身就能够自我完善、自得逍遥。如果说儒家对道德人性充满了乐观的信心，那么庄子则超越儒家的"人文"关怀，对有情无情之万物的"物性"皆充满了乐观信心。

唯一让庄子没有充分信心的反倒是人性。因为，能剥夺万物之自在价值、成长自由和生命乐趣的，只有人之作为。因此，庄子向人类发出呼吁：

> 无欲而天下足，无为而万物化。（《天地》）
> 汝徒处无为，而物自化。堕尔形体，黜尔聪明，伦与物忘；……万物云云，各复其根，各复其根而不知；浑浑沌沌，终身不离；若彼知之，乃是离之。无问其名，无窥其情，物固自生。（《在宥》）

也就是说，为恢复万物皆自遂其生、自得逍遥的本真状态，人类必须把其指向或已经施加于他物之上的那些暴力性的"知"、"治"及"官"撤消掉，还他物以存在的乐趣和成长的自由。在万物回归"天放"之境的过程中，人类需要做的首先是克服其根深蒂固的"主体—对象"的二元思维方式和技术活动方式。此中关键则在于消除人类的自我中心意识即"忘己"，能"忘己"者亦必能"忘物"："忘乎物，忘乎天，其名为忘己。忘己之人，是之谓入于天"（《天地》）。而在摆脱了人类中心主义的枷锁之后，人的所思所为也必将自然而然地符合或遵从天地万物的内在规律和要求，所谓"去知与故，循天之理。……虚无恬惔，乃合天德"（《刻意》）。

更值得我们汲取的是，庄子在终极意义上启示我们，人类若欲彻底脱离当下的生存困境，关键在于他必须让万物脱离其存在困境。这条救物以救己的道路虽然周折，但今天我们却不得不循此而行，因为与古远之世相比，自然万物与人类的关系从未像现在这样发生了完全的倒转。

尤纳斯一针见血指出："面对江河的肆虐泛滥，我们应该保护自己；但到了今天，不是江河威胁人类，而是人类威胁江河，因此我们应该保护江河不受人类的伤害。自然曾对我们构成威胁，但今天是我们威胁自然。危险包围着我们，我们被迫在危险中生存，但对我们构成威胁的，则是我们自己。"① 恩格斯也曾经说："如果说人靠科学和创造天才征服了自然力，那末自然力也对人进行报复，按他利用自然力的程度使他服从一种真正的专制，而不管社会组织怎样。"② 这也就是说，人类愈凭借其强大的技术力量压制自然，自然也就愈以生存环境的恶化来报复人类，并把人类置于其压制之下，由此，人与自然的关系就会陷入万劫不复的恶性循环之中。而在庄子看来，只有自然万物什么时候逍遥自由了，人类才能真正逍遥自由。例如，他说：

  圣人处物不伤物。不伤物者，物亦不能伤也。唯无所伤者，为能与人相将迎。山林与！皋壤与！使我欣欣然而乐与！（《知北游》）

在这种理想的天人合一场景中，人与万物的关系不是对立冲突的，而是亲近和乐的，人仿佛是一个经过了漫长游历的浪荡子，最终回到了父母的家园中重温兄弟同胞之情，心中消泯了异乡无根的紧张和焦虑之后，他可以尽情享受生命的自然天趣，"无天灾，无物累，无人非，无鬼责"（《刻意》），"与天地精神往来而不敖倪于万物"（《天下》）。这正如现代诗人艾略特所说的："在群山之中，在那儿，你才能感到自由。"③ 这种包括人类在内的万物皆"诱然皆生而不知其所以生，同焉皆得而不知其所以得"（《骈拇》）的生存乐境，被庄子称为"反其真"（《秋水》）。

"真"既是历史的起点，又是理想的终点。事实上，人与自然万物

---

① 转引自殷登祥等主编《技术的社会形成》，首都师范大学出版社2004年，第516页。
② 《马克思恩格斯选集》（第二卷），人民出版社1972年，第552页。
③ 转引自赵白生《生态主义：人文主义的终结？》，《文艺研究》2002年第5期。

原本是共同处于生存之"真"境中的,"真"境之丧失乃是后来人类多方造作的结果。美学家朱光潜曾经举过一个例子:木材商、植物学家、画家面对同一棵古松,由于他们所持的分别是实用的、科学的、审美的目光,所以这棵古松在他们眼中就呈现出了不同的形象,且对于他们产生了三种不同的意义。① 不幸的是,在历史发展过程中,木材商的那种"促逼"和"订造"的技术思维成了人们处置他物的唯一模式,而科学也逐渐沦为了技术的同谋者,以致人与他物陷入了存在的双重危机之中。

怎样化解这种危机?《庄子》中的一个故事提供了答案。庄子的朋友惠施有一棵奇形怪状的樗树,"其大本拥肿而不中绳墨,其小枝卷曲而不中规矩,立之途,匠者不顾"。因此惠施断定此树"大而无用",而庄子则不同意这种看法:"今子有大树,患其无用,何不树之于无何有之乡,广莫之野,彷徨乎无为其侧,逍遥乎寝卧其下。不夭斤斧,物无害者,无所可用,安所困苦哉"(《逍遥游》)!可以说,惠施的看法体现了典型的技术思维,其后果要么是伤物而用、要么是弃物而不顾。庄子则放弃了技术方式,并提供了处理人与他物关系的另一种思路:既不以狭隘的实用标准去苛责他物,更不以技术手段去伤害他物,人实质上可以在确保他物之生存得以安顿的同时,自身也获得逍遥自在、无所困苦的生命乐趣。

当然,这要求人类拥有超越现代技术思维的大智慧。用庄子式的语言说,此种智慧的要则是:以不用物之心,用物之所自用。因为,物若能自用其可用、当用,则此用无论对于物自身还是对于人类而言,都堪称大用。

---

① 参阅朱光潜《谈美谈文学》,人民文学出版社1988年,第14—20页。

第七章

拒斥机械，涵道于技
——庄子：技术与人性的关系

第一节 技术活动中的精神超越

在先秦诸子中，《庄子》一书的独特性之一就是其中包含着多篇技术寓言。本书绪论已经提到，正是通过这些意趣盎然的寓言，庄子生动传神地描述了众多匠人巧者一系列的技术活动，计有：庖丁解牛、轮扁斫轮、痀偻承蜩、津人操舟、丈夫游水、梓庆为鐻、东野驾车、工倕旋矩、呆若木鸡、丈人钓鱼、无人施射、宋史真画、匠人捶钩、匠石斫垩，等等。

庄子之所以如此熟悉匠人巧者们的活动，是与他生活贫困而长期身在民间分不开的。《史记》载，庄子"尝为蒙漆园吏"（《老子韩非列传》）。据崔大华先生考证，庄子所做的"漆园吏"既非指"漆园"这个地方的官长，也不仅是指管理漆树园的小吏，而是指兼管漆树种植以及漆器制作的官吏（"啬夫"），所以他才会贴近并熟悉当时的手工业生产。① 可据为佐证者，《庄子》中也确实多次提到漆的生产或用途，例如，"漆可用，故割之"（《人间世》）；"待绳索胶漆而固者，是侵其德者也"，"附离不以胶漆"（《骈拇》）。可以说，这些技术寓言既是对当

---

① 崔大华《庄学研究》，人民出版社1992年，第10—13页。

时技术活动的真切记载,同时也为我们探讨庄子的技术哲学思想提供了丰富的第一手材料。

为行文方便,同时也有助于我们从总体上直接把握庄子技术思想的风貌,现把这些技术寓言逐一引述如下(本章引自如下寓言的文字不再标注出处):

庖丁解牛出自《养生主》:

> 庖丁为文惠君解牛,手之所触,肩之所倚,足之所履,膝之所踦,砉然响然,奏刀騞然,莫不中音。合于桑林之舞,乃中经首之会。文惠君曰:"嘻,善哉!技盍至此乎?"庖丁释刀对曰:"臣之所好者,道也,进乎技矣。始臣之解牛之时,所见无非全牛者。三年之后,未尝见全牛也。方今之时,臣以神遇而不以目视,官知止而神欲行。依乎天理,批大郤,导大窾,因其固然。枝经肯綮之未尝微碍,而况大軱乎!良庖岁更刀,割也;族庖月更刀,折也。今臣之刀十九年矣,所解数千牛矣,而刀刃若新发于硎。彼节者有间,而刀刃者无厚,以无厚入有间,恢恢乎其于游刃必有余地矣,是以十九年而刀刃若新发于硎。虽然,每至于族,吾见其难为,怵然为戒,视为止,行为迟,动刀甚微,謋然已解,如土委地。提刀而立,为之四顾,为之踌躇满志,善刀而藏之。"文惠君曰:"善哉!吾闻庖丁之言,得养生焉。"

轮扁斫轮出自《天道》:

> 桓公读书于堂上。轮扁斫轮于堂下,释椎凿而上,问桓公曰:"敢问,公之所读者何言邪?"公曰:"圣人之言也。"曰:"圣人在乎?"公曰:"已死矣。"曰:"然则君之所读者,古人之糟魄已夫!"桓公曰:"寡人读书,轮人安得议乎!有说则可,无说则死。"轮扁曰:"臣也以臣之事观之。斫轮,徐则甘而不固,疾则苦而不入。不徐不疾,得之于手而应于心,口不能言,有数存焉于其间。

臣不能以喻臣之子，臣之子亦不能受之于臣，是以行年七十而老斫轮。古之人与其不可传也死矣，然则君之所读者，古人之糟魄已夫！"

佝偻承蜩出自《达生》：

仲尼适楚，出于林中，见痀偻者承蜩，犹掇之也。仲尼曰："子巧乎！有道邪？"曰："我有道也。五六月累丸二而不坠，则失者锱铢；累三而不坠，则失者十一；累五而不坠，犹掇之也。吾处身也，若厥株拘；吾执臂也，若槁木之枝；虽天地之大，万物之多，而唯蜩翼之知。吾不反不侧，不以万物易蜩之翼，何为而不得！"孔子顾谓弟子曰："用志不分，乃凝于神，其痀偻丈人之谓乎！"

津人操舟出自《达生》：

颜渊问仲尼曰："吾尝济乎觞深之渊，津人操舟若神。吾问焉，曰：'操舟可学邪？'曰：'可。善游者数能。若乃夫没人，则未尝见舟而便操之也。'吾问焉而不吾告，敢问何谓也？"仲尼曰："善游者数能，忘水也。若乃夫没人之未尝见舟而便操之也，彼视渊若陵，视舟之覆犹其车却也。覆却万方陈乎前而不得入其舍，恶往而不暇！以瓦注者巧，以钩注者惮，以黄金注者殙。其巧一也，而有所矜，则重外也。凡外重者内拙。"

丈夫游水出自《达生》：

孔子观于吕梁，悬水三十仞，流沫四十里，鼋鼍鱼鳖之所不能游也。见一丈夫游之，以为有苦而欲死也，使弟子并流而拯之。数百步而出，被发行歌而游于塘下。孔子从而问焉，曰："吾以子为鬼，察子则人也。请问，蹈水有道乎？"曰："亡，吾无道。吾始乎故，长乎性，成乎命。与齐俱入，与汩偕出，从水之道而不为私焉。此吾所以蹈之也。"孔子曰："何谓始乎故，长乎性，成乎命？"曰："吾生于陵而安于陵，故也；长于水而安于水，性也；不知吾所以然而然，命也。"

梓庆为鐻出自《达生》：

梓庆削木为鐻，鐻成，见者惊犹鬼神。鲁侯见而问焉，曰："子何术以为焉？"对曰："臣工人，何术之有！虽然，有一焉。臣将为鐻，未尝敢以耗气也，必斋以静心。斋三日，而不敢怀庆赏爵禄；斋五日，不敢怀非誉巧拙；斋七日，辄然忘吾有四枝形体也。当是时也，无公朝，其巧专而外滑消；然后入山林，观天性；形躯至矣，然后成见鐻，然后加手焉；不然则已。则以天合天，器之所以疑神者，其由是与！"

东野驾车出自《达生》：

东野稷以御见庄公，进退中绳，左右旋中规。庄公以为文弗过也。使之钩百而反。颜阖遇之，入见曰："稷之马将败。"公密而不应。少焉，果败而反。公曰："子何以知之？"曰："其马力竭矣，而犹求焉，故曰败。"

工倕旋矩出自《达生》：

工倕旋而盖规矩，指与物化而不以心稽，故其灵台一而不桎。忘足，履之适也；忘要，带之适也；忘是非，心之适也；不内变，不外从，事会之适也。始乎适而未尝不适者，忘适之适也。

呆若木鸡出自《达生》：

纪渻子为王养斗鸡。十日而问："鸡可斗已乎？"曰："未也，方虚憍而恃气。"十日又问，曰："未也，犹应向景。"十日又问，曰："未也。犹疾视而盛气。"十日又问，曰："几矣。鸡虽有鸣者，已无变矣，望之似木鸡矣，其德全矣，异鸡无敢应，见者反走矣。"

丈人钓鱼出自《田子方》：

文王观于臧，见一丈夫钓，而其钓莫钓；非持其钓有钓者也，常钓也。……遂迎臧丈人而授之政。典法无更，偏令无出。三年，文王观于国，则列士坏植散群，长官者不成德，斔斛不敢入于四竟。列士坏植散群，则尚同也；长官者不成德，则同务也；斔斛不敢入于四竟，则诸侯无二心也。

无人施射出自《田子方》：

列御寇为伯昏无人射，引之盈贯，措杯水其肘上，发之，适矢复沓，方矢复寓。当是时也，犹象人也。伯昏无人曰："是射之射，非不射之射也。尝与汝登高山，履危石，临百仞之渊，若能射乎？"于是无人遂登高山，履危石，临百仞之渊，背逡巡，足二分垂在外，揖御寇而进之。御寇伏地，汗流至踵。伯昏无人曰："夫至人者，上窥青天，下潜黄泉，挥斥八极，神气不变。今汝怵然有恂目之志，尔于中也殆矣夫！"

宋史真画出自《田子方》：

宋元君将画图，众史皆至，受揖而立；舐笔和墨，在外者半。有一史后至者，儃儃然不趋，受揖不立，因之舍。公使人视之，则解衣般礴臝。君曰:"可矣,是真画者也。"

匠人捶钩出自《知北游》:

> 大马之捶钩者,年八十年矣,而不失豪芒。大马曰:"子巧与?有道与?"曰:"臣有守也。臣之年二十而好捶钩,于物无视也,非钩无察也。是用之者,假不用者也以长得其用,而况乎无不用者乎!物孰不资焉!"

匠石斫垩出自《徐无鬼》:

> 庄子送葬,过惠子之墓,顾谓从者曰:"郢人垩漫其鼻端,若蝇翼,使匠石斫之。匠石运斤成风,听而斫之,尽垩而鼻不伤,郢人立不失容。宋元君闻之,召匠石曰:'尝试为寡人为之。'匠石曰:'臣尝能斫之。虽然,臣之质死久矣。'自夫子之死也,吾无以为质矣,吾无与言之矣。"

从总体上看,无论这些寓言记述的是何种形式的技术活动,它们无一例外都反映了当时生产力水平较低的鲜明历史特征。这主要表现为三个方面:其一是个体性,即以上任何一个完整的技术活动都是由某一个体独立完成的,这与近代以来技术活动采取的分工和协作的集体组织方式截然不同;其二,寓言中提到的那些生产或制作活动皆为手工技术,例如庖丁解牛、轮扁斫轮、匠人捶钩、梓庆为鐻等,都是依靠人的肢体(主要是手)动作并运用简单工具的手工操作,这与现代技术依靠能源动力的智能化、机械化特征形成了鲜明对照;其三,由于以上两个原因,同时也迥异于现代技术过程的复杂性,庄子笔下的技术活动在操作程序和环节上都是相对较为简单的,有些活动是一次性完成的,有些则是某一个或某一类动作的重复性延续。

事实上,以上三个方面仅仅是庄子之所谓"技"与现代技术的浅层差异。我们知道,在现代知识背景下,得益于数学、物理学、化学等学科的强力支持,人们可以通过对技术进行精准解释、量化分析,揭示出其中存在的恒定的自然科学机理,甚至某些技术本身就是对自然规律新发现的直接应用。借助于科学的支持,人们可以通过遵循自然规律的内在要求,还原或创造自然规律之发生条件,从而完整地复制某个技术操作过程,这就使得技术在不同个体之间的传授和学习成为了可能。

与此相反,庄子却在轮扁斫轮的故事中提出,技术是不可授受的。我们看到,当轮扁制作车轮的技术达到"不徐不疾,得之于手而应于心"的熟化地步之后,他能够体会到"有数存焉于其间",即在制作车轮的过程中存在着某种规律性的技术诀窍;但是他却又感到这种诀窍只可意会,而不能用语言把它准确地表述、传达出来,以致"臣不能以喻臣之子,臣之子亦不能受之于臣,是以行年七十而老斫轮。古之人与其不可传也死矣"。其间的旨趣与古希腊文化的分析综合态度和现代技术强调分析量化的理性特征皆大相径庭,或许这也从一个方面透露了中国古代绝技屡屡失传、技随人逝的现象的隐秘。

在李约瑟看来,轮扁这几句话的字面意思是说,"工匠应当亲自研究木料与金属性质才能有收获",① 换言之,工匠只有通过其自身的直接操作实践而不是通过学习记载他人经验的书本("言"),才能真正把握"数"。李约瑟认为,包括轮扁斫轮这个故事在内,庄子笔下的诸多技术寓言都表现了一个共同的主题,"即是绝技不可学,也不可传",而这又与中国古代科学技术乃至与整个中国传统文化的经验主义特征密切相关。②

确如其所言,轮扁此处对于技术效应的解释仅仅停留在个体性、领悟性、神秘性的不可言说的"数"的层面,而没有更进一步把"数"还原为一系列在个体之外的明白确定的客观事实因素。从本质上看,"数"只是掺杂着操作者个人主观因素的技术经验或诀窍,它包括个体对对象的认识、独特的心理素质以及肢体动作的配合方式、运用工具的熟练程

---

① (英)李约瑟《中国古代科学》,上海书店出版社2001年,第151—152页。
② (英)李约瑟《中国古代科学思想史》,江西人民出版社1999年,第139—140页。

度等复杂内容，还远远不是现代科学意义上的可以被精确描述的恒定、客观的自然规律，因此"数"往往是因人而异的，而这也正是导致技术无法在不同个体之间被复制、授受的根由。①

从技术操作中的工具环节来看，在这些各各不同的劳作活动中，有些操作者使用具体的物质工具，如庖丁手中之刀、津人之舟、东野之车、匠石之斧头、伯昏无人之弓箭等；有些则不凭借任何外在工具，从而其技术活动表现出了更多的身体性，如伛偻承蜩所用的是其动作精准敏捷的手臂、工倕旋矩仅用灵活的手指、丈夫游水只靠天然良好的水性，如果说他们也使用工具的话，那么其工具就是他们的身体器官。按照 F·冯特尔—奥特利连菲尔德的技术分类，丈夫游水这类技术活动或许可以被称为既以个体的身体为工具又以身体为对象的"个体技术"。②

从技术活动的目标指向来看，以上寓言描写的某些操作过程明确指向外在的功利目的，如轮扁所斫之轮、梓庆所削之鐻、工倕所旋之矩、庖丁所解之牛；有些则功利目的模糊甚至没有任何实际的功利目的，如伯昏无人在高崖上的"不射之射"更多只是为了显证"至人"之无心，匠石斫垩则纯粹为了展示其耍玩斧头的高超技艺，并借以表现朋友之间的两心相契，而丈夫游水也很难说是为了锻炼身体，毋宁说他是在尽情享受水中畅游的乐趣。那些缺少具体功利指向的技术活动，或许可以被归入亚里士多德所说的实践智慧一类中，因为操作者所追求的价值和意义就是技术活动之过程本身，而非该过程的最终产出物。所以，与其说他们是在开展技术活动，还不如说他们是在做一场意趣盎然的身体游戏或心灵游戏。

关于技术水平的高低层级提升，不同的操作者从其个人的技术活动方式出发，各自描述了从生疏到熟化的逐步提高的不同过程。

---

① 有学者把轮扁、梓庆、工倕等人的高超技艺称为"悟性技术"，并认为"悟性技术的难言性或意会性因人而异，因事而异，不同的认识主体有不同的理解。……当然，这并不意味着悟性技术不能交流和传播，但这种交流和传播要通过特定的途径，即通过传授者的言语启发和动作示范，加上被传授者的用心领悟和亲身实践，才能实现两者体验上的沟通。"（王前、金福《中国技术思想史论》，科学出版社2004年，第153页）

② 参阅（法）让—伊夫·戈菲《技术哲学》，商务印书馆2000年，第23—24页。

例如，庖丁最初解牛时，"所见无非全牛"，进而三年之后不见全牛，方今之时则完全把握了牛的生理结构，所以他就能够"因其固然"，"以无厚入有间"而游刃有余。佛家有参禅三境界之说：一开始"看山是山，看水是水"；继而是"看山不是山，看水不是水"；到最后又回到"看山是山，看水是水"。庖丁解牛之三阶段正与此相似。作为外在对象，牛以及山水并未变化，变化的是庖丁、参禅者对它们的内在知解和领悟。不同水平的解牛技术也直接反映在工具上，"良庖岁更刀，割也；族庖月更刀，折也"，而庖丁之刀虽然十九年里已解数千牛，却仍然"若新发于硎"。在前两个阶段中，庖丁是用眼睛去观察对象的外部特征；最后阶段，他则完全让心神进入对象并借以把握对象的内部结构。可见，庖丁技术水平的提高实际上得益于两方面的因素，一是主体认识操作对象之方式由"目视"向"神遇"的根本转变，二是与之相应的对象被认识的程度由表层向内里的逐步深化。

与庖丁不同，痀偻捕捉知了的技术水平的提高则是由于不断训练其肢体的控制和协调能力的结果，而这一过程也同样有三个阶段："五六月累丸二而不坠，则失者锱铢；累三而不坠，则失者十一；累五而不坠，犹掇之也。"在最后阶段，承蜩者的身体动作已经达到了高度协调、指向明确的程度，即所谓处身"若厥株拘"、执臂"若槁木之枝"。当然，在技术已臻化境的第三阶段，庖丁的身体动作也具有高度协调而且流畅的特点："手之所触，肩之所倚，足之所履，膝之所踦，砉然响然，奏刀騞然，莫不中音。合于桑林之舞，乃中经首之会。"

而在呆若木鸡的寓言中，庄子似乎又提出了技术水平逐步提高的另一种路径。这一路径依次分为四个阶段：斗鸡被驯养十日之后，"方虚憍而恃气"，故不可斗；再过十天，"犹应向景"，故还不可斗；又过十天，"犹疾视而盛气"，所以仍不可斗；直到最后又经过十天驯养，"鸡虽有鸣者，已无变矣，望之似木鸡矣"，纪渻子这才觉得此鸡差不多可以参加搏斗了。鸡之搏斗当然要靠身体，但是在这则寓言中，我们看不到斗鸡是怎样进行身体训练的，其搏斗能力的提高过程完全被处理为一个逐步排除骄气、外物干扰以及盛气的心神修炼的过程。这表明，在纪渻子看来，心神而非肢体才是决定鸡之搏斗技能水平高低的关键所在，只要心神修炼达到一定程度，鸡自然就能够协调好其身体动作，从而表现出无可匹敌的搏斗技能。

事实上，虽然具体方式不同，在庖丁、痀偻提高其技术水平的过程中，他们同样也认为最终起决定作用的是心神：庖丁能够做到"以无厚入有间"而游刃有余，在于他已经用心神掌握了对象的固然"天理"；痀偻能够做到承蜩若掇，在于他已经像斗鸡那样心志专一、精神凝聚，而所谓"若厥株拘"、"若槁木之枝"实质上是其集中而内敛的心神状态在外部身体动作上的投射。当然，从协调身体到运用心神，痀偻经历了一个逐步推进的过程。

某种技术操作为什么可以产生神奇的效应？从总体上说，关于技术效应的解释问题，庄子在寓言中大致提供了三个层次上的答案。

首先从表层来看，技术效应取决于技术主体对自身肢体器官的运用、控制和协调能力。在这方面，上文分析已表明，庖丁、痀偻无疑是做得十分出色的。此外，轮扁结合其制作车轮的经验，把这种身体技巧总结为"不徐不疾"，因为"徐则甘而不固，疾则苦而不入"，用现在的话说就是掌握好"火候"；相比之下，斫垩之匠石的身体动作最为玄乎其神、匪夷所思："运斤成风，听而斫之，尽垩而鼻不伤，郢人立不失容"。

其次，技术效应取决于主体对技术对象之物性的通透把握或贴切顺任，这一点颇有些类似于现代哲学所说的认识客观规律并进而遵从客观规律。例如，庖丁对牛之生理结构的把握就是精确深入的；再如，为制作鐻，梓庆需要进入山林，仔细研究树木的材质特性，以找出适合用来做鐻的树木，"然后加手焉，不然则已"，即不了解树木的质性，就无法下手施工。而游水之丈夫则显然是能够顺任对象的典型，他身上似乎天生具有某种顺任外物的禀赋，即所谓"生于陵而安于陵"、"长于水而安于水"，所以他在游泳时自然而然就可以做到"随波逐流"："与齐俱入，与汩偕出，从水之道而不为私焉，此吾所以蹈之也"。在此过程中，他似乎已经完全消融在了激荡的水流之中，正如孔子所说："善游者数能，忘水也。"这种技术主体与对象的融合之境,在旋矩之工倕那里的具体表现是"指与物化"。其实,为鐻之梓庆对于此境也有深切的体会,用他的话说即为"以天合天"——林希逸解释说:"以我之自然,合物之自然,故曰'以天合天'。"① 姑且借用《知北游》篇的话说,此种物我合一的境界可谓"物物者与物无际","与物无际"就是说主体与对象不再处于二分状态而是已经相融为一,为一方可"物物"。

而在最根本的层面上,庄子认为,技术效应取决于技术主体的心理状态、心灵品质或精神境界。孔子在赞扬承蜩之痀偻时曾说:"用志不分,乃凝于神"。如前所论,这句话所指的是一种心志专一、精神凝聚的心理状态或精神境界,而正因为痀偻内心已经达到了这种境界,所以其技术操作才会产生常人无法企及的神异效应——心灵境界与技术效应之间的这种关联,用痀偻自己的话说即是:"虽天地之大,万物之多,而唯蜩翼之知。吾不反不侧,不以万物易蜩之翼,何为而不得!"事实上,孔子之语不仅适用于承蜩者,而且适用于庄子技术寓言中的所有匠人巧者。例如,大马在解释其八十而仍"不失豪芒"的捶钩绝技时说:"于物无视也,非钩无察也。是用之者,假不用者也以长得其用"。

匠人巧者的这种心理状态被庄子称为"守",即只专注于捶钩而心无旁骛。有所"守"则必有所"忘"。我们看到,工倕正是用"忘"来解释其旋矩绝技的:"故其灵台一而不桎。忘足,履之适也;忘要,带之适也;忘是非,心之适也;不内变,不外从,事会之适也。"工倕认为,只要消除即"忘"了来自于主体内部的智虑和情绪的波动以及来自外物的各种干扰,让心灵处于安适沉稳的状态,自然就可以"旋而盖规矩"。津人操舟、无人施射的诀窍也同样都是因为"忘":即使眼前有车倒退、有船覆没,也无法搅扰津人的内心,即所谓"覆却万方陈乎前而不得入其舍",因此他才能从容驾船;虽然身体处于"履危石,临百仞之渊"的极度危险中,列御寇已惊骇得汗流至踵,伯昏无人却全然不为所动、不以为虑,因此他仍然能够做到"神气不变"而施"不射之射"。

---

① 陈鼓应《庄子今注今译》,中华书局1983年,第490页之注引。

总之，在庄子看来，只要技术主体的心神达到了凝聚专一的境界，其操作方式就能够产生不可思议的效果。

庄子的技术寓言中其至于还有一种更为奇特的情形：主体虽然也许已抵达了某种玄妙的境界，却还没有接触任何对象，亦未进行任何的身体操练，更未施行任何具体方式的操作，而庄子却已经断定此主体必然具有高超的技术能力。例如，"非持其钓"而"常钓"的丈人、未画而却被认为是"真画"的宋史以及虽已呆若槁木却仍未参加实际搏杀的斗鸡。这里，与肢体动作的协调和对外物的把握、顺应相比，技术主体的心理状态或精神境界显然成了具有压倒性的唯一决定因素。

在现代语境下，如果说以身体动作的协调和对于外物的把握来解释技术效应还比较容易理解的话，那么，庄子最终把技术之神异效应产生的根本原因归结为技术主体的心神境界，则无疑有些神秘主义色彩了。李约瑟指出："由于从事手工艺的道家，对生产程序未加以科学的分析，所以就执着于那无法以言语表达、无法由师徒相传的经验和手艺；他们又要借重于神话和传说，加上斋心和观想，以养成高度的情感和坚强的意志，才能有最高的造诣。"① 这种基于现代科学知识背景下的评论，自然是极为中肯的。问题是：如果离开现代科学知识背景，而从庄子自身的哲学立场出发，他为什么要如此强调技术主体的精神品质对于技术效应的决定作用呢？

李约瑟说："道家可能在这些巧人身上看出了一种与自然极端接近的、忘我的境界……这种忘我的态度，对早期中国工艺技术的发展有很大的贡献。"② 显然，这种看法仍是从物质性的技术实践角度提出的。然而，对于寓言中的那些匠人巧者，事实上庄子并不是把他们作为普通的技术实践者来描写的，实质上他们是以求道者或得道者的形象出现的。例如，承蜩之伛偻即坦言："我有道也"；游水之丈夫自认"吾无道"，其实却是得道后的真言，因为道本不可言说；大马问捶钩的匠人："子巧与？有道与？"匠人答曰："臣有守也。"其所守者实亦为道。

---

① （英）李约瑟《中国古代科学思想史》，江西人民出版社1999年，第141页。
② 同上，第140页。

具体来看，一方面，这些巧者学习、操练某种技术的过程并不是为了最终掌握某种实用的技术，而是要通过这种方式让道落实到他们的内心中来，从而最终达致绝对超越的道境；另一方面，他们施行某种操作的过程也并不是为了制作、生产某种技术产品或实现某种实际的功利目的，而是要藉此过程本身向外投射其内在的心灵境界，并借以昭示道在形下的场合中如何能够显现、在场。质言之，精神境界而非具体的技术才是庄子关注的焦点以及众多巧者追求的终极目标，正如庖丁所说："臣之所好者，道也，进乎技矣。"

于是，问题在庄子这里就发生了根本性转换——掌握技术的过程直接变成了修道的过程。按照梓庆的说法，这一过程的具体程序是："臣将为镰，未尝敢以耗气也，必斋以静心。斋三日，而不敢怀庆赏爵禄；斋五日，不敢怀非誉巧拙；斋七日，辄然忘吾有四枝形体也。当是时也，无公朝，其巧专而外滑消；然后入山林……。"与此相似的，是斗鸡逐步排除骄气、外物干扰以及盛气的的训练过程。很显然，这种"忘"的过程强调的不是主体外在敞开的具体操作实践，而是向内收敛集聚的心灵修养。梓庆称此种工夫为"斋"。关于心之"斋"，庄子曾借孔子之口有过专门的阐释："若一志，无听之以耳而听之以心，无听之以心而听之以气！耳止于听，心止于符。气也者，虚而待物者也。唯道集虚。虚者，心斋也"（《人间世》）。可见，"斋"这种工夫要求主体关闭感官、转向内心，并彻底消除来自自我外部和心灵内部的各种干扰，以最终使精神达到空明虚静的状态，此种状态也就是心与道融为一体的道境。

何谓道境？众所周知，在老庄思想中，道既是形上的天地万物的最高本体、普遍规律和终极价值，同时又可以向下"落实到生活的层面，成为人间行为的指标，而成为人类的生活方式与处世的方法。"[1] 陈鼓应先生认为，相比于老子，庄子更关注人得道之后的心灵状态："在庄子，'道'成为人生所达到的最高境界，人生所臻至的最高的境界便称为

---

[1] 陈鼓应《老子今注今译》，商务印书馆2003年，第33页。

'道'的境界。"①

关于道境的特点,庄子有许多神乎其神的叙说,例如:

若夫乘天地之正,而御六气之辩,以游无穷者,彼且恶乎待哉!(《逍遥游》)
……乘云气,御飞龙,而游乎四海之外。(同上)
天地与我并生,而万物与我为一。(《齐物论》)
独与天地精神往来而不敖倪于万物。(《天下》)
彼方且与造物者为人,而游乎天地之一气。……假于异物,托于同体;忘其肝胆,遗其耳目;反复终始,不知端倪;芒然彷徨乎尘垢之外,逍遥乎无为之业。(《大宗师》)

透过这些玄虚夸张的浪漫想象,我们可以看到,对于道境中的人而言,拘制个体的各种因素已经彻底消失,他不仅超越了自身的有限存在,而且超越了整个世俗世界,个体生命已经摆脱了原先逼狭的形位而与天地万物的大生命融合为一,并因此获得了绝对的精神自由。

值得注意的是,梓庆认为,匠人必须首先经过斋戒而达致道境之后,方可展开具体的技术活动:"……其巧专而外滑消;然后入山林,观天性;形躯至矣,然后成见鐻,然后加手焉。"李约瑟也发现:"在庄周的时代,中国的工匠,自然在工作之前,也必先洁净和苦行一番。……我们可以看出这种态度和想法,与道家的人生观有很大的关联。"②匠人为什么在技术活动之前,需要首先通过心灵修养以达到超越的精神境界?或者说,"工作"本身、"工作"前的"洁净和苦行"以及"道家的人生观",三者之间究竟有何关联?李约瑟对此未作解答。

其实,庄子在《应帝王》篇中已经向我们提示了答案:

是于圣人也,胥易技系,劳形怵心者也。

---

① 陈鼓应《老庄新论》,上海古籍出版社1992年,第199页。
② (英)李约瑟《中国古代科学思想史》,江西人民出版社1999年,第141页。

意思是说，在圣人看来，治事的官吏经常形体劳苦、心神烦扰，这是因为他们被自己的技能所累的缘故。笔者以为，庄子这里提出了一个极其重要的观点：纯粹的技术活动——以实用目的为唯一指向的技术活动——并不能给人们带来精神上的自由和愉悦，因为它仅仅关涉到与主体没有内在关联的僵化对象、物化的工具或程式化的操作程序以及技术主体按部就班重复着同一单调动作的肉体。这样的技术活动与其说是创造性的生产、自主制作或"治事"，还不如说是肉体和精神上的双重煎熬，亦即所谓"劳形怵心"。

不惟如此，由于纯粹的技术活动排斥个体心灵的自由参与、否定主体与对象之间的内在关联，以至于人们愈是被日复一日地卷入到其中去，便愈有可能造成心智的干枯、精神自由和幸福的丧失以及人与万物之天然亲缘的疏离。这种情形在高度发达的现代技术活动中表现得尤其突出。例如，马克思尖锐指出，在资本主义的机器生产中，劳动者的"产品越是完美，他自己越是畸形；他所创造的物品越是文明，他自己越是野蛮……劳动越是机智，劳动者越是愚钝"；"劳动生产了智慧，却注定了劳动者的愚钝、痴呆"。[1] 20世纪的德国存在主义哲学家雅斯贝斯也忧心忡忡指出："与轴心时代相比，最明显的是现在正是精神贫乏、人性沦丧，爱与创造力衰退的下降时期，只有一点仍与以前的一切比美，那就是科学和技术的产生。"[2] 正因为敏锐意识到了纯粹的技术活动可能压抑甚至剥夺人的心灵生活，所以庄子才会提出，个体在开展技术活动之前，首先要实现自我的精神超越，或者说，精神超越应当是技术活动不可缺少的前提条件。打个不恰当的比方说，庄子主张，人们在施行技术性的肢体操作之前，首先要做一番"精神体操"。

在庄子看来，如果能凭着自由虚静的心理状态进入技术活动，那么个体的技术能力、对象的被开掘利用程度以及最终实现的技术效应，皆可达致"最大化"。换言之，个此时体不仅可以轻松实现心神对肢体的

---

[1] 马克思《1844年经济学—哲学手稿》，人民出版社1979年，第46页。
[2] （德）卡尔·雅斯贝斯《历史的起源与目标》，华夏出版社1989年，第112页。

控制和协调("得之于手而应于心"),从而焕发出超乎想象的巨大创造潜能,而且可以自由无碍地贴近并进入外物("以天合天"),从而在二者的融合之境中如其所是、如其所能的塑造外物("观天性;形躯至矣,然后成见鐻,然后加手焉"),而其最终也往往能够达到"惊犹鬼神"的技术效应。实质上,这样的技术活动已经不再是单纯的程式化操作,而是已经被转换成了一种自由快意的艺术创作活动,以致当主体施展绝技时,他似乎不是在完成某项工作,而简直是在用心享受这一过程本身。

对于身处其中的技术主体来说,由于道虚静恬淡、自然无为的体性已化作其心神的本性,所以他就能够做到不被外物内虑牵扯缠绕,从而也就可以抵达必然导致精湛技能的心理"艺"境。反过来说,能工巧匠之所以能率性为之而功效神奇,恰恰在于其所做所为合乎道的要求;合乎道的要求,则虽然工匠自己"不思虑,不豫谋"(《刻意》),亦可如道化育万物而又不刻意为之一样,自动达到鬼斧天工却又不著痕迹的技术效果。例如,庄子对庖丁解牛过程的艺术化描写:"手之所触,肩之所倚……合于桑林之舞,乃中经首之会";"方今之时,臣以神遇而不以目视,官知止而神欲行。……动刀甚微,謋然已解,如土委地。"在这个过程中,道、技术主体之心神和身体、对象是圆融为一的。于是我们看到,在技术主体施行操作的过程中,仿佛不是巧者本人在劳作,而是道在运行;并且,技术操作最终的奇特功效似乎也不是由于巧者高超的技能,而是由于道自动的神秘作用,以至于"种种功夫和技术的原因和方式"为什么会产生如此效果,"我们不得而知"。① 事实上,从庄子的角度看,在此过程中的能工巧匠此时已不再是具体的技术操作者,而已完全是道的人格化身。正因为如此,庄子笔下的技术操作者在劳作活动中才会常常处于忘我、沉醉、迷狂的艺术境界中。

并且,在技术操作过程结束之后,主体更可以得到一种意犹未尽的愉悦自由的审美感受。仍以最具代表性的庖丁为例:当他解牛之后,"提刀而立,为之四顾,为之踌躇满志",仿佛刚刚完成了一个创造性的

---

① (英)李约瑟《中国古代科学思想史》,江西人民出版社1999年,第112页。

行为艺术活动，而不是挥刀硬生生剖开了一具血肉之躯，所谓"踌躇满志"指的即是庖丁像一个艺术家欣赏自己的艺术作品时那样所得到的满足得意的心理体验。追本溯源，这种审美愉悦的涌现当然要归因于劳作者在技术操作活动中凝神专注的心理状态或技术诀窍。因为其心志已完全集中在操作对象上，沉浸在创造性的活动之中，所以似乎是其心神在直截同对象相交接，而作为中介的操作工具早已被遗忘，或已完全成为其自由心志的化身，于是操作主体和客体也就因中介消失而"对立消解、融合"为一了。① 由于整个技术活动过程不仅有劳作者的心灵自始至终的主导性的参与——形体在其中反倒成了次要的因素，而且在最终的技术产品中同样凝聚了劳作者的独特灵性，所以这件产品对于他来说就不再是异己、陌生、没有丝毫生命气息在内的东西。面对着这件确证自我精神和力量并且因此仅仅属于他自己的创造物，劳作者心中自然而然会获得一种巨大的成就感和悠远深邃的审美感受。

但是，在现代机器生产中，正如马克思所揭示的，劳动者的活动不是自由自觉的创造，"而是被迫的强制劳动"，"是一种自我牺牲、自我折磨的劳动"，② 最终劳动者不但不能占有、享用，更谈不上以审美的眼光欣赏自己的产品。而且更为甚者，他的产品成了某种异己的东西反过来压制他、奴役他。这与庄子技术寓言中描述的情形无疑是大相径庭的。不过，若单就技术批判而言，庄子和早年马克思也有着共同之处，即人本主义的基本价值立场。③ 当然，二者各自所处历史时代的生产力水平是截然不同的，并且，马克思的意图也不是批判技术压制本身，而在于批判技术压制背后的资本主义社会的私有制度。事实上，即使抛开不同的生产力水平和具体的社会制度不论，庄子的技术寓言在今天仍有其极其深刻的思想意义，即：当技术活动已然成为现代社会中不可回避的主要生活形式时，我们必须在技术活动中始终保持自由超越的精神境界，否则，我们的心灵就可能会被窒息。

---

① 陈鼓应《老庄新论》，上海古籍出版社 1992 年，第 150 页。
② 马克思《1844 年经济学—哲学手稿》，人民出版社 1979 年，第 47 页。
③ 参阅邓联合《人本主义技术批判的困境与超越》，《自然辩证法研究》2007 年第 1 期。

归本而言，以自由超越之心灵进入或开展技术活动，亦即载道于技、以技进道，① 其实质涵义是指：务必与技术自觉保持距离；始终要做技术的掌控者而不是相反；技术活动应成为我们的精神品质外在展开或灌注于其中的形式之一；技术操作的实用目的虽然值得追求，但绝非是第一位的，因为真正重要的是属人的美善价值之最终实现，美善价值也应是我们评判所有技术活动的最高标尺，技术活动不过是其落实过程。若能秉持这些原则，那么技术活动的开展也就被向上提升而成为了道之践履。

第二节 机械性技术中的人性危境

有一则寓言上文未予讨论，这就是出自《天地》篇的圃者拒机的著名故事，兹引如下：

> 子贡南游于楚，返于晋，过汉阴，见一丈人方将为圃畦，凿隧而入井，抱瓮而出，搰搰然用力甚多而见功寡。子贡曰："有械于此，一日浸百畦，用力甚寡而见功多，夫子不欲乎？"为圃者仰而视之曰："奈何？"曰："凿木为机，后重前轻，挈水若抽；数如泆汤，其名为槔。"为圃者忿然作色而笑曰："吾闻之吾师，有机械者必有机事，有机事者必有机心。机心存于胸中，则纯白不备；纯白不备，则神生不定；神生不定者，道之所不载也。吾非不知，羞而不为也。"子贡瞒然惭，俯而不对。

关于该寓言中的"械"字，成玄英曰："械，机器也。"② 与其他技

---

① 王前先生在把"道"解释为"自然的程序"的基础上，认为生产性技术中的以技进道可分为逐步提高的三个阶段，其中分别涉及人与物的关系、人与人的关系、人与社会的关系，"由'技'至'道'意味着追求技术活动中各种因素的和谐发展，达到最佳匹配的状态。这种追求是一个不断超越自身局限性，向真善美的统一不断趋近的过程"。（《中国技术思想史论》，科学出版社2004年，第22—29页）

② 郭象注、成玄英疏《南华真经注疏》，中华书局1998年，第247页。

术寓言相比较,这个故事的极不同之处在于:其一,这里提到了两种完全不同的技术工具,即瓮和机械(槔),前者构造简单且效率低下("滑滑然用力甚多而见功寡"),后者结构相对复杂且效率较高("一日浸百畦,用力甚寡而见功多");其二,机械这一技术操作中的高效工具不仅作为关注的中心首次被凸显出来,而且被庄子予以明确的拒绝、贬斥("吾非不知,羞而不为也");其三,由于为圃者宁愿持瓮取水而拒用机械,以至于他不再像其他技术活动中的劳作者一样,不仅不是一个技艺高超的能工巧匠,反倒是自愿固守拙境的愚夫,而其行为却偏偏受到了庄子的肯认。

庄子为什么要批判机械?又为什么肯定为圃者的"愚拙"?于是,如何理解这个故事的思想意涵以及它与其他寓言的反差,就成了一个值得深思的问题。

我们知道,在现代技术思想的立场上,作为劳动工具的机械实质上是物质形态的技术,是实现技术活动目的的中介和手段。基于此,有学者径直认为:庄子一方面在其他寓言中对庖丁、轮扁、梓庆、工倕等匠人巧者的高超技艺大加褒扬,另一方面却又借为圃者之口对机械猛施挞伐批判,表明庄子的技术思想陷入了"技"与"机"二分对立的困境,因为二者皆为劳作活动的中介,"机"无非是"技"的物化,所以庄子斥责"机"却赞扬"技"从思想总体上说不合逻辑。[①] 笔者认为,这个判断是拘于现代技术观念的对庄子技术思想的误解,它未能从庄子技术观念的实质出发,去理解庄子笔下技术活动的形而上的超越精神旨趣,并进而揭示其机械批判思想的内在隐秘。

在现代技术哲学中,一般来说,技术的本质是指人们为达到某种实际目的而运用的"各种活动方式、手段和方法的总和"。[②] 英国学者C. P. 斯托弗看到:"到20世纪初,技术一词已被普遍使用,其含义也越来越广,除了工具和机器之外,它还包括工艺程序、技术思想的意

---

① 刘明《庄子技术论思想评析》,《自然辩证法通讯》1995年第3期。
② 黄顺基等《科学技术哲学引论:科技革命时代的自然辩证法》,中国人民大学出版社1991年,第257页。

思。进入本世纪下半叶,人们便把技术定义为'人类借以力求改造或者控制周围环境的手段或活动'。"① 例如,前联邦德国哲学家 F. 拉普在《技术哲学导论》一书中所引用的汤德尔的定义便是:"技术是作为主体的人为了改变世界的某些特征以便达到一定目标而置于自己同客观世界之间的东西。"② 结合此处以及前文笔者所引的定义,不妨认为,就总体而言,现代视域中的"技术"可以视作一个兼涵"硬件"和"软件"的复合系统,其中"硬件"是指物化形式的工具、机器等,"软件"则包括操作方法、工艺程序、技术思想、技术活动要素的组织方式等;相对于"硬件","软件"的存在方式可以说是无形的。

须要注意的是,无论作为"硬件"还是作为"软件",现代技术都是或可以被还原为客观实在的一系列要素,诸如某些物质形式及其力量、某几条自然科学原理、时空条件、可量化的人力投入等。这些要素的客观实在性决定了现代技术所具有的外在于个体的显著特征,亦即无论其存在还是开展,都不依赖于某一个体。现代技术之所以可被复制于在不同个体之间,其根本原因正在于此。而在庄子的技术寓言中,情况却并非如此。具体来看,其所谓"技"专指主体的操作技能或技巧,它不仅不外在于个体,反倒完全依赖个体的心智和身体能力。姑借用 *Longman Dictionary of Contemporary English* 中的释义,庄子所谓"技"乃指 skill,意思是 ability to do something,现代意义上的技术则是 technology,指的是 the branch of knowledge dealing with scientific and industrial methods and their practical use in industry。

这里,我们不妨把《庄子》中提到"技"的文句全部引列如下:

> 我世世为洴澼絖,不过数金;今一朝而鬻技百金,请与之。(《逍遥游》)

> 文惠君曰:"嘻,善哉!技盍至此乎?"庖丁释刀对曰:"臣之所好者,道也,进乎技矣。"(《养生主》)

---

① 邹珊刚主编《技术与技术哲学》,知识出版社1987年,第26页。
② (德)F. 拉普《技术哲学导论》,辽宁科学技术出版社1986年,第30页。

老聃曰:"是于圣人也,胥易技系,劳形怵心者也。"《应帝王》
因众以宁所闻,不如众技众矣。(《在宥》)
说礼邪?是相于技也。(同上)
骐骥骅骝,一日而驰千里,捕鼠不如狸狌,言殊技也。(《秋水》)
通于天地者,德也;行于万物者,道也;上治人者,事也;能有所艺者,技也。技兼于事,事兼于义,义兼于德,德兼于道,道兼于天。(《天地》)
国家昏乱,工技不巧。(《渔父》)
朱泙漫学屠龙于支离益,单千金之家,三年技成而无所用其巧。(《列御寇》)
譬如耳目鼻口,皆有所明,不能相通。犹百家众技也,皆有所长,时有所用。(《天下》)

《说文解字》:"技,巧也,从手。"从字型构造及上述引文来看,无论具体采取何种形式,庄子之所谓"技"显然紧密依附于某一个体,当它没有被施展出来时,"技"总是无形地存在于个体身上;而且,由于个体之不同,"技"也随之发生性质或水平上的变化,所以才会有骐骥骅骝之技、狸狌之技、胥吏之技、朱泙漫之技、工匠之技、"百家众技"的形式区分,以及高超之技、笨拙之技的层级不同。

与此相比,无论是某种有形的物质工具还是无形的操作方法等等,现代意义上的技术则不会因为个体之心智和身体的差异而发生改变,它相对独立存在于个体之外,并在不同个体之间始终保持其同一性。上引《天地》"能有所艺者,技也"一语,似乎是庄子给"技"所下的定义,而"艺"字的本意原指耕耘之巧,引申也是指本领、专长、才能,即"技"。主体施展其技能当然要掌握某些知识,借助某种工具、运用某种方法,所以不妨认为,在庄子这里,"技"或技术是专指主体依据一定的知识、程序和方法使用工具去实现操作目标的能力或诀窍,亦即斫轮之轮扁基于自身长期制作经验而提出的"数"。如前所述,它包括了主体对对象的认识、独特的心理素质以及肢体动作的配合方式、主体操用工具的熟练程度等复杂内容。

由此，我们即可理解为什么在庄子的那些技术寓言中，一个技术操作活动其最终效用实现的关键，在于主体自身精湛的无形技能，而不是外在于主体的有形工具和手段。例如，"津人操舟若神"，至于其所操之舟怎样，庄子只字未提；梓庆削鐻的手艺令人叹为观止，但所用之刀斧若何，亦未可知。更甚者，工倕不借助任何工具，仅用手指即能"旋而盖规矩"；木鸡未曾搏斗、宋史未曾动笔，却已被认定能斗、"真画"。即使是庖丁手中那把十九年而若"新发于硎"的解牛之刀，亦只是被庄子借以表彰庖丁的高超技能，庖丁解牛熟练的关键仍只在于他"以神遇而不以目视，官知止而神欲行"的神异能力。而上节分析表明，庄子又进一步把个体无形、高超的身体技能归因于其更为隐秘的内在心灵之品质。

在人类社会的历史演变中，物质形态的技术似乎具有一种从低级到高级的自主生长的进化能力，并已经表现出了结构愈加复杂、功能愈加完善、效用愈加提高以及操作愈加简单的进化趋势。早在现代技术的萌端时期，培根已经看到，"科学几乎停滞不前，没有增加任何对人类有价值的东西"，相反，"在机械技术方面我们看到的情况就不是这样。相反，它们含有一些生命的气息，因而不断地生长，变得更加完善。在刚刚发明的时候，它们一般地是粗糙的、笨拙的、不成形的，后来才得到了新的力量，有了比较方便的安排和结构。"[1] 按照历史发展的先后顺序，物化技术在具体形态上依次表现为手工工具、机械装置和自控装置三种实体形式。[2]

从简单、低效的手工工具到复杂、高效的机械装置，无疑体现了（实体化）技术的进步，并给人类活动带来了超乎想象的方便和福祉，

---

[1] 北京大学哲学系外国哲学史教研室编译《西方哲学原著选读》（上册），商务印书馆1981年，第340页。

[2] 黄顺基等《科学技术哲学引论：科技革命时代的自然辩证法》，中国人民大学出版社1991年，第262页。

许多从前曾经被认为是不可企及的事情，例如力拔千钧、视听万里、登天游雾、下海入地等等，在今天都已经变得轻而易举。但是，由于机械的日益复杂巧妙，人与技术的关系也随之发生了根本性的变化：在早期技术活动中，简单的手工工具从属于人，它近乎是个体肉体器官的延伸；但在现代技术活动中，不再是工具从属于人，而是人从属于机械。因为作为一种越来越复杂的外部存在，机械装置不仅不能再被简单认为是个体肉体器官的延伸，恰恰相反，人成了机械的一个构件、环节或只是使整个机械装置运转起来的一个开启者，参与技术活动的个体只是整个生产系统中的一个可替代的而非不可或缺的"人力资源"要素。

与之相应的另一重大转变是：当人们利用机械装置从事劳作活动时，其最终效应实现的关键不再是操作者的主体能力，例如心灵对身体器官的支配、身体器官的协调配合等，而是机械的精巧程度。这与人们利用棍棒、刀、斧之类简单的手工工具的技术活动的情况是大为不同的。在工具简单的情况下，为保证活动目标的实现，惟有依靠操作者的高超技能，并且其技能的掌握也需要经过一个逐步熟化的操练过程。但是，对于机械的操作，以桔槔为例，则无须费太多的心神和气力，人只须简单用力即可达到目的，而且这种操作也很容易掌握，所以就无须经过长期的揣摩和练习。

由上可见，主体技能与物化工具之间历史性地呈现出一种反比的关系。既然技术在庄子那里其实只是技能，那么，按照他的思路，物化技术的进步也就必然相应地导致操作者主体能力的退步，因为只需凭借设计精巧、操作简便、功能完备的机械，人们的劳作活动即可实现"效益最大化"，而主体却并不需要付出多大的气力，拥有多么精湛的操控技能。沿着这种悖论式的技术发展趋向，主体自身的心智能力和身体能力，必然将会至少在某些领域内逐渐发生相对的退化。

事实也的确印证了这一点。例如，交通工具的快捷方便造成了人们行走意愿的懒惰和体力下降，电脑操作中的文字录入技术的运用造成了人手的笨拙和书写能力的退步，B超机、CT机在医疗领域中的广泛运用带来了医生基于其自身感官感知和心智判断的医术的退步，甚至不少中医科的大夫也不再能对患者进行"望闻问切"……。再如,时下论文抄袭现象在相当一部分学生和学者中已是"家常便饭",而其重要原因之一就是互联网技术的普及为抄袭提供了巨大的方便——无须花大量时间去积累知识、阅读经典、查找资料,也无须殚精竭虑去谋篇布局、精心构思,更无须逐字逐句地费力"爬格子",只须轻轻敲入几个关键词,瞬间即可在互联网上搜索到大量的相关信息,再经过一番多方比对、拼而贴之的工夫,于是一篇像模像样的论文就随手生成了。甚至可以说,互联网时代的不少写作者,他们真正拥有的其实只是基于电脑操作的对各种"信息"进行加工、出售的能力,而其心智对于知识、价值的领悟能力和原创能力却大大衰退了。

更且,由于机械的愈加方便和高效,还会使人越来越依赖甚至受制于外在于人的复杂装置,从而在强大的机械系统面前实质上沦为渺小、无力的附庸,以致当人将要开展某项活动时,他首先想到的是哪些工具可以供他用来如愿达到目的,而如果没有了那些工具,他简直不知道如何下手去做、他自己还能做些什么。从这个角度说,庄子笔下的为圃者之拒绝机械而固守拙境,内在地包含着对于人相对于工具的主人地位以及人的心智能力和身体能力的守护。今天,在人类的生活已经成为技术支配下的生活、人类许多曾经拥有的不学而能或后天习得的身心技能正在发生严重退化的情况下,为圃老者的"顽固不化"尤其具有重要的警醒意义。

按照庄子的逻辑,既然个体的技能水平实质上是其内在精神境界的外在表现,那么,其技能水平的退步实则意味着个体精神境界的"着相"甚至堕落。这是因为在机械性的技术活动中,个体的全部心神已经完全被牵滞于当下的有形有限的机械之中,而不是用以沉思、体悟贯通于包括自我、对象在内的天地万物之间的超越之道,于是就造成了主体对本体之道的疏离,其技术活动也就蜕变成了纯之又纯的简单身体活动,而这种活动已经根本没有(也完全不需要)任何超越性的精神品质可言。英国作家阿道司·赫胥黎在长篇小说《美丽的新世界》中曾描绘了"一个技术完全占主导地位的未来社会","在这个即将到来的社会里，人类感到舒适，不知道贫困和痛苦；但同时也没有自由、美或者创造力，处处剥夺了人的独特生活方式。"①质言之，物化技术愈进步，人的全部日常生活愈益借助技术来建构、开展，则道愈远人，人之心灵生活愈沉沦、精神境界愈低下，——姑且借用庄子的话说："有所矜，则重外也"，"凡外重者内拙"。

毋庸赘言，在追求实际功利的物质生活和具有超越意义的精神生活之间，庄子的选择是后者。此中因由，正如《天地》所云：

功利机巧，必忘夫人之心。（《天地》）

所以庄子提出，"圣人不从事于务，不就利"（《齐物论》）。但是，机械这种技术工具却天然具有消极、否定人的精神生活之纯粹性和超越性的特质。首先，机械皆指向某种唯一、具体、经验的现实效用目标；其次，相对于简单的手工工具，机械操作效应的优越性在于操作者付出较少的劳作即可以获得更多的收益，所谓"用力甚寡而见功多"。因此，使用机械必然会使主体的操作活动沦为纯粹的功利活动，这就从根本上偏离和斩断了宇宙本体之道的在场呈现路径，使人不能得道甚至不再祈望得道——当下生活即是一切，正所谓"其嗜欲深者，其天机浅"（《大宗师》）。人与道不为一，则主体的作为就不再像道化育万物一样，是一种逍遥无为、自由无碍的创造活动。所以，在庄子的立场上，机械装置的运用不仅不是值得肯定的历史进步，反而是应予警觉和批判的对形上超越的精神境界的戕害，而为圃者坚决地反对机械，正是基于其自然超越的生命向度对机械的功利主义价值趋向的批判。简言之，贬斥现实功利、强调心灵生活，就必须反对机械。

至此，我们已经指出，庄子之批判机械包含着守护人的身心技能和精神生活的思想义涵，这些其实都是其以精神之"逍遥游"为根本旨趣的人生哲学的本来应有之义。由此可说，如果我们对圃者拒机寓言的分

---

① 参阅邹珊刚主编《技术与技术哲学》，知识出版社1987年，第30—31页。

析仅仅停留在此层面上，显然是过于笼统简单的。

美国技术思想家芒福德曾提出所谓"心灵首位论"（The Primacy of Mind）。他认为，不是技术决定心灵，而是心灵决定技术；并且，自原始人类以来，心灵技术总是先于自然技术，任何技术都根源于心灵的某种模式，现代技术也不例外。正因此，芒福德才会在充分意识到现代技术的严重问题时，也不对未来感到绝望，而是相信"通过心灵能力的重新激活，人类有能力走出现代技术为之设置的绝境"。[①] 这种对于人类心灵进而对于人性能力的信心，在庄子这里却受到了怀疑。因为，在圃者拒机这则寓言中，他以极其明晰的思路揭示出，机械通过它被操作运用的"反向构造效应"，必将从根本上彻底摧毁本真自然的素朴人性，用另一种模式改换、剥夺我们心灵的固有机理。

笔者所说的机械操作的"反向构造效应"是指，在劳作者运用机械去控制和改造外在对象的技术活动过程中，机械装置的结构和效用原理对主体内在心灵的塑造，对人的精神世界的俘获和征服，正如它对外在之物的塑造和征服那样。而庄子所忧虑的问题则是：如果心灵被技术完全征服了，我们还能怎样？

我们看到，在圃者拒机的寓言中，这个与机械塑造和征服外物相背反的内在构造效应的实现，沿循着一条依次逐步递进的必然路径，即老者所谓："有机械者必有机事，有机事者必有机心。机心存于胸中，则纯白不备；纯白不备，则神生不定；神生不定者，道之所不载也。"用符号表示就是：

"机械"→"机事"→"机心"→心灵不纯→精神不定→不能得道。

何谓"机心"？以往论者多将其解释为追求外在功利的机巧之心。笔者认为，除了这层含义之外，依照庄子此处极为明晰的逻辑理路，不

---

① 吴国盛《芒福德的技术哲学》，《北京大学学报》2007年第6期。

妨将"机心"解释为"像机械一样的心灵"。其实质意涵是，由于个体对机械的使用、依赖和臣服，机械装置的结构和效用原理必将会产生内在向度的重构作用——消解个体心灵的本真品质，并把它自身内化为个体心灵的结构特性和效用机制。其最终结果是，个体心灵和机械装置的本质同构、效用一致，亦即人性的"机械化"。

具体来看，在庄子的描述中，桔槔这种机械的显著特征有两点：（1）结构精巧："凿木为机，后重前轻"；（2）省力高效："挈水若抽，数如泆汤"，"一日浸百畦"。合而言之，其结构和效用原理就是：较少的劳作、较低的技能，通过对一种精巧装置的操控，可以导致较大的外在效益。此处，不仅装置的精巧程度在量上决定着效用实现程度的大小，而且，其最终实现的效用本身的性质也早已是被装置的结构预先规定了的，如桔槔的作用仅仅在于轻松省力地汲水。这也就是前文所说的机械效用目标的唯一现实指向性。在为圃老人看来，当机械的这种效用和构造原理逆向反溯，并且被"内置"为心灵的本质体性后，个体自我就会沦为以操控意识为唯一本质的机器。用庄子的语言说，有"机心"者，必"忘夫人之心"而为"机人"。

无疑，操控意识体现的是一种纯粹的工具理性，它遵循"手段——目的"的基本思维模式，通过筹划、计度、谋算等策略方法而指向外在对象，并试图以最小的投入，最终获取最大化的功利效益。用遭到为圃者批评的子贡的话说就是：

事求可，功求成。用力少，见功多者，圣人之道。①（《天地》）

这里的"圣人之道"实质上就是庄子批判的贬义的工具理性。在他看来，主体的操控意识发之于外，即是有所为而为，有为则违反了无为之道的本质规定，从而也就不可能将道接引和灌注在主体的劳作活动之

---

① 近乎此，《韩非子·难二》云："明于权计，审于地形舟车机械之利，用力少，致功大，则入多。"此处所谓"权计"，即为获取实际利益而采用的权变或方便之术略，也体现了典型的技术运思方式。

中。庄子指出，若欲固守素朴自然的本真人性，成为得道的"真人"，必须彻底排除工具理性的操控意识。

而做到这一点，有两个不可或缺的途径：其一是否定性的"忘"，即弃除一切外物外欲对心灵的缠绕和窒碍，如工倕所言的"忘足"、"忘腰"、"忘是非"，"不内变，不外从"，如此方可修得"灵台一而不桎"的自在自"适"的心境；其二是肯定性的精神专一而用于内心，专心体道，不外求旁骛，如捶钩之匠所言的"于物无视也，非钩无察也"，或如粘蝉之佝偻丈人那样用心"唯蜩翼之知"，"不反不侧，不以万物易蜩之翼"，"用志不分，乃凝于神"。在庄子哲学中，由此而实现的本真人性既是人性的本然状态，又是应当持守和追求的人性应然的理想境界。

西方有学者曾深刻指出，"人制造了工具，反过来工具也可以说制造了人"。① 这句话所蕴涵的要义之一，即是庄子此处揭示的机械装置的结构和效用原理对人性的逆向塑造作用。不难推知，当人被塑造为惟具"机心"的肉体机械装置后，其所做所为就会被以"手段—目的"为模式的简单工具理性所笼罩。法国学者杰克·埃洛尔认为，"现代人的心理状态完全为技术的价值所支配，其目标仅仅是用通过技术而达到的进步和幸福来描绘的"，这是因为强大且普遍的技术已经把现代生活的各个方面纳入其"手段先于目的"的效用模式之中。② 在尤纳斯看来，"这里所发生的变化，不仅是技术的进步，而且更重要的是人的自我理解，人对自己的生存目的的意识的变化。'智慧人'变成了'技术人'。"③ 由于现代技术的工具理性本质所强调的只是外在功利目的的实现程度和操作工具的有效性，所以，无疑，在庄子看来，这不仅是对完整丰富的自然人性的单一化抽离，而且还会造成纯净素朴人性的扭曲，即其所谓的"纯白不备"、"神生不定"。因为，正如卓别林在电影《大独裁者》中所说的，"unnatural man"就是"machine man with machine mind and machine heart"；或者正如马尔库塞所指出的那样，对于处"在

---

① （法）F. 贝尔等《技术帝国》，三联书店1999年，第138页。
② 邹珊刚主编《技术与技术哲学》，知识出版社1987年，第32页。
③ 殷登祥等主编《技术的社会形成》，首都师范大学出版社2004年，第517页。

机械化奴役状态中"的个体而言,机械"不仅支配他的身体,而且支配他的大脑甚至灵魂",① 而在技术理性统治下的发达工业社会,普遍人性以及社会文化之"机械化"的表现是,其中固有、应有的否定和超越向度也已经彻底丧失了,取而代之的是平面化的、强调现实可行性的操作主义的意识形态。

不可否认,庄子对于技术理性的批判在表面上带有浓重的自然主义意味,但是,如果考虑到在那个人类衣食未丰的时代背景下,庄子能将自然自由的人性凸显出来,并以此批判技术进步所可能造成的人的机械化、物化、异化现象,我们就不得不感佩其思想所显示出来的深刻洞察力。在以操作和控制为本质的现代科技成为"我们固有的基本存在方式"的今天,② 当海德格尔深刻指出现代技术已成为一种挟裹、支配一切的框架(Gestell),并正在剥夺人"自由思想的能力","甚至可以决定人的观点和思想,替人作出决定"之时,③ 庄子基于人性的技术批判在穿透了遥远的历史时空之后,依然向我们显示着独特的思想魅力和超越的理论价值。

最后,必须予以澄清的是刘克明先生在《中国技术思想研究——古代机械设计与方法》一书中提出的观点:庄子不仅不拒斥机械,恰恰相反,庄子"重视机巧,重视机械的应用"。④

归本而言,刘书的立论依据只有一个,即晋代郭象对《庄子》中紧随圃者拒机寓言的孔子评论浇地老人一段话中的一个字的注释:

> (子贡)反于鲁,以告孔子。孔子曰:"彼假修浑沌氏之术者也;识其一,不知其二;治其内,而不治其外。夫明白太素,无为复朴,体性抱神,以游世俗之间者,汝将固惊邪?且浑沌氏之术,予与汝何足以识之哉!"(《天地》)

---

① (美)赫伯特·马尔库塞《单向度的人:发达工业社会意识形态研究》,上海译文出版社1989年,第126页。
② 吴国盛《现代化之忧思》,三联书店1999年,第38页。
③ 张汝伦《海德格尔与现代哲学》,复旦大学出版社1995年,第256页。
④ 刘克明《中国技术思想研究:古代机械设计与方法》,巴蜀书社2004年,第147页。

"彼假修浑沌氏之术者也"一句，郭象注："以其背今向古，羞为世事，故知其非真混沌也。"① 可见，郭象是把句中的"假"字解释为真假之"假"（贬义），并由此提出了与为圃者之"假浑沌"相反的所谓"真混沌"（褒义）。经过郭象的"创造性"阐释，本来是为圃者批评子贡、孔子，至此却被扭转成了孔子批评为圃者。熟悉古代庄学思想史的人都知道，郭象注解《庄子》的基本立场是儒家，其阐释取径是融通儒道。而他在这里之所以要把本为"借"义之"假"字强释为真假之"假"，并进而借孔子之口批评为圃者，实质上是在为屡屡遭到庄子批评、嘲讽的儒家圣人即孔子翻案、辩护。

对孔子这段话的理解应注意以下几点：首先，在《庄子》书中，持守"一"、养治"内"是肯定性的生命观念——前者之例，如《大宗师》："其一也一，其不一也一；其一与天为徒，其不一与人为徒"；后者之例，如《知北游》："古之人，外化而内不化；今之人，内化而外不化"。相反，"二"而不归于"一"、"外"而不本于"内"，则意味着对人性本真状态的撕裂、偏离，是被庄子用作贬义的思想范畴。其次，结合上下文意来看，孔子这段话实际上表达了他对为圃老人的赞许、敬仰，以及他本人的"自愧不如"，这是《庄子》书中惯用的"崇道抑儒（孔）"的叙事方式。

对于郭象的阐释之误以及背后的理论意图，后来学者已多有揭明、反驳，例如，李勉说：

"假"，借。言彼借浑沌氏之术以修身者。"浑沌氏之术"即上文忘神气，堕形骸，不用机心者。此原借孔子、子贡之言以赞扬丈人，而讥子贡与孔子。郭象之注误"假"为真假之假，遂以为孔子嗤丈人之词。②

---

① 郭象注，成玄英疏《南华真经注疏》，中华书局1998年，第249页。
② 陈鼓应《庄子今注今译》，中华书局1983年，第321页之注引。

陆长庚也说：

> 假修，谓假人事以修之混沌氏之术。"识其一，不知其二"，守其纯一而不杂也。①

由此可见，"假"在这里实当为"借"义。此外，林希逸云："假，大也；假修，大修也。"杨树达说："假，读为'遐'。遐，远也。"② 林、杨之说虽属"意译"而非"直译"，但仍是依顺庄子本旨的正解，不是郭象那样的故意曲解。然而，刘克明先生在极为关键的"假"字上却偏偏采用了明显违背庄子原义和思想本旨的郭象的儒家化注解，认定"郭象尽识庄子之用心"、"郭象的观点无疑是正确的"，③ 并进而提出庄子"重视机巧，重视机械的应用"，——对此，笔者只能感到遗憾。因为，这一对庄子技术思想的有意无意的误解，不是从《庄子》文本出发，而实质上仅仅是建立在郭象对庄子的故意误解甚至扭曲之上的。

---

① 崔大华《庄子歧解》，中州古籍出版社1988年，第392页。
② 同上，第392页。
③ 刘克明《中国技术思想研究：古代机械设计与方法》，巴蜀书社2004年，第146页。

第八章
自然自正，无为而治
——庄子：个体存在与社会治理的关系

第一节 个体样式的常态与非常态

在上一章，我们对圃者拒机寓言的阐发是从物质技术或生产性技术的角度展开的。事实上，结合其中为圃者言说的具体语境和庄子思想的总体旨趣来看，圃者拒机这则寓言在此只是被庄子用以阐明一种"言外之意"，即通过批判机械来批判以孔子为代表的儒家思想。而这两种批判之间的衔接和转换之所以可能，是因为在庄子看来，"孔丘之徒"汲汲以整饬人心、救治天下所凭恃的仁义道德等手段措施和汲水浇地之机械在基本原理上是相通的，二者都以"事求可，功求成。用力少，见功多"为效用机制。推而言之，庄子是通过批判机械这种生产性技术来批判儒家提倡的社会治理方略。而要深入理解这一点，必须从超越物质生产的更一般的层面上来定义技术，并且引入"社会技术"的概念。

正如笔者在本书绪论中已经引用的，马克斯·韦伯曾经给技术下过一个普泛性的定义：

> 某种活动的技术是我们头脑中对该项活动进行实施的必要手段的总和，与该项活动最终所确定的（具体地讲）方向的指向或目标相比，合理的技术对于我们来说就是有意识、有条理的实施已经明

确了方向的手段，并依据经验、思考将这一合理性推向其最高阶段——科学认识的阶段。①

在韦伯看来，技术的本质在于它是"将一项活动经过充分设计"，从而可以使人们从中区分出一个目的（或结果）和为实现这一目的所必需的一些中介（或手段）。韦伯进而指出，技术存在于一切活动中，换言之，社会生活领域有各种各样的技术，例如，祈祷技术、禁欲技术、教学技术、政治技术、战争技术、诉讼技术等。吸引人们投身某项活动的是该项活动的最终成果，而成果也同时决定着人们应当采取怎样的手段措施。②

与韦伯的一般性定义相类似，法国学者埃吕尔在《技术社会》一书中提出，技术是"在一切人类活动领域中通过理性得到的、具有绝对有效性的各种方法的总体。"③ 同样基于宽泛的思想视域，M. 邦格把技术分为四个方面，并把社会技术从中提拎出来进行具体分析，认为它包括：社会学（政治、法律、城市规划）技术、经济学技术、心理学技术、战争技术，等等。④ 受到韦伯思想的影响，F. 冯特尔—奥特利连菲尔德依据行为的合目的性以及对象的不同把技术划分为四类，即个体技术、社会技术、知识技术、现实技术；其中，社会技术是指"其客体是个人之间关系"的变革或保守的实践。⑤

在国内学术界，陈文化先生认为，社会技术是调整人际关系的实践性知识体系。⑥ 田鹏颖、陈凡提出："社会技术是建立在社会科学基础之上的人们的行为准则，它主要解决社会科学的应用问题，解决'怎么

---

① 转引自（法）让—伊夫·戈菲《技术哲学》，商务印书馆2000年，第22页。
② （法）让—伊夫·戈菲《技术哲学》，商务印书馆2000年，第22—23页。
③ 黄顺基等主编《科学技术哲学的前沿与进展》，人民出版社1991年版，第293页。
④ 同上，第293页。
⑤ （法）让—伊夫·戈菲《技术哲学》，商务印书馆2000年，第24页。
⑥ 田鹏颖、陈凡《社会技术哲学引论：从社会科学到社会技术》，东北大学出版社2003年，第39页。

做'的问题……。"① 潘天群认为,"社会技术是形成、调整或重组社会(或社会中某个组织)中的社会关系,以合理地达到某个社会目的的方法或手段。"其中,"合理"的内涵包括工具性的"有效"和价值性的"公正"两个方面。按照这个定义,社会制度、法律和政策的制定及实施、各种社会组织的管理等,都属于社会技术。②

综合上述观点,笔者给社会技术的定义是:在社会生活领域中,为实现某种价值目的,所采用的各种被认为有效的处理社会事务的手段和方法的总和。社会技术的主体是政府或其他的某种权力实体,其施加对象是个体、群体以及各种复杂的社会关系。同时还应当看到,如同生产性技术是基于人们对物质客体的认识一样,任何社会技术都是建立在对于人性、社会结构、人类历史及其发展规律的某种解释——上文田鹏颖、陈凡所说的"社会科学"亦属此类——基础之上的,而且,人们在社会实践活动中所采取的手段以及所要达到的目标也与此种解释密切相关,其密切程度远甚于生产性技术与自然科学之间的关系。

由以上定义来看,儒家竭力倡导和推行的社会政治举措本质上无疑是一种社会技术:其目标是整饬日渐堕落的人心、挽救礼崩乐坏的现实危局,以重建王道乐土甚至实现天下大同的社会理想;其操作手段是仁义礼智信并且辅以功名威权;其施行者是以孔子为领袖的儒家忠实信徒,乃至被他们寄以厚望并且在现实中不得不凭依的圣主明君。

儒家的这套社会技术观念,借用《庄子·让王》中的话说就是:

> 孔氏者,性服忠信,身行仁义,饰礼乐,选人伦,上以忠于世主,下以化于齐民,将以利天下。此孔氏之所治也。

更为关键的是,孔子的追随者们极为强调其行为的现实效应,所谓"事求可,功求成"(《天地》),而孔子本人也曾经自信地说:

---

① 田鹏颖、陈凡《社会技术哲学引论:从社会科学到社会技术》,东北大学出版社2003年,第38页。
② 潘天群《行动科学方法论导论》,中央编译出版社1999年,第165—166页。

上好礼，则民莫敢不敬；上好义，则民莫敢不服；上好信，则民莫敢不用情。夫如是，则四方之民襁负其子而至矣。（《论语·子路》）

不难看出，儒家信徒的这一原则和信念完全符合一般意义上的"技术的共性：一切技术都以有效的行动为目的"；① 并且，他们自己也认为，圣智礼法和汲水浇地之机械具有同样的效能，恰如圃者拒机寓言中子贡对"圣人之道"的理解。综合以上种种，儒家的社会技术构想就是：只要君主能够以某种方式切实地推行仁义礼法，即能够挽救人心世道，并最终建立稳定合理的"亲亲尊尊"的社会秩序。这也正是"孔丘之徒"虽屡遭失败却不弃初衷的根本原因。对于儒家积极倡导、勤勉实践的以仁义道德为主要内容的社会技术，庄子进行了激烈、彻底的批判。

司马迁说，庄子曾经"著书十余万言"，"以诋訿孔子之徒"（《史记·老子韩非列传》）。从总体上看，由孔子创立的儒家思想主要包括两部分内容：在"内圣"方面，儒家建立了关于人性及其修养的思想；在"外王"方面，儒家又提出了一套社会治理方案。对于这两个方面，庄子都进行了全面的批判。而由于儒家的社会治理方案是基于其人性论思想提出来的，所以，我们的讨论也将首先关注庄子对儒家之所谓人性的抨击。

儒家人性论的核心范畴是仁。然而，《论语》虽百余次提及仁字，孔子却从未给它下过一个明确一贯的定义。简单地说，仁在《论语》中的最简单解释是"爱人"（《颜渊》）。由于孔子的政治理想是建立"君君、臣臣、父父、子子"（同上）即长幼有序、贵贱有等的差序社会格局，因此，应当践行仁——爱什么人以及应当怎样爱人，也就成了一个极为关键的问题。

---

① （法）F. 贝尔等《技术帝国》，三联书店 1999 年，第 76 页。

在先秦儒家那里，由于对象和方式的不同，仁作为一个表示着对于他者的义务和责任的范畴，也就被给定了不同的具体内涵。概括起来看，仁主要包括两个方面，即在家庭或家族生活中的"亲亲"和在社会政治生活中的"尊尊"。这两个方面又是相互贯通的关系，前者被认为是后者乃至全部仁的实践的根基。例如，孔子的学生有若说："其为人也孝弟，而好犯上者，鲜矣；不好犯上，而好作乱者，未之有也。君子务本，本立而道生。孝弟也者，其为仁之本与！"（《论语·学而》）质言之，能为孝子者，必能为忠臣。此亦后世所谓求忠臣于孝悌之家的道理所在。

与庄子的看法不同，由于个体在孔子思想中并非独立自足的存在者，而是差等格局中的各种伦理和政治关系的承载者，所以，被认为是人之本性的仁也就更多地表现为对于他者的义务和对于外部规范的遵服。正是由于这个原因，孔子才会反过来以个体之所思所行是否符合社会规范为标尺去定义仁，即所谓"克己复礼为仁。一日克己复礼，天下归仁焉"（《颜渊》）。从相反角度说，在孔子看来，个体是否能够"克己复礼"实是关乎社会规范之存续的要害："人而不仁，如礼何？人而不仁，如乐何"（《八佾》）？"人而不仁，疾之已甚，乱也"（《泰伯》）。而为了使自我成为能够履行义务、遵守规范的合格君子，个体必须严格克制仅仅属于他自身的那些"自然"欲求——无论它们是感性的还是理性的，时时、处处"志于仁"，"无终食之间违仁，造次必于是，颠沛必于是"（《里仁》），"无求生以害仁，有杀身以成仁"（《卫灵公》）。

如果对于社会义务和外部规范的接受、认同，确乎出自个体之"自然"，是个体自发主动的选择，原亦无可厚非。问题在于，孔子之谓仁偏偏是一个内在承负着差等社会格局的理想性的应然范畴，他不仅希望用仁去雕饰、规约生活世界中的全部个体，而且把它作为人性的唯一应有内涵，并以此为唯一尺度去评判现实生活中复杂的人性状态。在他看来，"不仁者不可以久处约，不可以长处乐"；"唯仁者能好人，能恶人。"（《里仁》）总之，一切美德尽归仁者，一切劣品皆属不仁者。孔子甚至认为:"君子而不仁者有矣夫,未有小人而仁者也。"①(《宪问》)意思是说,君子或许有不仁者,而小人没有"仁"性却是确定无疑的。

这样,现实生活的个体就被划分成了两个截然对立的"阵营":君子和小人。而二者在人性内涵上的本质差异又导致了其他诸多方面的对立:

> 君子周而不比,小人比而不周。(《为政》)
> 君子怀德,小人怀土;君子怀刑,小人怀惠。(《里仁》)
> 君子喻于义,小人喻于利。(同上)
> 君子坦荡荡,小人长戚戚。(《述而》)
> 君子成人之美,不成人之恶。小人反是。(《颜渊》)
> 君子和而不同,小人同而不和。(《子路》)
> 君子泰而不骄,小人骄而不泰。(同上)
> 君子上达,小人下达。(《宪问》)
> 君子求诸己,小人求诸人。(《卫灵公》)
> 君子不可小知,而可大受也;小人不可大受,而可小知也。(同上)

如此等等。由于小人在一切场合总是与君子"对着干",所以在讲求"亲亲"、"尊尊"的社会生活中便必然要遭受被排斥的命运了;而由于统治者在选用人才时总是只看重那些愿意对"亲"和"尊"承担义务的既孝且忠之仁者,所以不仁者也就只有被边缘化或者主动地自我边缘化了,正如孔子的学生子夏所说:"……舜有天下,选于众,举皋陶,不仁者远矣。汤有天下,选于众,举伊尹,不仁者远矣。"(《颜渊》)

好在孔子只是从理想人性和社会政治需要的角度去批评、鄙视不仁者,他并没有因其不仁而把他们开除出"人籍"。而到了孟子那里,情

---

① 杨伯峻先生认为,此处君子、小人的含义不大清楚,若二者是"指有德者无德者而言,则第二句可以不说;看来,这里似乎是指在位者和老百姓而言"。(《论语译注》,中华书局1980年,第147页)

况就变得很极端了。在硬生生地将仁义礼智认定为人心中生而有之的"四端"的前提下,孟子进而径直断言,凡是不符合或不认同儒家对于人性之应然规定者,皆属"禽兽"。例如,他说:

人之有道也,饱食、暖衣、逸居而无教,则近于禽兽。(《滕文公上》)

……杨朱、墨翟之言盈天下。天下之言不归杨,则归墨。杨氏为我,是无君也;墨氏兼爱,是无父也。无父无君,是禽兽也。(《滕文公下》)

人之所以异于禽兽者几希,庶民去之,君子存之。(《离娄下》)

此亦妄人也已矣。如此,则与禽兽奚择哉?于禽兽又何难焉?(同上)

夜气不足以存,则其违禽兽不远矣。(《告子上》)

显然,在判别复杂的不同人性状态的问题上,孔子所提出的仍属现实社会中的君子小人之异,被孟子夸大成了文明与野蛮的人兽之分。可以看出,以上引文中被孟子斥为禽兽或近于禽兽者有三:只图自我感性生活的安适而不接受儒家之"教"者;与儒家相违的思想异端者;不能存养其所谓人之先天德性者。平实而论,孟子的区分确乎失之粗暴。

从道家的角度看,事实上孟子的观点只是儒家在人性问题上一贯的自视正统、自我优越心态的极端表现。换言之,儒家门徒总是坚信,只有符合他们对于人性内涵之规定者,才是常态的道德的生命,否则就是反常的不道德的;并且,只有他们才是常态生命之代言人和优秀典范,其他皆属异端、异类——例如被孟子斥为禽兽的杨朱、墨翟。

正是基于这种良好的自我感觉,儒家总是竭力要让天下众生都接受由他们制定的人性生活范式,以把那些反常或几近反常状态的个体生命纳入正常、统一的模式之中。例如,对于人们有生无教、"近于禽兽"的生活状态,孟子便说:"圣人有忧之,使契为司徒,教以人伦:父子有亲,君臣有义,夫妇有别,长幼有叙,朋友有信。"(《滕文公上》)

针对儒家关于人性言之凿凿的专制臆断，庄子直截指出，情况原本并非如此。那么，人性的自然、本然之状态究竟是怎样的呢？通过历史性的还原，庄子发现：

> 夫至德之世，同与禽兽居，族与万物并，恶乎知君子小人哉！同乎无知，其德不离；同乎无欲，是谓素朴；素朴而民性得矣。及至圣人，蹩躠为仁，踶跂为义，而天下始疑矣；澶漫为乐，摘僻为礼，而天下始分矣。故纯朴不残，孰为牺尊！白玉不毁，孰为珪璋！道德不废，安取仁义！性情不离，安用礼乐！五色不乱，孰为文采！五声不乱，孰应六律！夫残朴以为器，工匠之罪也；毁道德以行仁义，圣人之过也。（《马蹄》）
>
> 夫赫胥氏之时，民居不知所为，行不知所之，含哺而熙，鼓腹而游，民能以此矣。及至圣人，屈折礼乐以匡正天下之形，悬跂仁义以慰天下之心，而民乃始踶跂好知，争归于利，不可止也。此亦圣人之过也。（同上）
>
> 失道而后德，失德而后仁，失仁而后义，失义而后礼。礼者，道之华而乱之首也。（《知北游》）

为赋予其思想以合法性依据，儒家动辄把历史叙事的起点确定在尧舜唐虞之世，仿佛那时人们已经生活在一个圣王当政、上下有等、仁义盛行的社会中。而同样是以历史叙事为策略，庄子却把人类社会的起点推到了尧舜之前并发现了另一种完全不同的历史真相，可谓"以其人之道还治其人之身"。在庄子给出的历史图式中，人类生活的最初时期根本没有什么儒家所谓的圣王，君子小人之别连同人兽之分也根本不存在，而且人们心中也丝毫找不到仁义的痕迹，但这一切却并不妨碍人们照样生活得优游自在、和乐美善。也就是说，在这个被庄子称为"至德之世"的历史时期，儒家所谓的仁义礼智完全找不到其存在之必要性和合法性的天然依据；恰恰相反，仁义礼智却是人类生活之道德状态遭到儒家圣人之败坏的结果，它们不仅没能把人性向上更提高一个层级，反而使世道人心趋于堕落，正如《天运》所说："夫仁义憯然乃愦吾心，乱莫大焉。"《老子》有云："大道废，有仁义；慧智出，有大伪；六亲不和，有孝慈。"（18章）庄子对儒家的批判显然受此影响。

在庄子看来，正如同仁义礼智规约下的生活是人类天然美善的生活状态的堕落一样，没有仁义礼智才是人性之常态，有了仁义礼智反倒是人性之反常：

> 意而子曰："尧谓我：'汝必躬服仁义而明言是非。'"许由曰："而奚来为轵？夫尧既已黥汝以仁义，而劓汝以是非矣，汝将何以游夫遥荡恣睢转徙之途乎？"（《大宗师》）

> 骈拇枝指，出乎性哉！而侈于德。附赘悬疣，出乎形哉！而侈于性。多方乎仁义而用之者，列于五藏哉！而非道德之正也。是故骈于足者，连无用之肉也；枝于手者，树无用之指也；骈枝于五藏之情者，淫僻于仁义之行，而多方于聪明之用也。（《骈拇》）

> 屈折礼乐，呴俞仁义，以慰天下之心者，此失其常然也。天下有常然。常然者，曲者不以钩，直者不以绳，圆者不以规，方者不以矩，附离不以胶漆，约束不以纆索。（同上）

> 说仁邪？是乱于德也；说义邪？是悖于理也；说礼邪？是相于技也；说乐邪？是相于淫也；说圣邪？是相于艺也；说知邪？是相于疵也。（《在宥》）

上引许由的话是说，仁义乃儒家圣王残害人性的刑罚，只会使人永远丧失逍遥自在的生命境界。而且，如同人身体上岐生的手指、附生的肉瘤一样，仁义并非人性之自然，而恰恰是本真人性遭到扭曲、矫饰的结果；正常的人性应当是出于个体生命自身之本然、自然。因此，试图以仁义去整饬人性不仅"悖于理"、"乱于德"，不符合人性的内在要求，而且只会使人性趋于败坏，最终陷入淫邪无不可作的糟糕境地。这样，庄子就从根本上彻底否定了儒家对于生命之常态与非常态的二元区分。

从总体上看，庄子没有像韩非子那样，从与儒家完全相反的角度给人性之内涵以另一具体界定并借以对抗儒家，但是，他通过历史还原和人性还原而对儒家人性论展开的批判无疑更具有冲击力和颠覆性，因为庄子反对任何关于人性的具有普适性的片面界定，故其批判可以说是釜底抽薪式的。

与上述批判力度相当甚至有过之而无不及的，是庄子利用其独特的"齐物论"思想对儒家人性论做出的消解。庄子说：

民湿寝则腰疾偏死，鳅然乎哉？木处则惴慄恂惧，猨猴然乎哉？三者孰知正处？民食刍豢，麋鹿食荐，蝍蛆甘带，鸱鸦耆鼠，四者孰知正味？猨猵狙以为雌，麋与鹿交，鳅与鱼游。毛嫱、丽姬，人之所美也，鱼见之深入，鸟见之高飞，麋鹿见之决骤。四者孰知天下之正色哉？自我观之，仁义之端，是非之途，樊然殽乱，吾恶能知其辩！（《齐物论》）

庄子的高明处之一就在于其审视问题的方式从来不与对手处于同一层面，他总是要超出对方一筹。在上段引文中，庄子并没有直接批判儒家的人性论，而是通过几个妙趣横生的例子告诉人们，如同天地间没有公认一律的正处、正味、正色那样，所谓仁义之说也只是儒家自我执取的一孔偏见，本来既无所谓是也无所谓非。儒家的问题在于，自以为是地把仁义之说当成唯一的真理，并强劝他者接受。

从现代哲学的角度说，庄子此处的批判可归结为认识论或价值论意义上的，其中凸显的是不同个体在价值观念上的相对性。并且，通过批判儒家在人性问题上表现出来的一元独断立场，庄子实质上也表明了他的正面态度，即：由于具体生活场景和自身生命特性的差异，天地间任何一个生命个体都有其不同的本性欲求；无论他者是否理解、认同，对于该个体自身来说，其生命形态和本性欲求总是自然自正、天然合理的。因此，那种自以为比他者高明、高贵而强求一律的做法，不仅荒唐可笑，而且也不可能被他者接受。

显然，当庄子借助"齐物论"的思想方法批判儒家人性论的时候，他的立场不是一元中心主义的，而是多元主义、祛中心化的。也就是说，庄子不是像儒家那样囿于其一己的价值观念，在把异类的个体生命形态定性为"反常"的同时，强行把他者纳入由其理想化地设定的统一模式中。毋宁说，庄子是站在每一个体生命自身的立场，为天地间所有生命形态的合理性进行辩护。在他看来，只要是其本有天性的自然、自由的展开和实现，任何一种生命存在样式都是合理的；反过来说，某种生命形态究竟是不是个体自身正常的存在形式，关键要看此种生命形态是否相合于其本来固有之性，所谓"彼至正者，不失其性命之情"。如果由于受到外部力量的强制而矫饰自我本性，例如"以仁义易其性"而"失其常然"，则某一生命个体必然走向反常，因为"仁义其非人情"（《骈拇》）。

另外，在形上层面上，庄子认为，作为存在本体和价值本体，道普遍地存在于任一事物之中，而无论世俗认为某些事物多么肮脏、卑贱、渺小。① 这无疑等于把终极的存在依据和价值合理性赋予了所有的个体生命形态。用庄子的话说就是：

> 物固有所然，物固有所可。无物不然，无物不可。故为是举莛与楹，厉与西施，恢恑憰怪，道通为一。（《齐物论》）

如果将儒家和庄子对于人性的态度相比较，哪一个更具开放性、更能包容人性的丰富和差异，因而更能容许他者自由地成长，答案自是一目了然的。②

上文已述，庄子并没有具体界定人性的本质内涵，事实上他坚决反对这样做，并总是在尽力消解对于人性的已然规定。例如，针对儒家的人性论，他说：

> ……大仁不仁，大廉不嗛，大勇不忮。（《齐物论》）

---

① 参阅《知北游》中东郭子与庄子的对话。
② 这里实质上体现了笔者前文已经阐发的庄子的万物平等思想。

商大宰荡问仁于庄子。庄子曰："虎狼，仁也。"曰："何谓也？"庄子曰："父子相亲，何为不仁？"曰："请问至仁。"庄子曰："至仁无亲。"大宰曰："荡闻之，无亲则不爱，不爱则不孝。谓至仁不孝，可乎？"庄子曰："不然。夫至仁尚矣，孝固不足以言之。……夫孝悌仁义，忠信贞廉，此皆自勉以役其德者也，不足多也。"（《天运》）

　　至礼有不人，至义不物，至知不谋，至仁无亲，至信辟金。（《庚桑楚》）

　　通乎道，合乎德，退仁义，宾礼乐，至人之心有所定矣。（《天道》）

　　庄子之所以拒绝对人性做出具体规定，是因为从"齐物论"的角度说，任何规定都是一种偏见，都是对人性之丰富内涵的单一片面抽离，进而都会以理想范式的名义给个体生命套上不必要的枷锁，限制其自由、无限之成长的可能空间。而在现实世界中，凡是以人性本质之洞晓者自认的人（例如儒家之徒），又总是会凭借优越的心态和狭隘的目光，居高临下地去苛责原本自然自正的各类生命形态，以制造出反常的他者（例如小人、禽兽）；在他们把其人性"真理"强行推销、灌输给众生的同时，也抹杀了个体生命形态天然的丰富性和差异性。这当然是庄子所深恶痛绝的。

　　相较于孔子之"仁"和孟子之"四端"所内在承负的宗法秩序观念，庄子对人性之"自然"的守护和张扬，排除了其中来自后天或人为强加的那些方面，他告诉我们的是，人性本来"空空荡荡"，无论善的冲动还是恶的欲念皆属历史性的增生。庄子所强调的人性之"自然"，其理论实质亦非如荀子所批评的那样，[①]是动植物或无生物意义上的自然，而是原出个体自身、基于个体自身的自然而然。在庄子的视域中，人性只是一个开端，这个开端意味着无限的可能和自由，并且人性惟有

[①] 《荀子·解蔽》："庄子蔽于天而不知人。"

对于个体自身而言方有其实质意义，它是个体自身的自主养成之物，因此仅仅属于个体自身。要之，关于人性，庄子凸显了其存在形式的个体性、其内涵的无限丰富性、其成长的自主性和自由开放性，以及不同个体之间的多元差异性。

庄子对于自然人性的极力褒扬以及对于人性一律的猛烈抨击，不禁让我们想到了卢梭。作为法国启蒙运动的另一重要领袖，伏尔泰曾经嘲讽卢梭的著作《爱弥尔》只会把人类带回原始状态中去。事实上，此类批评并没有也不可能理解卢梭思想超越历史限制的深邃意义。德国哲学家威廉·魏施德指出，卢梭的思想史意义在于"他动摇了启蒙思想的基础"。具言之，在卢梭心目中，奉人类之理性精神为至上的启蒙运动不仅不值得欢呼，反而值得忧虑，因为这场运动所倡扬的理性必将摧毁每个人独特的个性，使得"我们的社会和思想被低级的、不诚实的千篇一律所左右"，以至于"所有的头脑仿佛是用一个模子刻出来的"，从此不再有自然的人。而且，"在这种平均主义及修饰过分的关系中，人类所有原初的天然的东西消失殆尽，这是启蒙运动的最大的失误。"因此卢梭主张，应当开掘那深藏的人的自然本性，将真正的人的存在可能性解放出来。① 他坚信人的天性是善良的，人类社会的原初状态是自由、平等、和谐的，② 一如庄子多次提及的"至德之世"。

归本而论，确如卢梭所警觉到的那样，近代启蒙理性在很大程度上其实是技术理性，它总是追求精确而可量化、标准化、匀质化、有效控制而无意外的理想范式——数学是其典范的知识形态，而无论其加之于上的对象是物还是人。在理性的扩张以及理性对普遍、统一的人性规格的追求和推广中，个体天然的复杂差异必然将遭到清洗。以这种单一而不丰富、僵化而不生动的理性去规约个体生命的多样化存在，必然将造成千人一面的无聊结局。一个要张扬理性精神的高贵和理性力量的伟大，一个要揭批理性的弊端和潜在危险，难怪伏尔泰和卢梭要水火不相

---

① （德）威廉·魏施德《后楼梯：大哲学家的生活与思考》，华夏出版社2000年，第157—158页。

② 同上，第160—161页。

容了。

卢梭批评启蒙理性的立足点是生命个体的直觉和天然情感,而直觉和情感这些属于感性范畴的特质往往因人而异,所以也就比抽象、普遍的理性更能够标示出生命的个体性存在。应当说,人性是一个兼包感性和理性的复杂综合体。但是,在理性主义者看来,感性必须被抹除掉,因为它错综多变、不可确知、难以驾御,而且往往因此被视为荒谬、野蛮和疯狂的根源。基于这种偏见,在复杂多元、变动不居的总体人性和单一、稳定的理性之间,就被理性主义加入了一个削整、简化的技术处理程序,被裁减掉的是情感、意志、欲望等所谓非理性的成分,被最终保留下来的则是单一、稳定的理性。

尼采把理性主义对人性施行的这种加工技术归纳为"靠突出过程中的一个因素,排除其余一切因素",或者说是"把内心世界种种相异状态削齐拉平,整理成'相同状态',然后为之设置一个基质"。① 所谓"相同状态"即是指匀质化的普遍理性,所谓"基质"则是指以理性为唯一本质的主体。经过这番处理,一个原本有着种种欲望、感觉和丰富内心冲动的真实的生命个体,就被"瘦身"成了一个"纯粹理性"的人。理性主义者进而认为,凡不能奉理性为至上、以理性支配其"非理性"的个体,皆非真正的人。借用笛卡尔的话说,"我"以"思"为唯一本质,如果没有"思"的确证,则"我"之存在便将成为问题。这个"我"是理性启蒙者为大众筹划的人格理想,恰如儒家希望人人皆应修治而成就的人欲断尽、天理纯粹的"圣人"。

理性的独断和专制必然引发对于理性的反动。在黑格尔大讲特讲绝对理性的同时,叔本华即"反其道而行之",认为理性实际只是人性的表面现象,其背后是指导和支配着理性的盲目的生命意志,理性是欲望借以实现自我满足的工具。换言之,意志而非理性才是人的真实本质。尼采进一步指出,我们所信仰的理性归根到底是"灰色的概念哲学",② 它虽然对于生命的存在和进步有重要意义,但是理性也会"因此而变得

---

① 周国平《尼采与形而上学》,湖南教育出版社 1990 年,第 78 页。
② (德)尼采《权力意志》,商务印书馆 1994 年,第 633 页。

极其有力和极其贪婪,它长期压制所有别的力",① 例如生命的激情、冲动等等。所以,简单地把理性"设定为标准、生命的最高价值状态"的做法,② 是根本错误的,这只会带来对于真实生命的压制和敌视。

与卢梭对理性化造成的个体生命之匀质化存在的批评相似,克尔凯廓尔也敏锐洞察到,理性统治的不幸结果之一,是人类的生命存在变得模糊不清,因为在理性浓雾的笼罩中,人们很难再把自己与他人做出清晰的区分;于是,一种乏味的平均主义泛滥开来,"人与人的联合成了'公众',成为伸手不可及的匿名的'社会'"。身处这种单调乏味的生活场域之中,克尔凯廓尔提出:"重要的是,一个人,完完全全只有他自己,一个单个的人,敢于做这个特定的单个的人;一个人面对上帝,处在这巨大的劳顿和这巨大的责任中。"他认为,生命的本质是由冲动、焦虑和忧郁等生存体验复合而成的,人不可能是一个抽象物。克尔凯廓尔呼吁,个人不要遗忘了真实自我,并因此把自身变成为匿名整体(社会、公众)的一部分;个人要成为他自己,一个关心自己独立存在的个体,并且作为一个独立的个体站在上帝面前。③

事实上,通过对人性施以技术处理,理性主义不仅树立了"纯粹理性"的人,而且与此同时还制造出了他的对立面。承继尼采对理性专制的批判,通过实证考察"理性时代的精神病史",福柯发现了存在于理性对非理性的征服之背后的历史秘密。他认为,已经被现代人类习以为常地认为是反常的"疯癫不是一种疾病,而是一种随时间而变的异己感……在他看来,它纯粹是理性与非理性、观看者与被观看者结合的效应"。④ 在较早的从前,癫狂不仅不被当作是必须予以疗治、禁闭、放逐、清洗的可怕疾病,反而被认为"与获得知识的奇特途径有关",甚

---

① (德)尼采《权力意志》,商务印书馆1994年,第645页。
② 同上,第318页。
③ 参见(德)威廉·魏施德《后楼梯:大哲学家的生活与思考》,华夏出版社2000年,第227—229页。
④ 此语出自巴尔特为福柯的《癫狂与文明:理性时代的精神病史》所写的评论文章,转引自刘北成编著《福柯思想肖像》,北京师范大学出版社1995年,第85页。

至还被视为一种可望而不可及的神异的智慧能力;① 在此一较长的历史时期中,人们并不感到癫狂是恐惧、怪异、有害的,反而觉得它"具有吸引力","使人着迷"。② 只是到了近代,理性为了证明自身的唯一真理性并强化其至上的统治权力,癫狂才在整个社会生活中全方位地被逐渐建构成为一种非理性的反常疾病。质言之,作为一种疾病的癫狂是理性为确立其中心地位而制造出来的一个边缘化、非理性的他者。因为,只有成功制造出这样的一个他者,并且在禁闭的堡垒中将其彻底隔绝、紧紧束缚,才能使"理性以纯净的状态,以预先注定要征服狂乱的非理性的胜利姿态支配一切。"③

然而,问题的诡异处在于,对于理性来说,"想要通过心理学来估量和确证癫狂的世界,必须在癫狂之前先证明自己的正确性。"④ 但是,除了通过那尚未被证明为反常的癫狂,理性又何以证明其自身的正常?在理性尚未证明自身的正确性却已经对癫狂大施挞伐、征服的当口,谁又能保证这样的理性不是一种癫狂?这正应了福柯在其著作前言一开始引用的帕斯卡的那句名言:"人必然会发疯,若不发疯便等于是癫狂的另一种形式。"莫伟民先生评论道:"福柯批判西方大写的理性,是为了改变因癫狂受抑制而造成的理性独白的局面,是为了替非理性争得应有的权利,为了恢复理性与非理性的对话。"⑤ 如同福柯所认为的那样,既然癫狂本质上并非疾病,所以就"应有它自身的价值与合法地位,对癫狂者的压制就是剥夺人的自由的表现"。因此,当福柯批判现代社会"对癫狂者的禁锢和压制时,其实质就是在维护人的自由和人的尊严"。⑥

行文至此,笔者忽然突发奇想:妻死却鼓盆而歌,梦醒之后却不辨己身与蝴蝶,极度困窘却断然拒绝楚王允诺的高位,——这样的庄子难

---

① 例如,中国古代的巫和巫术。
② (法)米歇尔·福柯《癫狂与文明:理性时代的精神病史》,浙江人民出版社1991年,第18—21页。
③ 同上,第57页。
④ 同上,第260页。
⑤ 莫伟民《莫伟民讲福柯》,北京大学出版社2005年,第93页。
⑥ (法)米歇尔·福柯的《癫狂与文明:理性时代的精神病史》,浙江人民出版社1991年,译者序,第3页。

道不就是一个"反常"的典型癫狂者吗？其实，孔子对于他和庄子一类人的界限看得是非常清晰的："彼，游方之外者也；而丘，游方之内者也。外内不相及。"（《大宗师》）既然被事事讲求仁义的圣人视为离经叛道的"游方之外者"，也难怪庄子及其门众要被统治者排挤、压制并因此遭受贫困、孤独的命运了。

什么样的生命形态才是正常的？何以在不同个体之间区分出正常与反常？以人性为尺度？人性又从何处可获其定义？我们应当用什么予人性以确定之义？用以自善自洁为近景、以社会生活井然有序为远景的仁，或者用以清晰知识、精准操控为后续效应的理性？抑或相反？进一步的追问是，何者赋予已然存在的个体以人性？谁有权来定义人性并据以评定他者的正常或反常？谁掌握着开启人性奥秘的唯一钥匙？谁有资格担当生活世界中千人千面的个体之"人生导师"？

对于这些问题，综上所论，庄子的看法是：人性本是一片空白，它只是个体由以自我伸展、自我塑造的起点；无论就过去、现在还是将来世界中的个体和群体而言，人性都没有一个确定之义，它永远处于生成之中；人性仅仅属于某一个体自身，是个体自我养育、自我确证的产物。所以，人性本来不可能被定义，也无需定义，① 更没有谁可以对人性这一"斯芬克斯之谜"以答案，所有的答案皆属妄断，并且所有的妄断最后只会导致对个体之无限成长的限制、对人群的统一操控，世界上并不存在也不需要芸芸众生的世路领航者和个体生命之常态或非常态的裁判者。唯一存在的人性只是个体当下之性，唯一的领航者和裁判者只是个体自身。因此，萧公权先生认为，庄子"独认人性自然完善"并对其"持极乐观之态度"，"对个人表无条件之信任"，其内在动机在于疏离"不满人意之制度"的"拘束而至个人于自足自由之境"，个中虽有消极之处，但他所张扬的强烈的个体意识，"以天性绝对完美之假定为

---

① 如果说人性可以定义，那么可定义的也只有个体之性，并且它只能由个体自身定义，只能由个体自身的自我当下之养成来定义。

个人绝对自由之根据,就纯理论言,此诚其言之成理也"。①

话又说回来了,庄子并没有绝对排除人性存在着一个赋予者,这个赋予者就是道。然而,道的唯一体性却是无为,它均等、周遍地存在于样态殊异的所有个体之中,一任个体自身之所为、所是、所然。换言之,道不仅并未构成对个体存在之自主性、多元性和成长之无限可能性的限制,反倒赋予其中以终极的合法依据。相较于儒家以及西方的理性主义者、非理性主义者,庄子的人性观念既具有简约却无限宽阔的理论空间,同时又透显出了自由开放、包融差异的现实精神。

第二节 有为或无为的社会技术

既然现实中总是存在着异类的人群以及诸多不利于社会稳定的因素,那么,应当运用怎样的治理技术以把社会事务置于有效控制的秩序之下呢?这恐怕是所有为政者都要考虑的问题。

基于其对人性的解释,儒家倡导的社会技术手段是仁义道德、礼法政刑等等。而这套技术手段的着力点又包括两个,即居于上位的君主、士臣和居于下位的小人、小民,二者之间是一种治理和被治理、技术主体和技术对象的关系。

对于其德如风的难养小民,孔子认为,首先需要对他们施以"教"。《论语》中说:

> 善人教民七年,亦可以即戎矣。(《子路》)
>
> 子适卫,冉有仆。子曰:"庶矣哉!"冉有曰:"既庶矣,又何加焉?"曰:"富之。"曰:"既富矣,又何加焉?"曰:"教之。"(同上)
>
> 以不教民战,是谓弃之。(同上)
>
> 不教而杀谓之虐。(《尧曰》)

---

① 详请参阅萧公权《中国政治思想史》(第一册),辽宁教育出版社1998年,第42、170—171、155、34、12、20、10—11、174—176、166页。

> 君子学道则爱人，小人学道则易使也。（《阳货》）
> 民可使由之，不可使知之。（《泰伯》）

上引最后一句，又有人断句为："民可使，由之；不可使，知之。"如此，则后半句的意思就是说，假如小民不可使用，就要使之掌握一定的知识、明白一定的道理，以便可以被使用。这样，其意也就与"小人学道则易使"一句贯通起来了。显而易见，孔子所谓的"教"实质上只是对小民进行规训的手段，其最终的目的指向并非是为了小民自身，而是要使其可以被君主更加有效、方便、容易地使用，亦即使小民成为差等格局中的一个稳定、常态的因素。

"教"的内容当然就是儒家的那套价值观念（道），即所谓孝慈、忠信、节义之类，后世将其概括为"三纲五常"。刘泽华先生指出："'三纲五常'理论导出的最为明显的后果之一，是把人作为工具。"例如孝道，"儒家正是在最富于人情的关系中，巧妙地取消了人的独立性。儿子只是父亲的工具，他本身不具有意义。推而广之，这样的人无疑是君主专制的最好的群众基础。""为了使人彻底变为道德工具，儒对人的欲望发动了猛烈的抨击。"[1] 他们很明白，假如不祛除小民身上的种种不安稳因素，不让小民发自内心地认同差等政治为之限定的义务，他们是不会顺从君主之遣用的。[2]

除了教化，对于下位的民众，《论语》中还说：

> 百姓足，君孰与不足？百姓不足，君孰与足？（《颜渊》）
> 子贡曰："如有博施于民而能济众，何如？可谓仁乎？"子曰："何事于仁，必也圣乎！"（《雍也》）
> 刑罚不中，则民无所错手足。（《子路》）
> 因民之所利而利之。（《尧曰》）

---

[1] 刘泽华《专制权力与中国社会》，天津古籍出版社2005年，第226—227页。
[2] 实质上，"民无信不立"（《颜渊》）、"举直错诸枉，则民服"以及"道之以德，齐之以礼，有耻且格"（《为政》）等也是在说"教"，只不过角度不同而已。

> 道千乘之国，敬事而信，节用而爱人，使民以时。(《学而》)
> 有君子之道四焉：……其养民也惠，其使民也义。(《公冶长》)
> 道之以政，齐之以刑，民免而无耻。道之以德，齐之以礼，有耻且格。(《为政》)

从总体上说，儒家的社会治理技术具有显著的伦理色彩。在孔子这里，他坚决反对"刚性"或带有暴力色彩的政治手段；他主张，君主对待民众应当运用"柔性"的政术，力争做到化民、富民、安民、利民、济民、惠民。但是，民之化、富、安、利，绝非儒家社会技术的根本目的，而只是借以维护差等政治秩序并实际上使君主利益获致最大化的方便环节。这正如同当孟子说"民为贵，社稷次之，君为轻"（《尽心下》）的时候，他并非是在提倡"民主"一样。① 在现实政治运作中，说到底君主爱民是为了让民爱他自己，君主利民是为了自利。

对于居于上位的君主和治国之臣子，儒家一方面试图通过向他们灌输其价值理念，以把他们塑造成有德的为政者，另一方面，又希望他们能采纳其社会治理方略，并切实推行。《论语》说：

> 修己以安百姓。(《宪问》)
> 子谓子产："有君子之道四焉：其行己也恭，其事上也敬……。"(《公冶长》)
> 季康子问政于孔子。孔子对曰："政者，正也。子帅以正，孰敢不正？"(《颜渊》)
> 临之以庄，则敬；孝慈，则忠；举善而教不能，则劝。(《为政》)
> 为政以德，譬如北辰，居其所而众星共之。(同上)
> 上好礼，则民莫敢不敬；上好义，则民莫敢不服；上好信，则

---

① 萧公权先生说："孟子民贵之说，与近代之民权有别，未可混同。……故在孟子之思想中，民意仅能作被动之表现，治权专操于'劳心'之阶级。"(《中国政治思想史》第一册，辽宁教育出版社1998年，第87页)

民莫敢不用情。夫如是,则四方之民襁负其子而至矣……。(《子路》)

子张问仁于孔子。孔子曰:"能行五者于天下为仁矣。"请问之。曰:"恭、宽、信、敏、惠。恭则不侮,宽则得众,信则人任焉,敏则有功,惠则足以使人。"(《阳货》)

齐景公问政于孔子。孔子对曰:"君君、臣臣、父父、子子。"公曰:"善哉!信如君不君、臣不臣、父不父、子不子,虽有粟,吾得而食诸?"(《颜渊》)

儒家希望建立的政治理想国是"所有的人都按照礼制办事,贵贱有等,上下有序,各出其位,各称其事"。① 在儒家看来,只要君主或臣子分别严格以有德之仁君、仁臣的标准修己、正己,就可以为天下人做出良好的表率——尤其能影响、引导其德如风的草民,并处理好各方面的关系;同时,只要君主或臣子在具体的政治实践中能够遵守已有的制度和规范(好礼),恭敬行事,并贯彻仁民爱物的德政原则,就可以赢得天下人的信服和尊重,从而使国家在正确的轨道上长久、稳定地运转下去。

作为系统的社会政治思想,儒家的这套技术理念成型于天坍地裂、礼崩乐坏的东周时期,其目的在于救治人心、整饬社会,以重建君君臣臣、父父子子的宗法秩序。从孔子的豪言"如有用我者,吾其为东周乎"来看(《阳货》),这套社会技术在他心中不啻是一味挽救天下出危局的灵丹妙药。但是,在庄子看来,儒家的方略不仅不可能落实,甚至若果真推行开来,还会造成欲治之却终乱之的相反效应,即:内不足以治人心,却足以坏人心;外不足以救世,却足以搅世。

首先,庄子认为,既然儒家所谓的圣人之道实际上是人们的素朴本性遭到损坏的糟粕之物,所以若再以此去疗治人心,必将进一步使人心沦于永劫不复的腐败之地。他说:

---

① 刘泽华主编《中国古代政治思想史》,南开大学出版社1992年,第45页。

> 且若亦知夫德之所荡而知之所为出乎哉？德荡乎名，知出乎争。名也者，相轧也；智也者，争之器也。二者凶器，非所以尽行也。（《人间世》）
>
> 及至圣人，屈折礼乐以匡天下之形，悬跂仁义以慰天下之心，而民乃始踶跂好知，争归于利，不可止也。（《马蹄》）
>
> ……枝于仁者，擢德塞性以收名声，使天下簧鼓以奉不及之法非乎？而曾、史是已。（《骈拇》）

若停留于言辩，儒家的仁义道德似乎很纯净高标，然而一旦落入现实的世事纷争，仁义道德便实质上充当着人们追逐名利的工具角色。所以，提倡仁义无疑等于是在激发人们的功利之欲，若依此而行更只会使人一味地趋利就务，"明乎礼义而陋于知人心"（《田子方》）。这样一来，原本在于救治人心的仁义礼法，转而却变成了人们以现实有效性为唯一标准、以算计和谋划为行为策略的功利实现手段，也就是说仁义礼法最终导致了人性的愈加堕落，——这不能不说是一个荒唐的结局。

如上章所论，庄子坚决反对任何以有效性为最终价值取向的技术理性对人性的侵占和剥夺。在他看来，真正的圣人应当"不从事于务，不就利"（《齐物论》），而破除名枷利锁的关键之一则在于绝仁弃义，即摒弃掠取名利的虚伪手段，彻底摆脱工具理性法则对人性的束缚和控制。唯有如此，方能保持一颗不为外物役使、不为功利诱动的自然本真之心，亦即庄子所说的逍遥"无待"的"游世"之心。

更为危险的是，"仁义之行"不仅会坏人之性，搞不好还会伤人之身：

> 自虞氏招仁义以挠天下也，天下莫不奔命于仁义，是非以仁义易其性与？故尝试论之，自三代以下者，天下莫不以物易其性矣。小人则以身殉利，士则以身殉名，大夫则以身殉家，圣人则以身殉天下。故此数子者，事业不同，名声异号，其于伤性以身为殉，一也。……余愧乎道德，是以上不敢为仁义之操，而下不敢为淫僻之

行也。(《骈拇》)

……仁则仁矣,恐不免其身;苦心劳形以危其真。呜呼,远哉其分于道也!(《渔父》)

庄子看到,在人们借仁义之名追逐功利的过程中,不仅身心时刻不得安宁,严重的话,当其欲火焚身之时,连自家性命也会搭进去。所以,为葆真存身计,必须放弃"仁义之操"而远离"淫僻之行"。除了激发人们对名利的狂热追逐外,仁义之伤身害命还有另一种情形:

不知乎?人谓我朱愚。知乎?反愁我躯。不仁则害人,仁则反愁我身;不义则伤彼,义则反愁我己。我安逃此而可?(《庚桑楚》)
且德厚信矼,未达人气,名闻不争,未达人心。而强以仁义绳墨之言衒暴人之前者,是以人恶育其美也,命之曰菑人。菑人者,人必反菑之,若殆为人菑夫!(《人间世》)

所谓"暴人"即是指性情残暴、难以伺候的当权者。以上两段引文所说的其实是儒家士人在君主政治中不可克服的二难处境:存身与守志。《论语·卫灵公》:"志士仁人,无求生以害仁,有杀身以成仁。"这可以说是孔子与弟子的共勉之志。据庄子对庙堂政治的观察,士人面对暴君险徒而"杀身"其实说不上是什么无畏勇气,而只能是悲剧性的宿命。由士人处境之复杂、危险,亦可见推行仁义之困难和不可能。

庄子所点出的被儒家视为"一尘不染"的仁义道德的工具性质,在盗跖对"盗亦有道"命题的戏谑阐说中被揭露得更加全面、透辟:

何适而无有道邪!夫妄意室中之藏,圣也;入先,勇也;出后,义也;知可否,知也;分均,仁也。(《胠箧》)

盗跖认为,若不具备以上五个条件,是不可能成为"大盗"的。如此，原本被儒家认为是仁德之表现并且是建立德政王国之关键的圣人之道，转而就成了盗贼为非作歹的高明伎俩和行动策略。

在庄子看来，所谓圣人之道作为工具和手段，如果仅仅被小民用以谋取蝇头小利，其后果可能还只是败坏其一己之身心，还不至于给整个社会造成较大的负面效应；但是，如果被儒者奉作矫治乱世之利器的圣智礼法一旦被无道之君掌握，则不仅不能挽狂澜于既倒，反而会成为他们维持暴政、搅乱天下的有效手段。

庄子举例说，为防备开箱破柜的小贼，人们处心积虑，"摄缄縢固扃鐍"，可是一旦大盗"负柜揭箧担囊而趋"，不仅所有的防盗措施都将变得毫无意义，而且人们原先所做的一切都"不乃为大盗积者也"？在现实政治生活中，庄子也看到了同样的情形：

> 虽重圣人而治天下，则是重利盗跖也。为之斗斛以量之，则并与斗斛而窃之；为之权衡以称之，则并与权衡而窃之；为之符玺以信之，则并与符玺而窃之；为之仁义以矫之，则并与仁义而窃之。何以知其然邪？彼窃钩者诛，窃国者为诸侯，诸侯之门而仁义存焉，则是非窃仁义圣知邪？故逐于大盗，揭诸侯，窃仁义并斗斛权衡符玺之利者，虽有轩冕之赏弗能劝，斧钺之威弗能禁。此重利盗跖而使不可禁者，是乃圣人之过也。（《胠箧》）

本来，儒家提出圣人之道意在利善天下，可是一旦圣人之道被窃国者冠冕堂皇地利用，成为他们专有政权、"守其盗贼之身"的方便工具，则"所盗者岂独其国邪？并与其圣知之法而盗之"。正是在此意义上，庄子断言，"圣人之利天下也少，而害天下也多"（《胠箧》）。

笔者以为，庄子的上述批判实质上深刻揭示了儒家思想必然会堕入其中的现实政治困境，即：虽然它的社会治理技术在某些方面蕴涵着良好的道德意愿，然而，是否采纳以及如何推行这套技术的关键却不在儒家士人，而在于君主；由于君主往往并非儒家所期盼的有德之圣王，且儒家又缺少对于君主之喜怒无常、杀罚无度进行有效约束的措施，最要命的是，君主总要尽可能地为自己攫取最大的私利，而全然不管通过什么样的方式，因此在君主专权、儒生效命的政治运作中，本来希望用以实现道德目的的圣智礼法便难免会产生反道德的社会效应。

虽是如此，儒家却仍然也不得不把其政治理想得以实现的希望寄托于现实中的君王身上，所以，当儒生向君主推销其社会政治方略时，圣智礼法随后的"功能异化"便在所难免了。庄子对此看得很清楚：

> 爱民，害民之始也；为义偃兵，造兵之本也；君自此为之，则殆不成。凡成美，恶器也；君虽为仁义，几且伪哉！（《徐无鬼》）
>
> 夫尧，畜畜然仁，吾恐其为天下笑。后世其人与人相食与！……爱利出乎仁义，捐仁义者寡，利仁义者众。夫仁义之行，唯且无诚，且假乎禽贪者器。是以一人之断制利天下，譬之犹一覕也。夫尧知贤人之利天下也，而不知其贼天下也。（同上）
>
> 礼者，道之华而乱之首也。（《知北游》）

虽然儒家的政治主张包含着安定天下、博施济民的积极内容，但是，君主采纳儒家主张的目的却并不在此。这正如同当孔子讲君君臣臣、父父子子时，其意图是希望各个名位上的人都应当按照礼的规定去约束自身，并尽其当尽的责任，但是齐景公从中听取的却显然不是自己的责任，而是其作为君主可以享受的无二特权。处于这种无道之君的统治下，如果儒家仍然还要求天下民众遵守仁义法度，依礼行事，那无疑等于驯民以利君、驱民于虎口，正所谓"爱民，害民之始也"。

笔者于老子部分认为，技术和权力之间存在着内在相通、相互需要、相互助益的天然亲和关系：技术效应的实现和技术层级的成长需要权力的辅助，权力的维护和膨胀同样需要技术的相佐。事实上，这种情况不惟是对战车、监控摄像头、印刷机等物化技术而言，它同样适用于社会技术。

陈鼓应先生曾尤有感触地说："殷周以来'尊尊'、'亲亲'的文化传统，在社会层面所流露出的人情关怀，我相当肯定。但是，像历代儒家那样转移到政治层面,所谓'移忠作孝',塑造圣王式的人身崇拜,就必然导致儒术与专制政体相互温存的局面。而宋明儒家所虚构的道通意识,使权威体制、独断主义更加牢固,在这个层面上,我永远无法接受。"① 此外,徐复观先生深刻指出:"中国的政治思想,除法家外,都可以说是民本主义,即认定民是政治的主体。但中国几千年的实际政治,却是专制政治。政治权力的根源,系来自君而非来自人民,于是在事实上,君才是政治主体。因此,中国的圣贤,一追溯到政治的根本问题,便首先不能不把作为'权原'的人君加以合理的安顿,而中国过去所谈的治道,归根到底便是君道。"② 陈、徐两位先生的观点都从不同角度揭明,作为一种社会技术,儒家思想对专制政治具有辅益之功。而问题的另一面则是,儒家筹划的美好社会蓝图原本也需要藉专权之君主来实现。

如前所述,儒家的社会治理方略具有显著的道德色彩;更具体地说,儒家的理想是以道德的手段实现道德的效应。由以上分析可见,庄子的批判焦点也恰恰集中在这两个方面。关于其效应之道德性,庄子认为,圣智礼法最终只能助贪暴之君、坏人心、乱天下,却不能救世道、安天下。关于其手段之道德性,庄子认为,现实中被用作获取一己私利之工具的圣智礼法只是虚伪的名号,根本没有什么道德性可言。所以,对于儒家社会技术的实质,我们不妨借下述引文予以点破:

老聃曰:"请问,何谓仁义?"孔子曰:"中心物恺,兼爱无私,此仁义之情也。"老聃曰:"意,几乎后言!夫兼爱,不亦迂乎!无私焉,乃私也。"(《天道》)

总之,无论是就其最终效应还是就其作为手段,无论是对于君主还是对于其治下的臣民,在仁义幌子之内里隐藏着的都是一个"私"字。

与对于自然人性的肯定和张扬相一致,庄子同样也强调社会生态的

---

① 陈鼓应《庄子今注今译》,中华书局2009年,《最新修订重排版序》之第2—3页。
② 徐复观《中国思想史论集续编》,上海书店出版社2004年,第308页。

自然性。一方面,庄子认为,如同自然界一样,社会生活也有其和谐稳定的内在结构或秩序:

> 夫子若欲使天下无失其牧乎?则天地固有常矣,日月固有明矣,星辰固有列矣,禽兽固有群矣,树木固有立矣。夫子亦放德而行,循道而趋,已至矣;又何偈偈乎揭仁义,若击鼓而求亡子焉?(《天道》)
>
> 至德之世,不尚贤,不使能;上如标枝,民如野鹿;端正而不知以为义,相爱而不知以为仁,实而不知以为忠,当而不知以为信,蠢动而相使,不以为赐。是故行而无迹,事而无传。(《天地》)

前段引文是以宇宙万物的秩序比拟社会生活,后段引文是回顾人类社会生活的原初状态。无论哪种情形都说明,社会生活原本或应当是"自然"、"自正"的,而完全不待人之作为。因为,就像天地万物一样,由不同个体组成的社会,其自身本来具有自我组织、自我协调、自我趋于完善的潜力。所以,任何加之于其间却违背社会生态之本然要求的有为的治理方略都是对这种美好状态的破坏。至于庄子笔下的桃花源般的人类原初生活状态,与其说是对一种实然历史场景的追忆,还不如说是表达了身处战乱之世的庄子对社会生活之理想状态的渴望和憧憬。

另一方面,庄子认为,若不得已而治天下,那么治国者莫若无为。《应帝王》说:

> 有虞氏不及泰氏。有虞氏,犹藏仁以要人;亦得人矣,而未始出于非人。泰氏,其卧徐徐,其觉于于;一以己为马,一以己为牛;其知情信,其德甚真,而未始入于非人。
>
> 汝游心于淡,合气于漠,顺物自然而无容私焉,而天下治矣。
>
> 明王之治,功盖天下而似不自己,化贷万物而民弗恃;有莫举名,使物自喜;立乎不测,而游于无有者也。

有为之治，在儒家就是凭据圣智礼法去强行改变、控制个体及社会的存在方式。庄子坚决反对这种有私、为私的社会技术。在他看来，真正可以使社会生活保持或回复到美善之境的关键，在于"无仁义而修，无功名而治"（《刻意》），亦即无为。无为就是要消泯一切自视高明的心态和观念（无容私），放弃包括仁义在内的对于社会成员的规约和干扰（不藏仁以要人），顺从所有个体自己的天性和意愿，从而使其自然、自发、自由、自主、自觉、自享地开展出自身的生命形态（顺物自然，使物自喜）。当所有个体对其已然达致的生活方式都能感到欣欣自喜时，不仅整个社会将由此进入"至德之世"般的绝好佳境，那作为治理者的"明王"也将可以与民众结伴悠然而游，——套用现代哲学的话说："明王"在使他者获得自由的同时，自身也获得了自由。

汉初的政治精英曾经把奉行严刑峻法的秦王朝二世而崩的原因归结为有为过甚。事实上，从道家的立场看，就其政治举措之有为性质以及其倚重君主并且客观上是在为君主谋私利而言，讲求仁义道德的儒家与倡言私欲私利的法家并无二致。与儒、法皆以君主之作为为中心的社会技术相比，庄子的无为之道显然具有自治主义的思想意涵，而社会自治又是从个体自治的根基上自然生发出来的必然果实。例如，庄子说：

无为而万物化。（《天地》）
汝徒处无为，而物自化。堕尔形体，黜尔聪明，伦与物忘；……万物云云，各复其根。（《在宥》）

在儒家和法家看来，小民作为治理对象，必须经由教化、引导或强制、威逼方可归于正道。相反，"道家心目中的万民是一定意义上的主体，有相当程度的自治能力；在一定的范围内有自主权，即'自化'、'自富'、'自朴'、'自正'。所以，无为之道的关键是自己为自己的榜样，顺乎自己的自然本性而自主地生活。"①

---

① 商原李刚《道治与自由》，社会科学文献出版社2004年，第151页。

我们知道，道家有一个基本信念：自然界的存在品质优于人类，因为，相较于虽然没有刻意安排但万物却可以各正其性、各遂其命而不相害的自然界，纷争不断的人类社会实在是糟糕一团。在此意义上，自然界永远是人类应当效仿的楷模。落实到社会治理方略上，道家认为，人类若欲改善自身的生存状态，并进入自然界那样的和谐安宁之境，治理者也必须如同道生化天地万物那样，无为而无不为。用老子的话说就是：

（圣人）辅万物之自然而不敢为。（64章）

这句话竹简甲本作"辅万物之自然而弗能为"。刘笑敢先生采纳了这个版本，并发挥道："'辅万物之自然'就是不仅照顾、关切整体的发展，而且要让一草一木、一家一户、一乡一邑、一邦一国都有正常发展的环境和空间。这是整体的自然和谐的基础和条件。'辅'就是创造环境，提供条件，加以爱护，防止干扰、控制。'弗能为'就是不直接设计、操纵和控制。"① 老子的无为思想对庄子产生了深刻影响。在庄子，最佳的社会技术应当导致这样的效应，即：它可以使社会生活的运转像自然万物的化生流转一样，保持永恒的和谐、完美、神奇，而无为显然符合这个条件。

比较而言，老子思想在一定程度上还可以被看作是进献给君主的统治术，其侧重点在于国家利益的增进和社会整体的稳定；庄子则坚决反对一切形式的君主和强权，并且对个体的自由生存和成长倾注了巨大的热情。刘军宁先生认为："老子的天道思想是中国的思想传统中少有的关于自由的哲学。与伸张父权的儒家和伸张君权的法家不同，老子的天道思想致力于把个人从一切专横的权力下解放出来。因此，老子的天道思想是一切专横权力的天敌。老子的无为而治主张，在那个父权的君主时代格外刺耳。"为旁证这个判断，刘先生还援引了国外一些学者对老

---

① 刘笑敢《老子之人文自然论纲》，《哲学研究》2004年第12期。

子思想之自由主义内蕴的阐发，例如美国学者包雅士曾将老子列为古典自由主义第一人。①

笔者并不否认老子思想在局部上内在地包含着某些可以导向自由主义的因子，但是，如果总体辨析其著作文本的全部内容和根本旨趣，加之考虑到它在中国历史上产生的实际影响，我们就会发现，是庄子而非老子的思想才激烈抗拒专制政治对于个体生命的干涉、控制和虐杀，并且因此从骨子里真正透显着自由主义的精神，②——《逍遥游》对于超世绝尘的大鹏的描绘、《让王》记叙的诸多逃避君主之位的隐士事迹以及《庄子》全书多处对于"独与天地精神往来"的理想人格的颂扬，无不说明了这一点。另外，据刘笑敢先生的研究，庄子后学中更是特别有一个"无君派"的分支。③ 而从根本上说，庄子的无为治术以及他对个体自治能力的肯定，无疑也应当归因于其对个体的自然自足之人性的普遍认同和乐观信心。所以，欲探掘自由主义的本土资源，庄子思想实为首当其冲者。

应当看到，庄子思想的自由主义精神绝不仅仅只对当下中国具有启示意义。在现代世界，技术已经扩张成为一种"座架"、一种思维法则、一种处理所有问题的行为方式，它笼罩着人类生活实践的方方面面。具体到社会治理领域，为了把越来越繁杂的人类事务纳入稳妥有效的管控之中，技术理性已经并正在发挥其强大的建构功能，把"人"变成"物"，把"人际关系"变成"物际关系"，把生活世界处理为人工自然。这正如哈贝马斯深刻指出的那样，已经成为一种意识形态的"技术正确发挥作用的要求也被应用到社会领域上"，④ 它使人们以支配自然物

---

① 参见刘军宁《天道与自由：申述天道自由主义》，《中国文化》第 22 期（2006 年 5 月）。

② 在中国历史上，庄子之所以屡屡受到儒家士人的非难或倾心，恰恰皆因为他对于个体自由人格的褒扬。

③ 刘笑敢认为，《庄子》外杂篇中的《马蹄》、《骈拇》、《让王》、《胠箧》、《渔父》、《盗跖》、《在宥》七篇出自庄子后学中的"无君派"。这一派激烈地抨击现实，其批判锋芒直指传说中的圣君贤士和当时的国君；同时，他们也强调因任人性之自然。（刘笑敢《庄子哲学及其演变》，中国社会科学出版社 1987 年，第 281 页）

④ （德）哈贝马斯《作为"意识形态"的技术与科学》，学林出版社 1999 年，第 90 页。

的方法去处理社会事务。

在工具主义的意识形态中，社会成员总是可以被按照某种一元的规格划分为两大群体，即符合规格的"健康人"和不符合规格的"病人"。而为了确保某项社会治理方略的顺利实施及其效应的最大化，必须对"病人"进行筛查、疗治、规训、矫正，以把他们塑造成可以被方便使用的工具，或被精准操控的对象即所谓"健康人"。因为，正如在生产性技术操作中的情形那样，合乎统一规格的工具和对象（人）同样也是社会技术系统的构成要件以及其顺利实施和效应实现的关键。

偏偏现实中的个体之间总是存在着天然的丰富差异，而且每一个体身上更是潜藏着理性永远无法照亮的由激情、意志以及信仰混合而成的无边的幽冥深渊。为征服、抹平这个一直以来都被认为是"心理失常"、"行为失控"、"人格变异"之温床的深渊，福柯发现，现代社会对个体施加了在深度和广度上均属前所未有的"规训与惩罚"，其矛头所向不仅针对个体的肉体，而且更针对他的隐秘心灵、精神甚至原始本能（例如性）。关于肉体控制，福柯认为："施加于肉体的权力不应被看作是一种所有权，而应被视为一种战略；它的支配效应不应被归因于'占有'，而应被归因于调度、计谋、策略、技术、运作；""只有肉体既具有生产能力又被驯服时，它才能变成一种有用的力量。"[1]

至于我们的灵魂在现代社会中的境遇，福柯不无愤激地指出：

> ……人们建构了各种概念，划分了各种分析领域：心理、主观、人格、意识等等。围绕着它，还形成了具有科学性的技术和话语以及人道主义的道德主张。但是，我们不要误解，不要以为一种现实的人——认识、哲学思考或技术干预的对象——取代了神学家幻觉中的灵魂。人们向我们描述的人，让我们去解放的人，其本身已经体现了远比他本人所感觉到的更深入的征服效应。有一种"灵魂"征服了他，使他得以存在——它本身就是权力驾驭肉体的一个

---

[1] （法）米歇尔·福柯《规训与惩罚：监狱的诞生》，三联书店1999年，第27—28页。

因素。这个灵魂是一种权力解剖学的效应和工具；这个灵魂是肉体的监狱。①

通过对肉体和灵魂进行双向交互的"规训与惩罚"，一个纯粹理性的人，从而也是一个拥有了在理性化的政治、法律和道德框架内的生活的人，也就由此诞生了。

从技术运作的角度说，之所以要对个体施以如此全面、精密的加工处理，是因为惟有塑造出合乎统一规格的"健康人"，方能确保社会技术在实施过程中不会遇到因为某些个体的不合作甚至反抗而产生的难以预测、难于控制的意外。其结果便是如马尔库塞所深为忧虑的，一方面使社会统治因其控制的有效性而获得了"巨大的合法性"，②另一方面则使人在这种愈加显得合理的压制和奴役中丧失了自由以及获取自由的冲动。③

在当代世界，社会技术的愈加复杂性在于，它早已越出政治领域而扩展到社会生活的方方面面。从主体看，社会技术的施行者不限于代表国家权力的政府，而可以是商贸公司、宗教团体、某种民间协会或其他性质的社会组织；从技术手段看，大众传媒、互联网、法律、游说、经济、文化、教育等，举凡有助于达到其目的者，无所不可被合法地使用；从目的看，各种社会技术所追求的效应也并不一致：商贸公司最想看到的是越来越多的人成为某种产品的消费者，宗教团体试图说服人们接受它所宣扬的天国福音，另一些社会组织则希望大众关心、支持它们正投入其中的某项事务……借用芒福德的术语说，形式多样、空前密布、高度发达、极为复杂的现代社会技术亦可谓"巨技术"（Megatech-

---

① （法）米歇尔·福柯《规训与惩罚：监狱的诞生》，三联书店1999年，第32页。
② 参见（德）哈贝马斯《作为"意识形态"的技术与科学》，学林出版社1999年，第2页。
③ （美）赫伯特·马尔库塞《单向度的人：发达工业社会意识形态研究》，上海译文出版社1989年，第8页。

nics），① 其目标也在于权力和控制，虽然这种权力和控制不一定是政治意义上的。

在种种社会技术的交织和笼罩之下，个体俨然被塑造出了相互矛盾的多副面孔并扮演着多种社会角色：他是一个具有花样不断翻新且无限增长的欲望的人，因此可以充当合格的商品消费者；他是一个内心潜藏着对终极世界的隐秘冲动的人，故可被发展为走向天国之路上的同道；他是一个有爱心或具有某些爱好、某种特殊关切的人，因此是某些社会组织的热心支持者或成员……于是，在理性与欲望之间，在理性与信仰之间，在欲望与信仰之间，在理性、欲望、信仰这三者之间，在基本人格倾向与某种偏嗜之间，亦即在个体被给予的多种矛盾本质之间，人被撕裂了。而各种社会技术之所以把个体撕为碎片，进而把他固定为某种单一规格的人，实质上只是希望他能忠实、合格地承担社会技术操控者为之设定的某种功能。

相对而言，庄子仍生活在一个社会技术比较简单的世界，但《马蹄》篇中伯乐为了"治马"所采取的那些手段——"烧之，剔之，刻之，雒之"以及"饥之，渴之，驰之，骤之，整之，齐之"，与现代社会技术对个体所施予的深度加工、多方雕凿，不是很相似么？无论古今中西，在这种情况下，个体已被剥夺了自治之权，而完全处于被动的"他治"境地。

毫无疑问，庄子批判"善治马"之伯乐，其本旨仍在于社会政治。而他基于自然、自足、自由的人性对以儒家仁义礼法思想为代表的社会技术观念展开的猛烈抨击，不仅与哈贝马斯、福柯以及马尔库塞的技术批判有着异曲同工之意蕴，从而可以提供给我们一个澄清现代问题的古老的反观视角，而且，他对个体以及社会之自治能力的充分肯定更可以启示我们去找到一条摆脱困境的出路。

---

① 所谓"巨技术"或"巨机器"（Megamachine），是指"与生活技术、适用性技术、多元技术相反的一元化专制技术，其目标是权力和控制，其表现是制造整齐划一的秩序。……现代巨机器主要体现在极权主义政治结构、官僚管理体制和军事工业体系之中"。（吴国盛《芒福德的技术哲学》，《北京大学学报》2007年第6期）

美国著名社会学家库利二十世纪初在《人类本性与社会秩序》一书中提出："社会秩序不应夸大人性中的某些方面而因此牺牲另一些方面。它应该有利于发展我们所有的高尚的倾向。……未来的自由应该创造更加丰富多彩并且宽容的环境，允许不同的人通过有选择的方式塑造他们自己。"① 庄子对于人性的乐观信念、对于个体生命成长自由的捍卫、对于强制一律的厌弃以及因此而发出的对于无为政治的呼唤，不正与之相类相通吗？

此外，庄子"圣人不死，大盗不止"的吁求虽然显得有些极端，但却是从根本上对儒家将仁义礼法作为整治社会的技术手段的有效性提出了质疑乃至否定，同时它也深刻地提醒我们，人们在处理社会事务方面所施行的一系列工具性的技术举措，其最终产生的现实效应，是否会构成对原初的价值目标期许和预设的背离？从实践操作的角度说，任何一套社会技术若欲在现实中得以推行，必须与权力相结合，否则就只能是"纸上谈兵"，甚至某些社会技术原本就不是靠自身的力量而是依托权力的力量去强迫公众接受的，而恰恰是"权力"这一必需环节为社会技术的功能异化埋下了伏笔。儒家的情形正是如此。当儒家借助君权从百家之一上升为唯一正确的意识形态时，实质上已经注定了它以后必然要违背其讲求仁德的初衷而转变成为杀人工具的历史宿命。远在戴震揭露儒家"以理杀人"的真相之先，庄子不是早已经有"爱民，害民之始也"的断言了吗？

客观地说，从来都不存在并且将来也不会有价值中立的社会技术。某种社会技术和权力的结合之所以能变成现实的共谋，根本原因是二者在关键的价值诉求方面存在着一致性。从纯粹的技术理性角度说，某些社会方略的设计确实显得极为合理，甚至非常能打动人，例如，韩非子说：

　　明于权计，审于地形舟车机械之利，用力少，致功大，则入

---

① （美）查尔斯·霍顿·库利《人类本性与社会秩序》，华夏出版社1999年，第304页。

多。利商市关梁之行,能以所有致所无,客商归之,外货留之,俭于财用,节于衣食,宫室器械,周於资用,不事玩好,则入多。(《韩非子·难二》)

如果仅仅着眼于其用力之少、其致功之大,韩非子的这套方案以及他的刑名法术主张的确很有说服力。但是,如果我们把它与秦王朝的残暴无道合在一处,就会发现这是一种多么可怕的"技术合理性"!而秦王朝的贪婪又将会因此转化为多么可怕的暴力!

所以,作为总是要不可避免地生活于某种权力架构之下因此必然要成为政治治理对象的个体,我们务必要以足够警惕的眼光去审视那些当下推行的社会技术,以准确洞悉其背后的价值预设;换言之,我们必须清醒地知道,究竟是哪些人,又究竟是为了什么目的在操纵这套社会技术。

哈耶克指出:"当一个人被迫采取行动以服务于另一个人的意志,亦即实现他人的目的而不是自己的目的时,便构成强制。"而这意味着我们的行动"乃是受人或机构的驱使",即个体自由的被剥夺,"因此,强制是一种恶,它阻止了一个人充分运用他的思考能力,从而也阻止了他为社会做出他所可能做出的最大的贡献。"[①] 从庄子的角度说,无论哪一种形式的政治秩序,如果它不能使生活于其中的个体感到自在自适自得,也无论何种社会政治举措——即使出于善良的动机,如果被治理的个体不能自由其径地伸展自我,那么,它们皆属不可接受的虚妄和强制。所以,唯一可取的社会技术律则当是顺应个体的自有之性,使其得以自主成长、自我养成。

历史已经屡次证明,人类理性的背后往往是疯狂,公正表面的内里实则经常隐藏着不可告人的私欲,社会生活局部的绝对合理性拼贴出来的也许只是总体图景的无比荒诞。身处技术无处不在的生活现实中,我们必须尽可能地像庄子那样保持游离、反思、批判的独立姿态。否则,

---

① 参阅(英)弗里德利希·冯·哈耶克《自由秩序原理》,三联书店1997年,第133—135页。

我们就极有可能彻底沦为社会技术改造、控制的对象，甚至成为某种权力以及某些"技术官僚"用以达到其龌龊目的的工具，——那样的话，我们就不仅只是无辜的被压迫者，而且更是无知的帮凶。

参考文献

一、著作类

任继愈《老子新译》，上海古籍出版社1985年。
陈鼓应《老子今注今译》，商务印书馆2004年。
陈鼓应《庄子今注今译》，中华书局1983年。
刘笑敢《老子古今》，中国社会科学出版社2006年。
王卡点校《老子道德经河上公章句》，中华书局1993年。
楼宇烈《王弼集校释》，中华书局1980年。
王博《老子思想的史官特色》，台湾文津出版社1993年。
金岳霖《论道》，商务印书馆1987年。
冯友兰《中国哲学史新编》，人民出版社1998年。
冯友兰《中国哲学简史》，北京大学出版社1996年。
冯友兰《三松堂自序》，三联书店1984年。
冯友兰《英译庄子》，上海商务印书馆1933年。
徐复观《中国人性论史》（先秦篇），上海三联书店2001年。
徐复观《中国艺术精神》，华东师范大学出版社2001年。
徐复观《中国人的生命精神》，华东师范大学出版社2004年。
徐复观《中国思想史论集续编》，上海书店出版社2004年。
韦政通《中国思想史》，上海书店出版社2003年。
李泽厚《中国古代思想史论》，安徽文艺出版社1994年。
李泽厚《美的历程》，安徽文艺出版社1994年。
萧公权《中国政治思想史》，辽宁教育出版社1998年。

刘泽华等《专制权力与中国社会》，天津古籍出版社 2005 年。
刘泽华主编《中国古代政治思想史》，南开大学出版社 1992 年。
萧公权《中国政治思想史》，新星出版社 2005 年。
梁漱溟《梁漱溟全集》（第一卷），山东人民出版社 1989 年。
侯外庐《中国古代思想学说史》，辽宁教育出版社 1998 年。
胡道静主编《十家论老》，上海人民出版社 2006 年。
商原李刚《道治与自由》，社科文献出版社 2004 年。
蒋锡昌《庄子哲学》，上海商务印书馆 1937 年。
杨国荣《庄子的思想世界》，北京大学出版社 2006 年。
陈鼓应《老庄新论》，上海古籍出版社 1992 年。
崔大华《庄子歧解》，中州古籍出版社 1988 年。
崔大华《庄学研究》，人民出版社 1992 年。
王树人、李明珠《感悟庄子——"象思维"视野下的〈庄子〉》，江苏人民出版社 2006 年。
那薇《道家与海德格尔相互诠释：在心物一体中人成其人物成其物》，商务印书馆 2004 年。
张松如等《老庄论集》，齐鲁书社 1987 年。
刘笑敢《庄子哲学及其演变》，中国社会科学出版社 1988 年。
《哲学研究》编辑部编《庄子哲学讨论集》，中华书局 1962 年。
黄山文化书院编《庄子与中国文化》，安徽人民出版社 1990 年。
刘笑敢《两种自由的追求：庄子与萨特》，台湾正中书局 1994 年。
张石《〈庄子〉与现代主义——古今文化比较》，河北人民出版社 1989 年。
陈少明《〈齐物论〉及其影响》，北京大学出版社 2004 年。
颜世安《庄子评传》，南京大学出版社 1999 年。
朱光潜《谈美谈文学》，人民文学出版社 1988 年。
晁福林《天玄地黄——中国上古文化溯源》，巴蜀书社 1990 年。
吕锡琛《道家道教与中国古代政治》，湖南人民出版社 2002 年。
熊铁基《秦汉新道家》，上海人民出版社 2001 年。
李申《道教本论（黄老、道家即道教论）》，上海文化出版社 2001 年。
董光璧《当代新道家》，华夏出版社 1991 年。
宫哲兵主编《当代道家与道教》，湖北人民出版社 2005 年。
《张载集》，中华书局 1978 年。

杨伯峻《论语译注》，中华书局1980年。

郭象注，成玄英疏《南华真经注疏》，中华书局1998年。

谷衍奎编《汉字源流字典》，华夏出版社2003年。

江晓原、钮卫星《中国天学史》，上海人民出版社2005年。

邹珊刚主编《技术与技术哲学》，知识出版社1987年。

高亮华《人文主义视野中的技术》，中国社会科学出版社1996年。

赵建军《追问技术悲观主义》，东北大学出版社2001年。

文成伟《欧洲技术哲学前史研究》，东北大学出版社2004年。

陈昌曙《陈昌曙技术哲学文集》，东北大学出版社2002年。

黄顺基等主编《科学技术哲学引论：科技革命时代的自然辩证法》，中国人民大学出版社1991年。

黄顺基等主编《科学技术哲学的前沿与进展》，人民出版社1991年。

田鹏颖、陈凡《社会技术哲学引论——从社会科学到社会技术》，东北大学出版社2003年。

潘天群《行动科学方法论导论》，中央编译出版社1999年。

盛洪《为万世开太平：一个经济学家对文明问题的思考》，北京大学出版社1999年。

曹孟勤《人类与自然：生态伦理哲学基础反思》，南京师范大学出版社2004年。

殷登祥等主编《技术的社会形成》，首都师范大学出版社2004年。

李申《中国古代哲学和自然科学》，中国社会科学出版社1993年。

王前、金福《中国技术思想史论》，科学出版社2004年。

刘克明《中国技术思想研究——古代机械设计与方法》，巴蜀书社2004年。

储昭华《大地的涌现》，中国社会科学出版社2003年。

吴国盛《反思科学》，新世界出版社2004年。

吴国盛《现代化之忧思》，三联书店1999年。

雷毅《深层生态学思想研究》，清华大学出版社2001年。

张成岗《现代技术问题研究：技术、现代性与人类未来》，清华大学出版社2005年。

高中华《环境问题抉择论：生态文明时代的理性思考》，社会科学文献出版社2004年。

李培超《自然的伦理尊严》，江西人民出版社2001年。

苏国勋《理性化及其限制：韦伯思想引论》，上海人民出版社 1988 年。
陆江兵《技术·理性·制度与社会发展》，南京大学出版社 2000 年。
孙周兴《我们时代的思想姿态》，东方出版社 2001 年。
赵敦华《西方哲学简史》，北京大学出版社 2001 年。
张凤阳《现代性的谱系》，南京大学出版社 2004 年。
姚大志《现代之后：20 世纪晚期西方哲学》，东方出版社 2000 年。
张之沧《后现代理念与社会》，南京师范大学出版社 2005 年。
张汝伦《海德格尔与现代哲学》，复旦大学出版社 1995 年。
周国平《尼采与形而上学》，湖南教育出版社 1990 年。
莫伟民《莫伟民讲福柯》，北京大学出版社 2005 年。
刘北成编著《福柯思想肖像》，北京师范大学出版社 1995 年。
孙周兴选编《海德格尔选集》（下卷），上海三联书店 1996 年。
纪树立编译《科学知识进化论：波普尔科学哲学选集》，三联书店 1987 年。
北京大学哲学系外国哲学史教研室编译《西方哲学原著选读》（上册），商务印书馆 1981 年。

（法）米歇尔·福柯《规训与惩罚——监狱的诞生》，三联书店 1999 年。
（法）布鲁诺·雅科米《技术史》，北京大学出版社 2000 年。
（法）孟德斯鸠《波斯人信札》，人民文学出版社 2000 年。
（法）卢梭《论科学与艺术》，商务印书馆 1963 年。
（法）让—伊夫·戈菲《技术哲学》，商务印书馆 2000 年。
（法）贝尔纳·斯蒂格勒《技术与时间：爱比米修斯的过失》，译林出版社 2000 年。
（法）F·贝尔等《技术帝国》，三联书店 1999 年。
（英）李约瑟《中国古代科学思想史》，江西人民出版社 1999 年。
（英）李约瑟《中国古代科学》，上海书店出版社 2001 年。
（英）C·P·斯诺《两种文化》，三联书店 1994 年。
（英）弗里德利希·冯·哈耶克《自由秩序原理》，三联书店 1997 年。
（英）F·A·哈耶克《科学的反革命：理性滥用之研究》，译林出版社 2003 年。
（英）R·G·柯林伍德《自然的观念》，华夏出版社 1990 年。
（英）乔治·奥威尔《一九八四》，辽宁教育出版社 1998 年。
（英）卡尔·波普《历史决定论的贫困》，华夏出版社 1987 年。
（英）以赛亚·伯林《自由论》，译林出版社 2003 年。

（美）赫伯特·马尔库塞《单向度的人：发达工业社会意识形态研究》，上海译文出版社 1989 年。

（美）亨利·米勒《北回归线》，中国人民大学出版社 2004 年。

（美）帕特里夏·奥坦伯德·约翰逊《海德格尔》，中华书局 2002 年。

（美）查尔斯·霍顿·库利《人类本性与社会秩序》，华夏出版社 1999 年。

（美）艾尔弗雷德·W·克罗斯比《生态扩张主义：欧洲 900—1900 年的生态扩张》，辽宁教育出版社 2001 年。

（美）科利斯·拉蒙特《人道主义哲学》，华夏出版社 1990 年。

（美）蕾切尔·卡逊《寂静的春天》，吉林人民出版社 1997 年。

（美）E·M·伯恩斯、P·L·拉尔夫《世界文明史》（第一卷），商务印书馆 1987 年。

（美）刘易斯·科塞《理念人：一项社会学的考察》，中央编译出版社 2001 年。

（美）安德鲁·芬伯格《可选择的现代性》，中国社会科学出版社 2003 年。

（美）安德鲁·芬伯格《技术批判理论》，北京大学出版社 2005 年。

（美）阿尔伯特·爱因斯坦《爱因斯坦晚年文集》，海南出版社 2000 年。

（德）尼采《偶像的黄昏》，湖南人民出版社 1987 年。

（德）尼采《权力意志》，商务印书馆 1994 年。

（德）哈贝马斯《作为"意识形态"的技术与科学》，学林出版社 1999 年。

（德）汉斯·萨克塞《生态哲学》，东方出版社 1991 年。

（德）威廉·魏施德《后楼梯——大哲学家的生活与思考》，华夏出版社 2000 年。

（德）狄特富尔特等编《哲言集：人与自然》，三联书店 1993 年。

（德）阿诺德·盖伦《技术时代的人类心灵：工业社会的社会心理问题》，上海科技教育出版社 2003 年。

（德）卡尔·雅斯贝斯《历史的起源与目标》，华夏出版社 1989 年。

（德）冈特·绍伊博尔德《海德格尔分析新时代的技术》，中国社会科学出版社 1993 年。

（联邦德国）F·拉普《技术哲学导论》，辽宁科学技术出版社 1986 年。

《马克思恩格斯选集》（第一卷），人民出版社 1995 年。

《马克思恩格斯选集》（第二卷），人民出版社 1972 年。

（德）马克思《1844 年经济学—哲学手稿》，人民出版社 1979 年。

（奥）劳伦兹《所罗门王的指环——与鸟兽虫鱼的亲密对话》，中国和平出版社

1998 年。

（加拿大）威廉·莱斯《自然的控制》，重庆出版社 1993 年。

（荷）E·舒尔曼《科技时代与人类未来》，东方出版社 1995 年。

（日）富田彻男《技术转移与社会文化》，商务印书馆 2003 年。

二、论文类

陈鼓应《论道家在中国哲学史上的主干地位：兼论道、儒、墨、法多元互补》，《哲学研究》1992 年第 1 期。

陈鼓应《道家在先秦哲学史上的主干地位》（上、下篇），《中国哲学史》1995 年第 2、3 期。

陈鼓应《论道与物关系问题：中国哲学史上的一条主线》（上、下），《哲学动态》2005 年第 7、8 期。

萧萐父《道家、隐者、思想异端》，《江西社会科学》1990 年第 1 期。

许抗生《当代新道家之我见》，《安徽大学学报》2005 年第 3 期。

刘军宁《天道与自由：申述天道自由主义》，《中国文化》第 22 期（2006 年 5 月）。

徐鸿儒《论老庄哲学中"道"的物理意义：献给 2005 世界物理年》，《中国文化》第 22 期（2006 年 5 月）。

刘笑敢《老子之人文自然论纲》，《哲学研究》2004 年第 12 期。

刘笑敢《道家式责任感与人际和谐》，《文史哲》2008 年第 6 期。

刘笑敢《两种逍遥与两种自由》，《新华文摘》2008 年第 6 期。

沈清松《论全球化与道家的慷慨精神》，《道家文化研究》（第二十二辑），三联书店 2007 年。

吴国盛《技术与人文》，《北京社会科学》2001 年第 2 期。

吴国盛《海德格尔的技术之思》，《求是学刊》2004 年第 6 期。

吴国盛《芒福德的技术哲学》，《北京大学学报》2007 年第 6 期。

邓联合《天人合一：从原始信仰到理性精神》，《徐州师范大学学报》1997 年第 2 期。

邓联合《论庄子的"无知"、"不知"思想》，《中州学刊》1997 年第 4 期。

邓联合《人本主义技术批判的困境与超越》，《自然辩证法研究》2007 年第 1 期。

刘明《庄子技术论思想评析》,《自然辩证法通讯》1995 年第 3 期。

赵白生《生态主义：人文主义的终结?》,《文艺研究》2002 年第 5 期。

徐小跃《从现代环境论看道家天人之学的现代价值》,《南京社会科学》2006 年第 8 期。

何子建《西方的大众媒介：社会控制的武器》,《读书》1990 年第 1 期。

《法兰克福学派的现代转型——王才勇先生访谈》,《社会科学报》2009 年 1 月 1 日，第 5 版。

《社会科学报》2009 年 2 月 5 日，第 7 版之"海外新书"专栏。

后 记

  对于技术哲学，我是外行，因为我的专业研究领域是中国哲学尤其是道家思想。之所以涉足其中，一是由于虽然陷身技术物品的周密围裹而难以挣脱，但我天性却喜欢"前技术"的自然自由的素朴生活，正如我对那早已成为城市郊区的曾经生我养我的乡村一直怀有无法排遣的追念。另外一个重要原因就是，老子和庄子对于技术的批判，尤其是庄子的"机械—机事—机心"之论深切触动了我，并促使我尝试着从自然、人性、精神价值的角度去思考技术问题。

  坦率地说，本书阐发的老庄的技术思想和技术批判，并不完全属于老子和庄子本人，而主要是我借用老庄的眼睛去审视现代技术现象的产物。在此意义上，老庄思想的价值旨趣只是一个由以出发的起点，许多不同的观念都可能会出现在随后的思考之途中，但它们又大致依循着原初起点所内在给出的路向；同时，老庄又为我的思考提供了一个极其宽阔的视域，诸种新异之物皆可绽露、生长于其中。

  这里说明一下原典文本的使用问题。相较于《老子》早已有一个被广泛接受的王弼本，《庄子》一书却甚是驳杂，对于全书体例及结构、内外杂篇的作者、内篇篇名、各篇文本之添漏等问题，至今学界未有定论，这构成了庄学研究中的一个重大困难。基于对内外杂篇之作者和思想归属的各自研判，历来研究者在阐释庄子思想时所采取的文本方法有二：（1）独依内篇；（2）对内外杂篇的文本全部采纳而不细究其所出和思想性质。鉴于《庄子》一书是作为一个整体影响中国思想史并出现于现代世界的，我在本书中运用了第二种方法。事实上，由于《庄子》本貌的不可还原，哪一种研究方法都是可行的，并且无论过去、现在和将来，都没有也不可能有众所公认的唯一确定的研究方法，自古学者大家都在说各人的庄子，这也是庄子总是充满魅力且常说常新的重要原因，关键在于"言之成理，持之有故"。读者将会看到，我在明年出版的《"逍遥游"释论》一书中所采取的就是与本书不同的另一种研究方法。

本书研究课题原为江苏省社会科学基金项目（04ZXB011），后又得到江苏鼎信咨询有限公司"涵道国学讲坛"的倾力资助，没有这项资助，本书不知将何时面世。在此一并表示感谢！

需要深致感谢的还有为本书的写作和出版提供各种帮助的徐之顺、王岩、周岩、贾向云、程二岗、李好等先生，以及我多年的挚友姜击波、李克海，当然还有中央编译出版社的高立志编辑。没有他们的热心支持，本书的出版是不可能的。

邓联合

2008年7月6日山东大学

图书在版编目(CIP)数据

老庄与现代技术批判/邓联合著.
—北京:中央编译出版社,2009.9
ISBN 978 - 7 - 5117 - 0049 - 0

Ⅰ. 老…
Ⅱ. 邓…
Ⅲ. 道家 – 研究
Ⅳ. B223.05

中国版本图书馆 CIP 数据核字(2009)第 172280 号

老庄与现代技术批判

出 版 人	和 龑
责任编辑	高立志
责任印制	尹 珺
出版发行	中央编译出版社
地 址	北京西单西斜街 36 号(100032)
电 话	(010)66509360(总编室)　(010)66509366(编辑室)
	(010)66509364(发行部)　(010)66509618(读者服务部)
	(010)66161011(团购部)　(010)66130345(网络销售部)
网 址	www.cctpbook.com
经 销	全国新华书店
印 刷	北京金瀑印刷有限责任公司
开 本	787 毫米 × 960 毫米　1/16
字 数	230 千字
印 张	15.5
版 次	2009 年 9 月第 1 版第 1 次印刷
定 价	39.00 元

本社常年法律顾问:北京大成律师事务所首席顾问律师　鲁哈达
凡有印装质量问题,本社负责调换。电话:(010)66509618